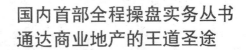

国内首部全程操盘实务丛书
通达商业地产的王道圣途

招销卷

China's
commercial
real estate
solutions

# 中国商业地产完全解决方案

王玮　徐永梅◎主编

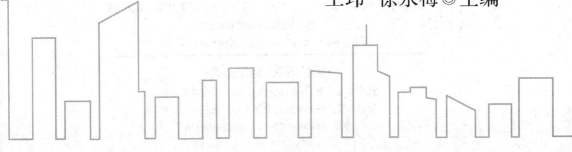

经济管理出版社
ECONOMY & MANAGEMENT PUBLISHING HOUSE

**图书在版编目（CIP）数据**

王道：中国商业地产完全解决方案（招销卷）/ 王玮，徐永梅主编. —北京：经济管理出版社，2008.5

ISBN 978-7-5096-0192-1

Ⅰ. 王... Ⅱ. ①王... ②徐... Ⅲ. 城市商业—房地产—经济管理 Ⅳ. F293.3

中国版本图书馆 CIP 数据核字（2008）第 027219 号

出版发行：**经济管理出版社**

北京市海淀区北蜂窝 8 号中雅大厦 11 层

电话：(010)51915602　　邮编：100038

印刷：北京交通印务实业公司　　　　经销：新华书店

组稿编辑：张 艳　　　　　　　　　责任编辑：张 艳

技术编辑：蒋 方　　　　　　　　　责任校对：超 凡

720mm×1000mm/16　　　　　　16.75 印张　　305 千字

2008 年 7 月第 1 版　　　　　　2008 年 7 月第 1 次印刷

定价：五卷共 680.00 元

书号：ISBN 978-7-5096-0192-1/F·188

# 编辑委员会

# 序一：超越门户之见，共享成功经验

## 王　玮

星巴克创始人霍华德·舒尔茨是美籍犹太人，他在 20 多年前访问以色列，教堂神父给他讲了"二战"期间发生的一桩往事。一个冬天，德国纳粹将犹太人驱赶在一起，用火车运往欧洲某地的集中营，火车必须经过漫长一夜才能到达目的地，欧洲冬季的深夜是那样的寒冷，而每 6 个人中只有一人能得到一条毯子御寒。但没有人争吵，没有人抢夺，因为，幸运分到毯子的那个人总会平静地将毯子铺开，和周围其他五人分享，分享这难得的温暖。

这个故事给霍华德·舒尔茨很大的震撼和启发，后来，他将这种理念引进自己的企业，他不仅为公司的临时职工提供福利，还创立了美国企业历史上第一个"期股"形式，即让公司所有员工都获得公司的股权。此举开始时受到公司高层很多人反对，而且推行之初公司经营呈现亏损，但是，他坚持和员工分享公司利益的政策，他相信通过利益共享，与员工形成互相信任的密切的伙伴关系，并将这种信任和真诚传递给顾客，股东的长期利益才会增加，这么做的效果比单纯广告宣传对公司作用要大得多。事实证明他是正确的。公司很快扭亏为盈，更被誉为全球最受尊敬的公司，股票市值在十多年间上升了 100 倍，市值达到 300 亿美元。

看到这个故事后我也受到很大的震动。"学会与人分享"，我们都或多或少地受过这种教育，但践行起来却是少之又少。这不仅源于个人智慧问题，也许更关乎个人理想与道德，非不知也，是不为也。

中国地产业在饱受争议中前行，企业责任感的问题一度成为社会热议的话题。我想，如果把这个问题简单化，亦可以归结到"与人分享"的问题上来。开发企业成功了，应该学会与全社会共享成功，回报社会。中国许多优秀地产企业家就为我们作出了榜样。事实上，国外有专家对慈善现象进行过深入研究，研究的结论是：捐赠越多的企业反而会发展得越好。这使我们对慈善和捐赠又有了新的认识。正如中国传统价值观里面说的，"舍得舍得"，有"舍"才会"得"，"舍"和"得"其实是辩证统一的。

说到项目开发和企业管理方面，任何一个成熟的开发企业都会积累一套比较成熟的经验做法。但这些东西往往会被大家作为核心竞争力或者核心资源等给封存起来，视为公司竞争利器而不肯轻易示人。但我想，现在已经不是靠一本秘籍打拼天下的时代了，再说闭门造车的秘籍也总会有某些缺陷。因此，我们组织了一批专业商业地产人士把商业地产的一些实战操作进行总结完善，集结成册予以出版，希望借此与广大业内同仁分享，并在交流中也给我们以启迪。丛书如能对大家有所裨益，亦善莫大焉！

# 序二：成功＝99％的标化＋1％的创新

## 谢 黎

企业管理专家常说，世界上有两种智慧，一种是把简单的事情变复杂，一种是把复杂的事情变简单。

地产开发纷繁复杂，头绪众多，住宅开发是如此，商业地产开发更是如此。如何使复杂的地产开发简单化和标准化是所有开发企业的共同课题。如果细究起来，目前地产行业的标准化正在朝着几个方向发展：

一是产品类型标准化：现在许多优秀开发企业都在进行全国战略布局，开发项目众多，产品标准化后的异地复制成为大公司加快开发速度、降低风险和减少成本的必由之路。如知名的地产连锁品牌中体产业奥林匹克花园就在体育文化社区标准化方面进行了许多有益和有效的探索，所以能在全国快速开展奥林匹克花园的连锁开发。

二是产品构建的标准化：主要是学习日本欧美等国家先进技术，使住宅能像一般流水线产品一样进行批量生产，然后进行组装，真正实现"住宅产业化"。

三是实现管理标准化：即实现地产开发与经营的各个环节操作的手册化、作业指导化，这样就会有效提高工作效率，同时能对工作目标进行有效控制。

当然，我们必须承认，事物总是发展变化的，每一个地产项目受地缘环境的诸多影响，必定有许多独一无二的地方。因此，任何的标准化都无法穷尽各种变化。古人云"吾生也有涯，而知也无涯"，但人们仍然会"以有涯随无涯"，"发奋识遍天下字，立志读尽人间书"。地产完全标准化几乎是一个无法实现的任务，但仍然是所有开发商的终极目标。

既然无法实现完全标准化，地产创新就仍是一个永恒的主题。但事实上，地产发展日益成熟的今天，创新殊非易事。没有相当智慧和相当实力，奢谈创新无异于清谈天下、于事无补。因此，相形之下，标准化仍是我们现实的首要目标。

和住宅开发相比，商业开发更复杂，更像一场马拉松比赛。成功的招销只是项目成功的第一步，招销结束后的经营与管理才是项目永续发展的关键。因此，我们编辑这套丛书，希望对商业地产开发的全程操作流程标准化进行一些探索，并特别对商业经营管理和物业管理予以关注，希望为商业地产找到真正的成功之匙。非常之人方能成就非常之事，成功之道注定艰辛，愿与所有地产开发商共勉！

# 目　录

# 目录

# 第一章　房地产经销

## 第一节　房地产经销概述

房地产的经销是房地产经营开发活动的最后一个环节，该环节进行得好坏将直接影响到房地产开发活动的顺利进行和房地产开发企业的利润。因此，认真研究房地产经销的方式、方法就显得十分重要。

### 一、房地产商品销售的主要方式

现阶段房地产商品的销售主要有两种方式，即"直接销售"和"经纪人销售"。通过经纪人进行销售是发达的房地产市场条件下主要的房地产销售形式。

#### （一）直接销售

现阶段在我国市场上出售的大多是新房，因此，多由房地产开发公司自行直接销售。

#### （二）经纪人销售

经纪人（即中介人）对其所经营的房地产商品没有所有权，是代理商的一种。房地产经纪实际上就是房地产中介代理商为双方牵线搭桥，促成交易的行为。房地产经纪人有两种形式：一是充当买卖双方的介绍人；二是作为交易当事人（买方或卖方）的代理人，不仅介绍双方联系，而且为其安排贷款，分析财务状况，处理有关法律事务。

房地产卖主与房地产经纪人是委托与被委托的关系，这种委托与被委托的关系必须用书面合同确定下来。房地产销售经纪合同应该包括以下内容：双方姓名、房地产情况说明、经纪人的权利范围、经纪人应提供的服务、销售费用、经纪人报酬及支付方式、卖主开价、其他重要销售条件、合同期限、协议种类等。

经纪人的报酬是佣金。佣金通常是事先商定的房地产最终销售价格的一个百分数。在出租经纪情况下，佣金按租金的百分比支付。佣金在绝大部分情况下是由房地产卖出方支付的，但有时买主急于寻购某种短缺的房产，则可在与经纪人签订的合同中规定，佣金由买主支付。房地产经纪人的佣金数量主要受四个方面因素影响：其一，地方政府的房地产管理部门会公布一个供参考的佣金率表，按照《商品房销售管理办法》，代理佣金一般不超过商品房总价的2.5%；其二，在房地产经纪业市场上，不同时期因供求关系变化，也会形成一个佣金率水平；其三，不同房地产的销售难度不同，这是确立佣金的重要因素；其四，佣金数量还要视经纪人提供的服务数量而定。通常在雇佣合同中规定佣金支付的形式与条件，大多数情况是在房地产产权转让后支付佣金。因此，经纪人很可能在许多未成交的交易中花了大量的时间和费用，却得不到佣金。

## 二、房地产经纪销售代理协议的种类

根据国内及国外房地产销售代理的情况，房地产销售代理协议主要有以下五种：

### （一）公开报价

公开报价即房地产卖主通过恰当形式，公开提出一个售价，通知所有房地产经纪人。任何一位经纪人为其找到顾客，完成交易，均能获得佣金。这里以签订买卖合同在先为原则，即如果经纪人甲先于经纪人乙与顾客洽谈并草签意向书（即临时协议），但经纪人乙先于经纪人甲完成交易、签订买卖合同，则卖主只向乙支付佣金。此外，如果卖主拒绝接受经纪人介绍的买主，而后又直接与这位买主洽谈交易，这种行为被视为欺骗。但是，在公开报价情况下卖主有权不通过经纪人，自己出售房地产而不向经纪人支付佣金。

公开报价的优点在于可以为卖主提供众多的经销机会，但在实际操作中，这种协议方式既不利于经纪人也不利于卖主。对于经纪人而言，竞争太激烈，一个经纪人花大量时间和精力去经销房地产，结果却很可能是徒劳的。对于卖主而言，采用公开报价将得不到经纪人任何实质性的经销服务。

### （二）独家代理

独家代理就是卖主授予经纪人独占的代理房地产出售权利，在这种协议下，如果其他经纪人为卖主完成了交易，卖主同样要向获得独家代理的经纪人支付一份佣金。但如果卖主自己出售了房地产，则不必向独家代理的经纪人支付佣金。独家代理协议一般有一定期限，在此期限内卖主不得单方解约。

### （三）独家销售权

独家销售权与独家代理基本相同，唯一区别在于前者不管房地产最终是由谁销售，包括由卖主自己完成交易，具有独家销售权的经纪人都有权获得佣金。独家代理和独家销售权显然对经纪人十分有利，因为采用这两种形式，对经纪人而言不存在竞争威胁。

从卖主角度看，采用独家代理或独家销售权的优点在于：

1. 这两种形式都有利于调动经纪人的积极性，鼓励经纪人花费时间、精力、金钱去经销。

2. 鼓励经纪人高价出售房产，以获得高额佣金。

3. 可以节省大量卖主与其他经纪人洽谈的时间。

对于卖主而言，独家代理和独家销售权这两种形式的不足在于经销机会有局限性，因为任何一个经纪人无论他能力多大，工作多努力，都不可能像公开报价那样获得那么多的经销机会，同时独家代理和独家销售权缺乏灵活性，一旦委托人的经纪人无能或由于种种原因经销不积极，在一定期限内，卖主不能随便换人。

### （四）多重开价

多重开价以开展经纪业务的经纪人自发组成一个合作社为前提。合作社成员根据组社时间的长短和业务地域范围的大小来支付会费。一旦一位经纪人获得一笔独家代理业务后，在规定的期限里这位经纪人有权自己单独完成这项业务。如果在规定的期限内他未能做成这笔生意，他应该将信息告诉合作社，然后由合作社将信息传递给每一个成员。这样委托人既得到了公开报价协议的好处，又获得了独家代理的好处。一旦房地产销售出去，佣金在获得独家代理的经纪人和实际完成交易的经纪人之间分配。如果获得独家代理的经纪人自己完成交易，则他获得全部佣金。但无论怎么样，经纪人都得将佣金的一个（很小的）百分数交给经纪人合作社。

### （五）净开价

净开价实际是一种佣金支付方式，即卖主向经纪人开出一个价格，然后实际交易中成交价格高出开价部分的便是佣金。例如，卖主的一个房地产项目开价为100000元，如果经纪人能以高出100000元的价格出售，那高出部分无论多少都属于经纪人。

## 三、销售代理协议的基本内容

《商品房销售代理合同》至少应当包括以下五个要素：

第一，应当明确销售代理的方式、范围和期限，即属于一般代理还是独家销售代理；代理销售的商品房的基本状况（坐落、类型、房屋面积等）；销售代理的区域；代理期限及其延长等问题。

第二，应当明确代理费用的负担问题。代理费用主要包括对外一般推广费用及开发商特别要求制作广告、印制单独的宣传材料、售楼书等费用；具体销售工作人员的开支及日常支出费用。

第三，应当明确销售价格的确定问题。如针对开发商制作的销售价目表，代理商可否视市场销售情况在销售价目基础上灵活浮动以及浮动的幅度；代理商高价销售收益如何分配；低价售出时开发商是否认可。

第四，应当明确代理佣金及其支付方式。代理佣金通常为一定比例的实际销售额。一般情况下，开发商与购房者正式签订销售合同并获得首期房款，代理商的代销事项即告完成，即可获得全部代理佣金。开发商应在一定期限内将代理佣金全部支付给代理商。当然，如果是代理商代为收取房价款，代理商可在房款中事先扣除应得的佣金。此外，对于代理期限结束后，开发商与购房者签订正式销售合同时是否应当支付代理佣金，双方在代理合同中也应约定清楚。

第五，应当明确销售过程中违约情形的处理。包括因购房者对认购书违约而没收的定金如何分配、因开发商或代理商原因导致对购房者的赔偿由谁承担等。

当然，对于销售代理过程中的合同文本、合同签订、房款收取、交房、过户手续的办理等方面内容，开发商与代理商也应在代理合同中加以明确，避免日后产生纠纷。

## 四、商品房销售代理协议范本

## 商品房销售代理合同

甲方：_____

乙方：_____

甲、乙双方经过友好协商，根据《中华人民共和国民法通则》和《中华人民共和国合同法》的有关规定，就甲方委托乙方代理销售甲方开发经营或拥有的商品房事宜，在互惠互利的基础上达成以下协议，并承诺共同遵守。

**第一条　代理方式和代理项目**

甲方委托乙方以独家代理方式代理销售甲方开发经营或拥有的商品房。

甲方商品房的房地产项目名称为：＿＿＿＿＿＿；该商品房项目主要为：①别墅，②写字楼，③公寓，④住宅，⑤商住两用（多选，打对钩）；该商品房项目位于＿＿＿＿＿＿；销售面积共计＿＿＿＿＿＿平方米。

**第二条　代理期限**

1. 本合同代理期限为＿个月，自＿＿＿＿年＿月＿日至＿＿＿＿年＿月＿日。在本合同到期前的＿天内，如甲乙双方均未提出反对意见，本合同代理期自动延长＿个月。合同到期后，如甲方或乙方提出终止本合同，则按本合同中合同终止条款处理。

2. 在本合同有效代理期内，除非甲方或乙方违约，双方不得单方面终止本合同。

3. 在本合同有效代理期内，甲方不得在＿＿＿＿＿＿地区指定其他代理商。

**第三条　费用负担**

甲方负责房地产项目的推广费用（包括但不限于报纸广告、电视广告、印制宣传品、售楼书、制作沙盘等）。

乙方负责网上（指互联网）、网下销售人员工资和日常办公费用以及互联网销售的推广维护费用。

**第四条　销售价格**

商品房的销售基价（各层楼面的平均价）由甲乙双方确定为＿＿＿＿＿元/平方米，乙方可视市场销售情况在征得甲方认可后，灵活浮动价格。甲方所提供并确认的销售价目表为本合同的附件。

**第五条　代理佣金及支付**

1. 乙方的代理佣金为所售商品房价目表成交额的＿＿＿＿％，乙方实际销售价格超出销售基价（价目表）部分，甲乙双方按五五比例分成。

2. 甲方同意按下列方式支付代理佣金。

甲方在正式销售合同签订并获得首期房款后，乙方在该代理合同中规定的商品房代销责任即告完成，即可获得本合同所规定的全部代理佣金。甲方在收到首期房款后应不迟于3天将代理佣金全部支付给乙方，乙方在收到甲方转来的代理佣金后应开具收据。

乙方代甲方收取房价款，在扣除乙方应得佣金后，将其余款项交付甲方。

3. 乙方若代甲方收取房款，属一次性付款的，在合同签订并收齐房款后，应不迟于5天将房款汇入甲方指定的银行账户；属分期付款的，每两个月一次将所收房款汇给甲方。乙方不得擅自挪用代收的房款。

4. 因客户对临时买卖合同违约而没收的定金，由甲乙双方五五分成。

**第六条　甲方的责任**

1. 甲方应向乙方提供以下文件和资料：

（1）甲方营业执照副本复印件和银行账户。

（2）新开发建设项目，甲方应提供政府有关部门对开发建设 _____ 项目批准的有关证照（包括：国有土地使用权证书、建设用地批准证书和规划许可证、建设工程规划许可证和开工证）和销售 _____ 项目的商品房销售证书、外销商品房预售许可证、外销商品房销售许可证；旧有房地产，甲方应提供房屋所有权证书、国有土地使用权证书。

（3）关于代售项目所需的有关资料，包括：外形图、平面图、地理位置图、室内设备、建设标准、电器配备、楼层高度、面积、规格、价格、其他费用的估算等。

（4）乙方代理销售该项目所需的收据、销售合同，以实际使用的数量为准，余数全部退给甲方。

（5）甲方委托乙方代理销售商品房的委托书。

以上文件和资料，甲方应于本合同签订后 _____ 天内向乙方交付齐全。

甲方保证若客户购买的商品房的实际情况与其提供的材料不符合或产权不清，所发生的任何纠纷均由甲方负责。

2. 甲方应积极配合乙方的销售，负责提供看房车，并保证乙方客户所订的房号不发生误打情况。

3. 甲方应按时按本合同的规定向乙方支付有关费用。

**第七条 乙方的责任**

1. 在合同期内，乙方应做以下工作：

（1）在拥有的房产网站上着力进行宣传（包括网站页面制作、网上推广等）；

（2）根据甲乙双方议定的计划，参加房展会等网下宣传活动；

（3）做好网上、网下的咨询、接待工作；

（4）在甲方的协助下，安排客户实地考察并介绍商品房项目环境及其情况；

（5）在甲方与客户正式签署售房合同之前，乙方以代理人身份签署房产临时买卖合约，并收取定金；

（6）乙方不得超越甲方授权向购房方作出任何承诺。

2. 乙方在销售过程中，应根据甲方提供的项目资料和授权向客户作如实介绍，尽力促销，不得夸大、隐瞒或过度承诺。

3. 乙方应信守甲方所规定的销售价格，非经甲方的授权，不得擅自给客户任何形式的折扣。在客户同意购买时，乙方应按甲乙双方确定的付款方式向客户收款。若遇特殊情况（如客户一次性购买多个单位），乙方应告知甲方，作个案协商处理。

4. 乙方收取客户所付款项后不得挪作他用，不得以甲方的名义从事本合同规定的代售房地产以外的任何其他活动。

**第八条**　合同的终止和变更

1. 在本合同到期时，双方若同意终止本合同，应通力协作妥善处理终止合同后的有关事宜，结清与本合同有关的法律、经济等事宜。本合同一旦终止，双方的合同关系即告结束，甲乙双方不再互相承担任何经济及法律责任，但甲方未按本合同的规定向乙方支付应付费用的除外。

2. 经双方同意可签订变更或补充合同，其条款与本合同具有同等法律效力。

**第九条**　违约责任

双方违反合同约定的，支付实际违约金额＿＿＿％的违约金。

**第十条**　其他事项

1. 本合同一式两份，甲乙双方各执一份，经双方代表签字盖章后生效。

2. 在履约过程中发生的争议，双方可通过协商、诉讼方式解决。

甲方：　　　　　　　　　　乙方：

代表人：　　　　　　　　　代表人：

地址：　　　　　　　　　　地址：

电话：　　　　　　　　　　电话：

日期：　　　　　　　　　　日期：

# 第二节　房地产经销过程

一个成功的房地产经销过程一般分为两个阶段：一是为使潜在的买者或租客了解房地产状况而进行宣传、沟通的阶段；二是就有关房地产的销售价格或租金及合同条件进行谈判的阶段。由以下几个方面组成：

## 一、寻找潜在投资者

寻找潜在投资者有多种方法：

1. 广告寻找法。经销人员利用各种广告媒介寻找潜在顾客，例如可以向某一目标区域每户居民邮寄一份广告，询问是否需要房屋。此外还可以通过大众传播媒介做广告，吸引潜在投资者。

2. 市场咨询法。经销人员利用社会上的有关市场咨询服务公司寻找直接的或间接的潜在投资者信息。

3. 连锁介绍法。由已购入房地产的顾客推荐新的潜在投资者。

4. 委托助手法。委托他人帮助（如在亲戚、同事、朋友中）寻找潜在顾客。

## 二、顾客资格审查

经销人员面对众多的潜在顾客需要进行审查筛选，以便集中精力对那些最有希望的顾客进行经销。顾客审查的主要内容是，购买需求和支付能力审查及潜在投资者人格审查。购买需求审查就是确定经销对象是否真正需要房地产，目前要求是否迫切，如果对象并不真正需要房地产，经销人员应该立刻停止经销活动。支付能力应该包括潜在顾客的借款能力。潜在投资者的人格，这里指其是否有决策权，是否在投资方面受各种限制。根据上述审查结果可将所有潜在顾客进行等级划分。

## 三、接近顾客

接近顾客包括接近准备和接近两个步骤。接近准备是指经销员在接近顾客之前，进一步分析顾客并制定接近顾客的方法。

接近顾客可以采用面约、函约、托约、电话约以及直接主动上前搭话等方法。

## 四、面谈

在面谈阶段，经销人员的任务是详细介绍房地产商品各方面情况，解答各种问题，启发顾客的兴趣和诱发他们的购买动机、刺激顾客的购买欲望并引导、催促其进行购买决策。面谈中经销人员应做到五个坚持，即坚持针对性：针对投资者的投资动机，针对投资者的心理，针对经销房地产的特征；坚持精确性：介绍房地产时，回答问题要用精确、清楚的词语；坚持和气待人：切不可与顾客发生不愉快的争吵；坚持逻辑性：经销人员的说明要符合逻辑，不要信口开河，前言不搭后语；坚持鼓动性：经销人员在面谈中要用自己的信心、热情、知识去感染顾客，促使其采取行动。

## 五、异议处理

异议是面谈过程中的一个内容，由于它十分重要因而需要另加说明。所谓异议，指顾客对经销人员的介绍或提示提出不同意见或相反看法。异议是顾客对经销的反应和自己看法的表示。处理得好，顾客将被说服；处理不好，顾客将拒绝接受经销。处理顾客异议的方法有以下几种：

1. 反驳法。提供有关事实和理由，直接否定顾客的异议。

2. 迂回法。首先表面上似乎同意顾客的异议，然后再提供有关事实和理由，间接地否定其异议。

3. 补偿法。经销人员说明、强调顾客异议以外的产品优点来补偿、抵消顾客的异议，使其感到心理平衡。

4. 不睬法。对顾客提出的与房地产经销无关或无效的异议，有时可视具体情况不予理睬。

5. 预防法。在顾客之前主动提出有关异议，并给予解答。

上述方法应视具体情况加以选用。

## 六、成交

成交就是经销人员与顾客达成交易协议。一切经销努力的目的都在于成交，如果不能成交，一切都是徒劳的。房地产成交应注意以下几点：

1. 密切注视成交信号，成交信号是顾客的一种暗示。经销过程中顾客一般不愿首先提出成交，经销人员应随时捕捉顾客的成交信号，力促其成交。

2. 灵活机动，抓住机会，随时促成交易。

3. 消除经销人员自身的各种心理障碍，不要怕失败，不要怕被拒绝，不要等待顾客自动提出成交。

4. 耐心谨慎地对待顾客的拒绝。随时准备继续面谈，随时准备重新提出成交。

# 第三节　房地产项目的销售方法

房地产开发项目的销售收益是指房地产出售或销售收入减去经营费用之后

的余额。销售收益的高低与销售价格有关，与所选择的销售方法也有很密切的关系。适宜的房地产销售方法，可使房地产开发项目的销售收益提高；反之，不当的销售方法将会降低房地产开发项目的销售收益。

发展商可根据所开发物业的特点来选择销售方法。下面介绍几种常见的销售方法。

## 一、异地销售

这种方法只有在特殊的情况下才能使用。它适合那些满足人们规律性移动的房地产的销售，适合那些以满足外地用户需要为目的而建造的房地产。如瑞士中部山区是夏季欧洲人的避暑胜地，该处的乡间别墅对当地人没有多大的吸引力，但对其周围国家的人来讲却非常有价值。因此，采用异地销售的方式效果很好。厦门东郊的乡间别墅，采用异地销售方式销售，300平方米的二层小楼，售价达50万美元；又如北京的一些高档写字楼的异地销售，也取得了较高的收益。

## 二、预售

房地产预售是在房地产建成之前将其卖掉的销售方式。它可以提前收回建房资金，减少投资风险，减轻房地产建设过程中的资金压力，减少银行贷款，因而降低投资成本，提高资金周转率，使房地产开发商能及时抓住投资机会、获取较稳定而可观的利润。在房地产市场处于景气上升时期比较适用这种方式，但预售可能会将一部分利润让给购买者。我国有关商品房的预售规定如下：

**（一）预售商品房的条件**

1. 已经交付全部土地使用权出让金，已有土地使用权证书。

2. 持有建设工程规划许可证和施工许可证。

3. 按提供的预售商品房计算，投入开发建设的资金已达到工程建设总投资的25%以上，并已确定施工进度和竣工交付日期。

4. 已办理预售登记，取得商品房预售许可证明。

**（二）办理预售登记须提交的文件**

1. 上述第1~3项的证明材料。

2. 营业执照和资质等级证书。

3. 工程施工合同。

4. 预售商品房分层平面图。

5. 商品房预售方案。

**（三）核发预售许可证明**

房地产开发主管部门在接到申请之后 30 日内给予答复，同意的核发预售许可证明，不同意的说明理由。

预售时包括中介人（经纪人）也要向预购人出示这一证明。

**（四）预售合同**

当事人双方签订预售合同，该合同须到当地政府房地产开发主管部门和土地管理部门备案。

预售合同应包括：商品房建筑面积、使用面积、价格、交付日期、质量要求、物业管理方式以及双方的违约责任。

**（五）办理使用权、所有权登记手续**

购买人须在商品房交付使用之日起（现售房为合同签订之日起）90 日内，办理土地使用权变更和房屋所有权登记手续。

## 三、分期付款销售

分期付款销售是常见的房地产销售方法，通常分为个人分期付款销售和个人住房抵押贷款销售。个人分期付款销售的方法是以由购房者与房地产发展商达成分期付款协议的方法销售房屋，主要对象是有稳定的、较高收入的、信用较好的个人或是某种行业发展前景较好的公司；个人住房抵押贷款的方法是个人在购买房屋的同时向银行申请以房屋作抵押贷款购房，购房以后，购房者只与银行有贷款关系，按抵押贷款合同分期偿还贷款本息。

采用这种方法，房地产开发商可以较快地得到部分建设资金，其余房款又有一定利息。另外，对分期付款销售的商品房价格还可以定得稍高一些，开发商可得到更多的利益。

# 第二章 招销前的准备工作

## 第一节 商业地产销售准备

商业地产销售可以分为独立产权、无须分割的独立商铺销售和需进行产权分割、通用管理经营的管理型产权商铺销售。管理型商铺由于运作较为复杂，因此是我们研究的重点。由于介绍的着重点不同，销售准备工作有相当部分已在其他章节进行了专门说明，本节重点介绍销售的价格策略、销售模式分析等。

### 一、销售前必备条件

1. 认购方式确定：一般采取现场直接认购的方式。
2. 商品房预售证到位。
3. 房管局出具的测绘报告到位。
4. 销售价格的确定。
5. 产权图、功能图、楼书、单页确定并到位。
6. 开盘媒体推广方案确定并实施。
7. 销售人员及其他相关人员培训、模拟演练、人员分工到位。
8. 银行按揭及其相关程序、费用确定。
9. 合同体系确定并到位。

### 二、销售政策制定

#### （一）付款方式建议

为了快速回笼资金，减少因银行贷款程序复杂而造成的资金回收缓慢，并在市场现有付款方式中形成亮点，建议的付款方式为：

1. 一次性付款××折（全部房款必须于定金交纳后××天内全部支付）；

2. 按揭付款××折。

以上付款方式一方面对资金量充足的客户起到有效引导作用，另一方面可加速资金回笼的速度，并对部分不愿借贷的客户形成了吸引。

**（二）优惠促销方案**

1. 已成交客户成功介绍新客户并达致成交，新老客户均可获得额外××个点的折扣，折扣以新客户成交单元总价计算，其中老客户可返现金，新客户可从首期款中扣除。

2. 为了更有效地促使客户尽快成交，建议销售部有给客户额外××个点折扣的权利，在特殊情况下适当给予客户额外折扣。

# 三、价格策略

## （一）价格制定的指导思想

追求项目利润最大化或是追求销售速度最快化，规避风险等。

## （二）本项目价格定位的参考依据及方法

1. 定价的参考依据：

价格取决于地段、项目的定位、规模等因素。升值空间较大、功能可以互补、配套比较完善、管理统一性强、客户接受程度等在一定程度上都影响着价格的制定。

因此定价须考虑以下因素：

A. 顾客可接受的成本分析：即（顾客的心理价位）单价和总价、首付、月供。

B. 定价须考虑的因素：设计、区位、配套、竞争对手、市场、品牌、战略选择。

C. 起价、均价、最高价、阴阳面差价、楼层差价、户型差价、景观差价、配置差价、促销价、特殊要求差价与调价系数。分期付款与折扣、按揭价。

2. 定价方法：

价格是房地产经营过程的核心与实务，一切经营活动均以此为中心。高价位能够提高单位利润，但可能影响房地产销售，低价位虽然能够扩大销售，但可能丧失获取更多利润的机会。如何确定最适合的价格，求取最大的利润，是所有投资人最关心的事情。

A. 成本加成定价法。

将产品的成本（含税金）加上预期利润即为房地产价格的定价方法，是一种最基本的定价法，是根据测算或核算的成本加上一定比例的利润率确定的。例如，某一项目的总成本为 1500 万元，预期利润为 10%，则总售价为 1650 万元，再将此 1650 万元分配至每一单位的房地产商品，即得到单位面积平均售价，再根据每一单元房地产的楼层、朝向、室内装饰情况确定房地产售价。

成本是开发项目的全部成本，包括开发成本以及经营过程中的支出和税收，基本上可分为可直接计入的成本和分配计入的成本。

利润率应当在考虑房地产投资的风险情况和整个行业的平均利润的基础上综合测算确定。

成本加成定价虽较简单、理论依据充分，但这种方法本身考虑市场对价格的接受能力不够，实际定价时，在此基础上仍必须考虑市场行情及竞争激烈与否，才能定出合理的价格。在市场竞争激烈的情况下，这种定价方法所做出的定价可能缺乏竞争力。

B. 竞争价格定价法。

竞争价格定价法是从市场竞争的角度来定价，市场竞争是一种综合实力的竞争，而价格的竞争始终是市场竞争的重要因素，特别是房地产商品这样高价格的产品，即使你的定价比竞争者的价格高出不多，但顾客也特别关心。由于房地产商品的不可移动性，主要考虑相近产品或附近区域的竞争情况，因此，所谓竞争价格定价法主要依据相近产品或附近区域竞争状况而确定经营房地产的价格。在竞争激烈时，若条件相当的两宗房地产，定价较高的一般难以为顾客所接受。要推出比竞争者价格较高的房地产，通常应具有公司信誉良好、用材较高级、具有独特的设计等优势。

竞争价格定价法通常是在市场竞争较为激烈时应当考虑的一种方法，在此种方法下，开发经营者获取较高利润的途径就是必须降低开发经营成本。

C. 顾客感受定价法。

这种方法的理论基础实际上是效用理论。对购房者而言，他实际上并不清楚也不十分关心市场上房地产商品的成本、造价等问题。他在选购房地产时，影响其作出决定的因素主要有两方面：一是其他同类房地产商品的价格如何；二是以一定的价位购买该项房地产是不是值得。当购房者对某开发公司的品牌有信心时，纵然定价较高，购房者基于享受良好的售后服务和今后物业管理的考虑或是为了体现自己的实力、身份等，仍会欣然前往。而当购房者对推出房地产商品的开发公司不具信心时，一旦定价太低，购房者反而会怀疑其品质而不予信任。为什么在同一个城市里，物质条件（如交通、绿化、生活服务设施等硬条件）相当的一些小区，有的定价较高却仍然卖得火暴，有的价位虽然较低，销售却冷冷清清，一个重要的原因就是顾客的感受。顾客的感受与推出该项房地产商品的开发商的社会信誉有关，也与该项房地产商品从策划阶段到营销过程中的宣传定位有很大的关系。

依顾客感受而定价是大胆的做法，因为这难以确定定量的理论依据并进行定量计算，所以，尽管房地产和其他商品一样，品牌信誉确实能影响甚至主导消费者的消费意愿，但房地产的定价也不能太离谱，若超过顾客所能承受的价位，对销售反而不利了。

D. 加权点数定价法。

预售房屋的定价，通常采用市价比较法，即前述的竞争价格定价法，分析拟推出经营房地产每平方米单价的合理行情，再根据面积、朝向、视野、楼层差别等而确定不同的定价增减比例，并据以对不同房屋进行定价，称为加权点数定价法。

楼层、朝向及面积等因素对价格的影响受消费习惯、心理想法、经济条件、社会风俗等多种因素制约，很难有一个统一的标准，因此运用该方法时，应当根据调查研究的情况而确定。不过一般遵循以下规律：

朝向差价：一般南北向较贵，东西向较便宜。

楼层差价：楼层价位高低，受建筑物高度的影响。一般而言，高层建筑中，一、二、三楼及越高越贵，中间较便宜；多层建筑则中间楼层较贵，越往上下价位越低。

选间差价：选间因三面采光，因而较其他单位为贵。

视野差价：临公园、湖边、海滩或视野较佳、景观较佳为贵，面临巷弄或采光较暗者，即使同一栋楼、同一楼层，也较便宜。

面积差价：一般情况下，办公经营面积集中且达到一定规模或是住宅单元面积较大时价格可适当提高。

设计差价：屋内布局、大小公共设施的配置都会影响房屋价格，布局合理的单元住宅价格可适当提高，一宗房地产项目内某些布局较差的单元，可能需要降价销售。

**（三）房地产定价策略**

1. 价格折扣与折让策略：

A. 现金折扣。购买者如能及时付现或提早付现，公司则给予现金折扣。房地产销售中，一次性付款可以给予优惠就是这种策略的具体表现。这种策略可增加买方在付款方式上选择的灵活性，同时卖方可降低发生呆账的风险。

B. 数量折扣。顾客大量购买时，则予以价格上的优待。这是公司薄利多销原则的体现，可以缩短销售周期，降低投资利息和经营成本，及早收回投资。但房屋价格高，金额巨大，而且每人所需有限，公司不可能以鼓励大量购买然后给予折扣的形式来销售，因此，这里的"数量"就需要慎重确定。更多数量甚至整幢大楼的购买虽然不多见（有时会出现机构购买的情况），但一旦如此，通常可以通过谈判获得更高的折扣。

2. 单一价格与变动价格策略：

单一价格即不二价，无论谁来购买都是同样价格。若有折扣、优惠、赠品，则对每一顾客皆一视同仁。

变动价格则对每一顾客的成交价皆有所差异。这主要来自买卖双方的讨价还价，或者由买方与卖方的特殊关系造成。房屋价格能达到不二价的公司很少，一般几乎都是"变动价格"，尽管有时这种变动从单位价格来看可能并不大，但从总价来看，情况就不一样了。

3. "特价品"定价策略：

使少数产品以非常廉价的姿态出现，来吸引消费者购买。所谓"特价品"在房屋营销中往往只有一户或少数几户，即所谓"广告户"，如广告中常见的所谓"起价"××元。

4. 心理定价策略：

传统的心理定价策略亦称奇数定价。根据心理学家对消费者购买心理的调查研究，同一件产品当标价 49 元时，不但销量远大于标价 50 元的产品，甚至比标价 48 元的销路还要好。这种策略也能用于房地产定价。现代心理定价还有其他一些新的表现，如吉祥数字、吉祥门牌号定价策略，像每平方米 4998 元这类定价。

5. 非价格竞争策略：

价格竞争是市场竞争的基本策略，但在房地产营销中，也有在竞争中突破价格竞争而自主定价的策略，如在相邻同档次的项目中，一方不通过价格调整，而通过提供比竞争者更优惠的其他条件来竞争的情况，如提供良好的后期物业管理、较低的物业管理费等来吸引顾客。

**（四）具体价格的确定**

在整体价格定位完成后需制定完全的针对具体每个销售单元的价格。此时应在遵循差别定价法的原则上展开价格制定工作。

差别定价法的前提是影响每个销售单元销售的因素都存在差异。实行差别定价的关键是要综合考察影响销售的因素，找出最受客户欢迎的销售单元，即在同等价格下客户会优先购买的单元，因而可将这些销售单元售价定得高一些，而不影响其销售旺势。这样，在物业成本固定的前提下，实行差别定价法就能利用现有的产品获得最大的收入，利用价差来争取另外的客户。

实行差别定价并不意味着一旦确定就不能变更，它也可根据销售的反映状况，改变原有的定价差别。原有的定价需要接受销售实践的检验，一旦经实践后，发现原有定价差别与市场反映不符，就应加以调整，并适时不断修正，确定最佳的差别定价。

## 四、价格调整

### (一)"低开高走"的操作事项

正常情况下价格应"低开高走"，即以低价位入市，抢占市场份额，售价随着项目进程的完善而逐渐提高，在增加利润的同时也给业主以升值的感觉。

**低价开盘（内部认购期）**

在充分考虑本商业地产物业投资市场行情及产权式商铺激烈竞争的基础上，选择部分销售单元以低价作为开盘价有以下好处：

- 发展商利润不多但却不会亏本，尤其在市场竞争激烈的情况下，生存比利润更重要；
- 成本价一般都低于市场价，有较大的市场占有率；
- 有良好的开端，易产生效益，可达到轰动效果，又达到广告目的；
- 可达到资金快速回笼的效果，减轻发展商的资金压力。

**中期微利提价（强销期）**

经过一段时期的销售，消费者对项目的商业价值有了充分的认识，加上物业工程进展越来越显示出优势，这时进行适当的提价，但这种提价必须慎之又慎，必须是渐进的、平稳的上扬。要小幅递增，一般涨幅不超过 3%。

**后期继续适当提价（销售扩张期）**

当出现抢购时，价格走高是大势所趋，不可避免，及时提价能取得更大的效益。但提价时要精心策划、高度保密，才能收到出奇制胜的效果。并在提价后，要加大对已购买业主的宣传，让其明白所购物业已经升值了，他们会向亲戚朋友宣传，起到口头传播的广告作用。

### (二)价格调整控制注意事项

在价格控制上要严格避免三种情况：

避免价格走低：开盘以后，基本原则为只升不跌，一旦价格明显下调，不仅会严重挫伤已投资者的积极性，还会带来市场负面效应，更使准客户采取观望态度，影响销售速度，进而会使物业市场信誉度下降而影响销售。

避免价格做空：不能为了人为地制造人气，即使在市场实际接受力较差的情况下，依旧提高市场销售价，而在实际销售中，又随意地给客户还价、打折，出现价格做空现象。

避免缺少价格升值空间：销售过程中一旦发现有较好业绩，便误认为上市价格太低，过快或过大地上调价格，致使市场应预留的空间失去，尽管从外表形式上看非常荣耀，但往往会因此失去市场。

## 五、销售模式分析

按产权式商场的成功做法，一般是自营一部分，销售一部分，出租一部分，这样才能保证商场的持续旺场，也基本上能平衡发展商、投资者、经营户三方的利益，最终实现物业价值的最大化。

1. 商场一层商铺：一般临街，相对位置优越，投资者、经营者最易接受，一般可以设计成自买自营或自买自租为主的独立商铺进行销售，旨在快速回笼资金的同时，既减轻招商的压力，又降低了发展商的风险。

2. 其他部分：一般采取分割小面积以返租、托管的形式销售，承诺固定收益回报，锁定中小投资者，投资回报率一般在 6%~8% 之间，返租年限一般在三年以上。这种商铺一般称为"产权式商铺"或者"管理型商铺"，但是此模式对商场的招商及经营管理要求较高，是现在绝大部分商业地产开发商面临的一大课题。

## 六、返租模式分析

虽然近年来返租模式大行其道，但业内一直缺乏对这种模式的系统性分析。我们试图对管理型商铺的售后返租模式进行一些探讨，希望起到抛砖引玉的作用，对我们的工作有所帮助。产权式商业物业是指由专业的商业经营管理公司负责经营管理，而为了回笼资金的需要物业产权实行拆零销售，所有权与经营管理权实施分离，用于从事商品销售、休闲、娱乐等经营活动的建筑物。

产权式商业物业主要区别于产权未进行拆零销售的经营式商业物业，它的进一步细分主要以其租赁的方式为依据，分为整体租赁、分零租赁和整体分零租赁相结合三种方式。

零售产权、整体租赁的商业物业又称做"管理型商铺"，其根本特征是开发商拆零销售产权回收资金，通过长达 10~20 年固定化、利率化的返租回报，将经营权从投资者手中取回，然后委托专业的商业管理公司进行物业的管理和经营，获取租金，回报投资者。因为由专业公司代为管理，投资者获取长期稳定的返租回报，故名"管理型商铺"，其运作方式往往概括为"售后返租"。

**（一）案例情况**

A项目，位于成都市地理中心和商业中心天府广场旁边，于1997年年底破土动工，2001年6月竣工完成。该大楼占地面积7172平方米，总建筑面积近11万平方米，共34层。其中地下三层、四层为车库，可泊车400余辆；地下二层至地上十一层均为营业用房，单层面积约5000平方米。十二层至三十层为写字楼，单层面积约1500平方米。裙楼设扶梯40部，两部观光电梯，货梯一台，消防梯一台，客用电梯两台。该项目地处绝佳位置，具有无法复制的优势地理位置。其地下室与规划地铁中心站直接相通，成为未来的地铁上盖物业，将形成新的"地铁经济"和"地铁概念"。

目前，十二层至三十层的写字楼已全部整体出售并入住办公，业主为某保险公司。地下二层至地上五层为某国内著名百货零售商负责经营管理。该项目在其商铺的销售中，采取了所有权、经营权、使用权三权分离的模式：为提高市场接纳力，将商场产权化整为零，划分为10~100平方米的小产权进行销售以回收大量资金，然后通过回报租金的方法从购房者手中取回商业铺面的经营权，其年回报利率定在7%左右（高于银行贷款利率才有吸引力），这样所有权属于投资者、经营权由专业商业管理公司掌控、入场经营商家拥有物业使用权，实现了三权分离。在统一经营的背景下，最大程度地实现商业物业的整体经营价值，同时使建筑单体获得最大的价值与租金增长空间。这是一种高收益高风险的运作模式，适用于大型封闭式商场。从该项目开盘以来的运作来看，通过拆零产权、销售旺铺回收了巨额资金，大大缓解了困扰开发商已久的资金紧张问题。

经营商进场以后经营状况也比较理想，进一步增强了中小投资者的信心，促进了商铺的销售。在成都还有一个正在按此模式运作的大型项目，其租金回报率为每年7.5%，每三年递增0.5%，租赁回报期长达20年。

**（二）三方利弊分析**

1. 开发商。

对绝大多数开发商而言，没有足够的资金实力和耐心去等待物业的逐渐升值和租金的缓慢抬升。通过零售产权，短期内回收大量资金，保证工程建设的顺利进行和物业的正常营运——这或许是不得已而为之的解决之道。封闭式的大型商业物业往往一卖就散，一散就乱。通过将经营权以固定分红回报的形式从产权所有者手中收回，交给真正有经营实力的大商家进行经营，实现统一规划经营，易吸引上行人流，盘活楼盘，有利于楼盘升值，让客户感受到有升值空间。开发商一般在项目销售结束、商业经营步入正轨后全身而退，将商铺的控制权交给专业的商业管理公司，而商业管理公司是否能够进行科学的营运规划、完善的经营管理，以及其具有的资质、理念，将对商铺价值、长远的租金回报起到重要的作用。在这种高风险高利润模式的运作当中，会涉及大型商业项目的规划、设计、招商、销售、工程等所有环节，对开发商的综合运营能力要求极高。

而且，回笼资金（即产权分散销售）与商业经营（即统一规划经营）两者是一对矛盾，商业物业的经营对开发商名誉、品牌的影响也将有很强的广泛性和延续性：试想，一个销售不畅，入住率低的住宅小区是很容易被市民遗忘的。而对于一个位于市中心，经营不善、冷冷清清，返租回报承诺无法兑现、投资者云集讨债的大型购物广场，即使当年开发商销售良好，早已赚得盆满钵满，其长期的负面社会影响也会使开发商的品牌形象大打折扣。

2. 投资者。

近年来，由于股票风险太大，银行利率一降再降，房产投资便无疑成为投资者关注的焦点。临街商铺、社区商业、商业步行街、购物中心、专业市场等各种商业形态的物业纷纷涌现，开发商与投资者共同把这个市场推向了高潮。"管理型商铺"的出现，对广大的购房投资者有以下的利和弊：

投资者的收益在于：

A. 省去了投资者出租的风险和收取租金的麻烦，对于投资者来说，可得到极大的便利。

B. 免去了商铺出租期间对于物业各项管理所需花费的精力，经营管理公司具备对物业进行规范管理的能力，可以确保物业出租期间的安全及业主的各项利益。

C. 确保了市场运作初期的业主利益。一般签订"管理型商铺"委托经营合同时，都附有若干年限的固定回报条款，即在市场启动初期的若干年限内，由营运管理商向业主按固定利率支付租金回报，租赁期限相对稳定，并使业主回避了市场形成初期较大的经营风险。

D. 统一经营的商铺具备对经营业态、整体形象、商家组合的有效控制，有利于实现商业物业的整体竞争力，促进物业与租金的长期增值。

投资者的风险在于：

A. 大型封闭式商场与商业街或普通临街铺面不同，各个商铺能否增值与位置关系不大，主要依赖于商场整体经营的成功。在委托经营合同长达 10~20 年运营期内，一旦商场经营失败，商业管理公司无力承担租金回报，会导致业主租金颗粒无收。

B. 在委托经营期满后，投资者取得对商铺的处置权，会产生种种难以预测的后果：部分投资者或许不再满足于商业管理公司的固定利率回报，要求自行出租或者自营，这是合理且合法的要求，但这将逐渐破坏原有的经营规划和布局，甚至对整体的经营产生负面的影响，风险在此时将渐渐暴露。

3. 经营者。

商业地产项目的经营商与开发商天生是一对矛盾体——开发商希望拆零产权销售以回笼资金，而经营商希望只租不售保留完整产权以便于统一经营管理；开发商希望出租更多的商业面积，经营商则希望有更多的面积营造休闲的商业氛围；从商业经营角度看，管理型商铺类似于整体自营的大型商场和专业市场，与沿街独立商铺或零售零租的商业街产生了较大的区别，有利于与沿街独立商铺的竞争：

A. 在整体经营上，管理型商铺一般对于项目经营内容、商家品质、形象定位有着清晰的界定，有助于各经营商家入驻前对项目整体营运风格、发展前景的了解和预测，以做出正确的决策。

B. 商铺的租赁期限相对稳定，而不像独立产权商铺，过多地受到业主心态与个人需要的影响。

C. 商铺租金相对稳定。整体经营的管理型商铺受到经营管理公司的严格管理，对于租金的确定，经营商会有稳定的策略，上下浮动一般不会太大，有利于入驻商家长远经营的规划与预测。

D. 由于经营管理商的统一管理，管理型商铺的配套服务将明显优于一般独立商铺。

### （三）SWOT 分析

1. 优势分析。

A. 管理型商铺类似于全产权式独立商铺和 SHOPPING MALL 之间的过渡产品，它集合了产权式独立商铺易回收资金的优点和大型购物广场统一进行商业管理的优势，既能够在短期内回收大量资金，又可以避免零售产权导致经营混乱的局面。

B. 对购房投资者而言，管理型商铺避免了投资者出租的风险和收取租金的麻烦，投资收益较为长久而稳定，并使业主回避了市场形成初期较大的经营风险。

C. 从商业经营角度看，管理型商铺在整体经营上对于项目经营内容、商家品质、形象定位有着清晰的界定，有助于各经营商家入驻前对项目整体营运风格、发展前景的了解和预测，以做出正确的决策。且各经营商家的租赁期限和租金相对稳定，有利于入驻商家长远经营的规划与预测。

2. 劣势分析。

A. 投资回报合同期较长，合同期内的发展状况难以预测：在投资者与商业管理公司签订的投资回报合同中，为保证主力商家的长期经营，一般合同期长达 10~15 年。在此期间，因经营管理不善，租金收益较低不足以偿还投资者的固定回报，甚至商场整体倒闭的可能性是完全存在的。大型封闭式商场基本无临街铺面，各个商铺能否增值与位置关系不大，主要依赖于商场整体经营的成功。一旦商场经营失败，会导致业主租金颗粒无收。

B. 投资回报合同期满后的未来前景难以预测：10~15 年的合同期满后，购房者重新获得商铺的经营权。如果此时商场整体经营正常，投资者可能不满足于不到 10% 的投资回报率，要求进场自行经营或自行出租；如果此时商场已是惨淡经营，投资者（尤其是一层商铺的投资者）可能出于对商业管理商的不信任，同样要求进场自行经营或自行出租，这将会破坏商场统一经营格局，引发一系列不可预测的严重后果。

C. 二层以上的商铺销售难度大，投资者风险高。大型封闭式商场各个商铺能否增值与位置关系不大，主要依赖于商场整体经营的成功。一旦商场经营失败，一层商铺尚可依靠一定的客流量继续维持，二层及以上的商铺却无力回天。

3. 机会分析。

除了宏观经济的发展和加入 WTO 带来的机遇外，整体租赁零售产权的管理型商铺还有以下的市场机会点：

A. 因为证券市场的风险太大，银行存款利率的一降再降，房产投资尤其是商铺的投资成为投资者的新宠。商业地产相对于住宅和股市，具有回收期短、收益率高、可以利用银行贷款的优势。通常商业地产投资回收周期是 6~8 年，此后年出租收益率为 16% 左右。而管理型商铺更是省去了投资者出租的风险和收取租金的麻烦，投资收益较为长久而稳定，并很好地迎合了中国人"一铺养三代"的传统心理。

B. 管理型商铺类似于全产权式独立商铺和 SHOPPING MALL 之间的过渡产品，但并不是指 SHOPPING MALL 能够完全替代它。很多面积在 2 万平方米以下、营业用房楼层较少、位于城市黄金位置的小型购物中心往往采用了这种运作模式。因为它既避免了临街式独立商铺的无序经营，又回避了 SHOPPING MALL 对面积和经营业态的规模化严格要求。未来几年是各个城市的旧城改造、危房改造集中期，这将腾出大量中小规模的市中心土地，为管理型商铺的持续发展提供土地，带来新的机遇。而且大量的临街商业用房被拆迁，经营者们急于找到新的经营场所，从而导致商业用房的需求加大。

4. 挑战整体租赁零售产权的管理型商铺在外部环境上顺应了商业零售业发展的趋势和消费结构、消费者心理的变化，又不至于给开发商太大的资金压力。但管理型商铺最大的挑战来源于运作模式本身，也就是前面所讲的劣势：合同期内能否良好地经营以及返租期结束后商场经营问题等。返租模式的风险规避从前面的分析可以看出，返租模式固有的先天不足带来了较高的风险，在这场信息不对称的博弈当中，中小投资者明显处于劣势。在小业主投资买房时，开发商便已经为自己设定好了"金蝉脱壳"的步骤。签订购房合同时，小业主必须签署委托经营协议和租金回报协议，而返租方当然不会是精明的开发商，通常是一个与开发商无任何关联的空头公司。一旦经营不善，向经营商收取的租金不足以抵偿向小业主的返租，如果开发商也无力或无心承担每年高达总销售额7%的巨额返租（这种可能性极大），小业主的厄运也就开始了，这一切与开发商没有任何法律关系，而承诺返租的空头公司自然人去楼空。更何况返租协议长达15~20年，难以预测开发商是否存在。对于一个有社会责任感，立志于长期发展的开发商来讲，应该明白如果经营管理不成功，返租中断，往往会对开发商的品牌、信誉造成致命性的打击。如何减少整个模式的风险，保护博弈各方的长远利益，可以从以下几个方面入手：

A. 开发商保留部分主力商铺，将临街、主入口商铺控制在手中，避免商场"脸面"受制于人。

B. 核心主力零售店应引进已发展成熟，具有相当知名度并获得消费者良好口碑的品牌经营商作为"领头羊"（如万达购物广场引进沃尔玛，成都商业大世界引进家乐福，广州天河城引进日本吉之岛，成都罗马假日广场引进好又多旗舰店），以增强认购产权者信心，并有利于商场经营的成功。

C. 在可能的前提下，开发商应与核心主力零售店合资或合作经营，甚至尽量自营一部分。这样既可以增强开发商对购物中心的整体控制力度，有利于整个商业物业的长期经营，又可增强其他经营商家与之合作的信心。

D. 为了促进产权的零售，返租利率一般高于银行同期贷款利率，但不一定固定化，在合同中应约束返租利率随国家中央银行利率变化而浮动。

E. 商场经营一般有3~5年的培养期，基本无赢利。而且由于价格竞争的加剧，大型百货零售企业的经营效益下滑。据中华全国商业信息中心对全国重点大型百货零售集团、股份有限公司和百货单体店的统计，2002年商品销售利润率分别为0.97%（2001年为1.34%）、1.02%（2001年为1.2%）、2.4%（2001年为2.8%），因此商业租金收益极有可能不足以冲抵返租收益。具备社会责任感的开发商应将回收资金投入新项目，形成整个企业资金的良性循环。

F. 重视商业管理公司扮演的角色，以专业商业管理公司为桥梁，构建起合理的委托经营机制，走中介专业化、规模化的道路，允许开发商逐渐退出，改由商业管理公司承担起物业保值、增值、正常返租的责任。

G. 租赁返租协议到期以后的"返租后遗症"仿佛一颗定时炸弹，威力如何有待时间的验证。是否能弱化或者解决该问题，有待于商铺业主委员会（或商铺投资基金）以及商业经营公司的成熟。此外，国外流行的"认购面积、共有产权"的办法也能很好地解决"返租后遗症"，其操作方法是，开发商将商业物业或写字楼划成几大区域，每个区域再划成等面积的若干份，每个购房者可购买其中的一份或几份，所有购房者共同拥有这个区域的产权，每个人可持有共有产权证，这实际上是产权证券化的前奏，类似于"基金"的形式。当然，这种办法在国内尚未突破法律和相关管理规定的禁区。对于国内商业地产的投资者来讲，无论是开发商还是中小投资者，都不得不暂时面对融资渠道匮乏、资本市场发展不充分、房地产证券化发展缓慢的现实。对开发商而言，返租模式是不得已而为之的短期行为，相当于向广大中小投资者的一次再融资，其融资成本明显较高，且涉及面广，后遗症多，社会影响大，风险极高。对中小投资者而言，返租模式类似于一场赌博，其投资的风险集中于某一个具体项目或经营团队的成败上，这绝非一项科学的个人投资决策。虽然少数有实力的品牌开发商，凭借自身的公司信誉度，或通过自有物业的担保等措施，能保证中小投资者的投资信心和所承诺的投资回报，但在目前国内信用体制相对不健全的条件下，返租模式下的投资者确确实实成为了弱势群体。因此，返租模式是在国内房地产业融资困境与民间投资热情空前高涨的双重压力下形成的一个阶段性产物，它的出现显示了中国人无穷的智慧和"有条件要上，没有条件创造条件也要上"的灵活变通能力。但它固有的先天劣势，决定其在不久的将来会被新的模式所取代。

# 附录：返租模式参考

## 附一：返租模式的法律关系

产权式商铺法律关系图（返租版）

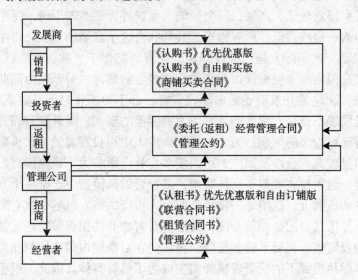

## 附二：第三代产权式商铺浮出水面

针对中产阶层突出稳健型投资——第三代产权式商铺浮出水面

位于南山桃园路，有着"深圳铺王"之称的常兴时代商城近日正式对外宣布，时代商城二期稳健型投资商铺隆重推向市场。业内人士认为，它的推出，标志着第三代产权式商铺正式步入市场。

产权式商铺：迈入第三代

据了解，第三代产权式商铺具有明显的低风险、稳健型投资特征，主要面向深圳的中产阶层。

常兴时代商城售楼处孟经理在接受记者采访时表示，二期的主要特点是：客户购铺后，开发商将一次性返还34%，年租金回报率达到约4.5%，客户可以立刻收租，天虹就是现成的租客。这样，投资者的风险几乎减少到零，特别适合深圳的稳健型买家和理性投资者。

孟经理认为，深圳商铺市场近年的销售方式大多是大商家整体承租、发展商长期包租的模式，市场称之为"产权式商铺"（第一代）。第二代产权式商铺是：发展商作为物业的开发单位，通过将商场分割成不同面积单位进行出售来获取开发利润。同时在保证业主每年一定的收益率的前提下，要求业主与发展商签订与大型商家租期一致的承包经营合同，从而为发展商与大型商家签订租赁合同奠定基础。这种模式的营销从彩田路彩福大厦新一佳开始到现在已形成了高潮。目前这种营销模式得到了普遍运用。由于大商家具有承租经营稳定、回报年限长久等优点受到投资者的追捧，近几年已有多个项目因此而取得销售的成功。

据称，第一代产权式商铺投入大，风险大，属于高风险、高回报的一类，发展处于幼稚期；第二代如常兴时代商城一期、太古购物城、中港城等，低投入、低风险，回报相对不高，处于发展的成长期；而现在推出的第三代产权式商铺，虽然门槛稍高了一点，但回报稳定，突出的是稳健型投资理念，资金安全性很高，几乎是零风险，追求的是一种稳定的回报，面向的是深圳的中产阶层，可以说是产权式商铺发展到成熟期的一个标志。

中产阶层：商铺消费主力军

中原地产总经理李耀智在接受采访时认为，商铺投资成为2004年家庭投资理财十大工具之一，其升值潜力和变现能力使得商铺越来越受到中产阶层的家庭欢迎。

李耀智分析说，中产阶层在国民中所占比例的大小是一个国家发展程度的标志之一，未来数十年是中国中产阶层大膨胀时期。目前国内经济正在高速发展，一大批小商人正在加紧完成初步的资本积累，进入中产者行列；高薪管理者和技术人才正在形成一批知识中产者；城市发展和改造也拔出萝卜带出泥似的带出一批手中有钱的中产业主。目前深圳中产阶层日趋庞大，这些人的大量出现使投资市场蕴藏着巨大的能量。不但如此，中产阶层对社会发展的乐观态度和本土投资原则使区域中心城市或者城市商业中心成为商业投资和开发热点，深圳的南山中心区正是处于这样一个发展阶段。

李耀智说，产权式商铺是将产权进行分割，实行大型商场分散股权，集合资本统一经营，以股东形式获取投资利润的新型商业地产投资模式，这种模式正在引领新的一波不动产投资浪潮。产权式商铺实行所有权、物业管理权、经营权三权分离，通过商业运作，将开发商、所有人与经营者高效而有机地结合在一起，各得其所。开发商建好大厦以后，将铺位化整为零，分割成较小面积，出售给中小投资者，以分散投资风险；投资者一次性买断产权之后，即成为大型物业的业主，可以从楼盘增值和经营分红中受益。至于商铺的经营，则往往委托给专业品牌的商务代理统一经营，以保证楼盘增值。

李耀智认为，要启动居民储蓄和中产阶层资本进入消费市场，首要的问题是要为中产阶层提供一个具有长久稳定收益的平台，使其在社会保障之外再获得一个有力的保障。而第三代产权式商场正是为此提供的一个稳定性较强的平台。

## 附三：三权分离与新产权式商铺

### ——明珠新世纪广场解密

**产权式商铺收益与开发商关联不大**

产权式商铺的收益来源于租赁行为，是靠出租使用权获得的，不是直接产生在商铺买卖的环节之中，实际上与开发商关系不大，其收益更不是开发商提供的，开发商的承诺和实力与产权式商铺的投资回报关联度不大。产权式商铺首先是两权分离型商铺，投资者购买商铺后，只拥有商铺的所有权，而不拥有所购商铺的使用权，由于房地产的使用权是衍生在所有权之中的，因此，产权式商铺的运作必须建立在剥离使用权和确立所有权的基础上。

投资产权式商铺必然存在：两种经济行为；两个法律关系；两种收益模式。

两种经济行为：商品房的买卖行为和租赁行为。

两个法律关系：与开发商的买卖合同关系和与经营商的租赁合同关系。

两种收益模式：出租使用权的租金收益和出售所有权的增值收益。

**产权式商铺发展的三个阶段**

第一阶段是返租阶段，卖铺和租铺是同一主体。

第二阶段是包租阶段，卖铺和租铺分属两个主体，实现了卖铺与租铺在法律上、经营上的分离。

第三阶段是转租阶段，将商铺的买卖、管理、经营分属三个主体，整合资源，专业经营，规避风险，保障收益。正是这个阶段凸显了产权式商铺的优势。目前许多地方对产权式商铺的认识还停留在产权返租和售后包租的阶段上，不否认在南方部分城市的产权式商铺运作出现了问题，但细究来看它都是第一阶段的产物，先天不足、经营乏力、困难重重、问题迭出。因此，国家建设部明文规定："房地产开发企业不得用产权返租的方式销售期房。"

**济南首家产权式商铺解密**

由山东建工房地产开发公司开发的明珠新世纪广场是济南首家产权式商铺，奉行"大商场，小业主"的宗旨，以产权式商铺为手段，推行所有权、管理权、经营权三权分离的新型运营模式，开济南商界先河。有资料表明，超过60%的主题百货连锁零售商是以整体租赁产权式商场为经营运作发展方向的。这种运作方式与传统方式本质区别就是颠覆了售在前、租在后的程序，使租在前、售在后，"带着租约去销售"，事先控制租赁的不确定性和风险，最大限度地完善产权式商铺的"投资保证性"。在项目建设之初，开发商山东建工房地产公司就聘请具有丰富招商经营管理经验的济南凯扬公司负责整体商铺的统一经营管理工作。经过双方的共同努力，几家国内外知名的大商家已与明珠新世纪广场达成了合作意向，如国内零售巨头"家世界"、国内排名前三位的电器零售连锁巨头、CEPA港澳免税商品城等，龙头大商家具有吸引消费者的凝聚力，其名牌效应将带旺整个商场，投资者的收益也就有了保障。

产权式商铺适合大众投资

投资商铺的独特魅力在于它具有房地产投资的稳定性和商业投资的高成长性。明珠新世纪广场产权式商铺是一种大众化投资项目，它把一个庞大的商场产权，分割成若干单元的产权商铺，以出售的方式分散转移了产权，又通过统一租赁的方式集中了商铺使用权，充分满足了现代化商业大业态的经营需要。它扩大了投资平台，分解了投资风险，是广大普通百姓、工薪阶层等稳定职业者的理想投资项目。

### 附四：××购物中心各楼层价格与租金回报情况表

| 楼层 | 实用面积（平方米） | 建筑面积（平方米） | 实用率（%） | 实用面积均价（元/平方米） | 建筑面积均价（元/平方米） | 租金回报（元/平方米·月） | 回报年限（年/8%计） | 摊位数（个） |
|---|---|---|---|---|---|---|---|---|
| 一楼后厅 | 2131.78 | 4200 | 50.76 | 45498 | 23095 | 154 | 12.5 | 449 |
| 一楼前厅 | 837.11 | 1395.1 | 60.05 | 0.2系数计：54598 | 32759 | 218 | 12.5 | 33 |
| 二楼 | 3661.57 | 5940 | 64.72 | 0.6系数计：32759<br>0.5系数计：27299 | 0.6系数计：19655<br>0.5系数计：16380 | 131<br><br>109 | 12.5 | 223 |
| 三楼 | 3859.52 | 5855 | 68.24 | 0.4系数计：21839<br>0.35系数计：19110 | 0.4系数计：13104<br>0.35系数计：11466 | 87<br><br>76 | 12.5 | 193 |
| 四楼 | 3556.52 | 5308 | 66.38 | 0.3系数计：16379<br>0.25系数计：13650<br>0.2系数计：10920 | 0.3系数计：9828<br>0.25系数计：8190<br>0.2系数计：6552 | 66<br><br>55<br><br>44 | 12.5 | 166 |

### 附五：某购物中心产权式商铺赢利模式解析

（一）综述

产权式商铺的重要特点是产权分散，统一管理、统一招商和统一租赁，甚至还为投资置业者包租。当然，也允许投资购买商铺者自己出租，但经营项目要与商场总体布局相协调。投资者可以从经营者处获得租金回报，经营者以统一的形象对外经营，抗风险的能力大为提高，达到业主与发展商"双赢"。

产权式商铺在实际操作模式上一般要为投资者提供固定的租金收益，以及一个较长的租约期限，经过统一进行经营管理，将投资风险降至较低。目前其具体操作普遍采用以下两种模式：

第一种：不计分摊面积将所有面积分为众多小块，以类似于股权方式进行产权出让。在后续经营方面由专业公司统一招商经营，前几年按固定比例向投资者返还承诺收益，后面的时间则由股东会议决定返还比例。这种方式实际上是发展商在销售完成后，将经营行为完全委托给专业公司和股东会议，其短期行为色彩浓厚，投资者的权益较难得到保障。

第二种：发展商在销售前即开展招商工作，通过引入品牌商家或专业卖场来聚集人气，由专门管理公司经营做旺商场，同时为投资者提供信心和收益保证。在铺位划分时，一般也会考虑到实际经营的需要，考虑分摊面积和消防通道。这样即使主力商户将来退出商场，合适的面积仍可保证投资者的收益。这种模式比较成熟，也比较务实，被大多商业地产商所采用。

（二）关于是否返租的利弊分析

××购物中心项目基本上采用上述第二种模式。无论哪一种模式都有一个关键的问题，就是投资者的收益保障问题，一般发展商都要给投资者承诺收益保证，以及投资者签订《返租协议》或《统一经营管理协议》，再委托专业经营管理公司负责统一招商管理。实践证明不和投资者签订《返租协议》，投资者的利益不能明确保障，不仅影响销售，也难以进行招商，后期的经营会暴露出诸多问题。以下将是否返租的利弊进行对比分析。

（三）本案赢利模式综合分析

1. 关于销售。

目标：一楼菜市场和一楼前厅、二楼所有商铺要实现销售。（三、四楼暂不销售）

要领：要充分实现销售，保证持续经营，必须在销售前考虑到销售、招商、营运三者的平衡关系。

| | 返　租 | 不返租 |
|---|---|---|
| 销售 | 投资者的收益有保障，几乎没有投资风险，投资者有信心，容易实现销售目标，对招商也有利。 | 投资者的收益不确定，投资者风险较大，投资商铺顾虑较多，信心不足，销售目标难以实现，还会影响到招商的进行。 |

续表

| | 返 租 | 不返租 |
|---|---|---|
| 招商 | 招商业态业种规划有保障，能保证商品定位，商户对经营有信心，招商容易进行，能保证如期开业。 | 招商业种业态规划不能保障，容易和销售工作产生冲突，商户对经营信心不足，招商受阻，不能保证如期开业。 |
| 经营 | 统一经营是商铺投资成败的关键，统一返租便于后期对商户的管理，主要包括商品质量、价格、服务、人员、陈列、卖场形象、营业时间、促销活动等统一管理，实现专业化、规模化、品牌化的现代化商场氛围，这样才能做旺商场。商场做旺了，商铺投资者、发展商、经营户三方利益才得以保障，商场发展进入良性循环。 | 因为不返租，加之投资者的行为复杂性，如有自买自营的、有买铺收租的、有投资炒铺的、有先经营后转手的等，各唱各的调，各吹各的号，统一经营管理困难，无法实现专业化、规模化、品牌化的现代化商场氛围，做旺商场的可能性小，商铺投资者、发展商、经营户三方利益都难以保障，商场发展容易进入恶性循环。 |

策略：

第一步实现项目商铺 1/3 销售，实现项目商铺 1/3 对外出租，留下 1/3 自己经营或与合作伙伴联营，也可以出让经营权。

第二步实现出租或部分经营权出让的全部产权销售，还可根据自营的经营状况继续自营或整体对外出租出售，并最终实现全面商铺产权销售。

方法：营运模式首先确定为"十统一"不能变，一楼前厅和三、四楼的主力店招商先行，产权式商铺销售不急于出售，要先蓄势，再据势抛出。

价格：商铺销售价格要适中，遵循目前的市场规律，过高的销售价格将造成招租的困难，影响开业，同时使投资者的回报期望值过高，风险系数变大，不利于项目持续发展。

返租：除一楼菜市场外，其他所有销售商铺首先要考虑统一返租经营较好，发展商承诺保障投资者一定时期的收益若提供担保则更好，销售目标容易实现，也能很好保障后期的经营。

2. 关于招商。

目标：以实现在销售前期对麦当劳、苏宁等主力店的成功招商为基本，能签约几家知名品牌商家入驻尤佳。

要领：要实现成功招商，招商的条件很重要，商户考虑的有政策是否优惠，是否统一管理，商品定位是否准确，管理是否规范等，因此在实施招商前，要首先确定与销售营运的平衡关系，否则无法实施招商。

策略：首先确定一楼前厅和三、四楼的主力店进驻协议，借力造势，吸引其他品牌商家，并坚持"固本吸远、远交近攻"的招商原则，不仅招商容易取得成功，还起到了"以招代销"的作用。

方法：立足乐清，定点温州，巡回宁杭。

政策：以成本导向确定主力店租赁价格，按"放水养鱼"的理念去制定招商条件，但要和销售价格相平衡。租赁和联营根据品牌商家的相应品牌消费认知度进行二者选优。

返租：销售商铺的同时是否承诺返租回报，将直接影响到招商的成败，自买自营的不确定，销售商铺的数量、位置的不确定等因素，会严重阻碍招商工作的进行。

3. 关于营运。

目标：必须按现代化购物中心"十统一"的要求去操作，必须明确营运是商铺投资的根本价值保证。必须保证如期开业，并实现开门红，还要能持续经营。

要领：要实现上述营运目标，必须要与销售、招商对接，若销售只管卖铺，卖得越多越好，价格越高越好；招商不讲究规划，不要求商品定位、价格带，怎么容易招就怎么招；那么后期的营运就成了无源之水，无本之木。

策略：提前展示营运的模式、商场经营规划的格调、装修形象、专业管理等，让所有投资者和品牌商户了解并认可本购物中心的经营定位，达到为销售和招商"促销"的目的。

方法：一楼菜市场独立营运，主要负责物业管理，要求基本形象统一，通过精美的效果图展示。将一楼前厅和二、三、四楼的商场"十统一"内容说明细化，对外张贴宣传，并通过系列效果图展示，超前品味××购物中心——超大型一站式现代化休闲购物中心。

价格：商场营运会涉及很多的费用，如营运管理费、收银费、质量保证金、二次用电费、广告促销费、店庆费等。而对于刚开的商场来说建议费用名目越少越好，或可以用打包的形式收取一定标准的综合费用。

返租：销售商铺的同时是否承诺返租，也同样影响到营运。不返租，营运目标难以实现，商场营运不佳，投资者的收益不能保障，可能会出现一系列的法律纠纷。

4. 营销推广。

（四）赢利模式建立焦点分析

从上述的分析可以归纳得知：商业地产开发商在商铺招售时必然存在两种经济行为，两个法律关系，两种收益模式。两种经济行为：商铺的产权买卖行为和租赁行为；两个法律关系：与投资者的买卖合同关系和与经营商的租赁合同关系；两种收益模式：出租使用权的租金收益和出售所有权的增值收益。

在本案中，一楼菜市场只存在一种经济行为（买卖行为），一种法律关系（买卖合同关系），一种收益（出售产权的地产开发增值收益）。而其他楼层均会存在两种经济行为、两种法律关系、两种收益模式，下面将针对本项目对赢利模式建立的焦点进行具体分析：

1. 二、三、四楼商铺不能一次全部销售，否则不能实现投资最大化；卖一部分，出租一部分，自营一部分，既保障业主收益，又能使商场做旺，逐步将剩余产权商铺售出，价值可观。

2. 在上述两种经济行为、两种法律关系、两种收益模式并存的情况下，投资业主的投资行为不确定性和发展商的出租自营务必要协调，解决的唯一办法是统一托管（返租）（自买、自营、托管只收相关管理费用，经营商品符合规划），否则招商营运无法保障。

3. 对销售商铺若统一托管（返租），发展商是否承诺保证投资者的收益回报？若不保证，加之是期房销售，托管仅仅是负责管理而已，不能保证全部招租到位和准时开业，这样如何给投资者建立投资信心？

4. 三权分离的明晰：发展商和投资者签订《产权买卖合同》，投资者就有了商铺所有权；发展商、投资者和管理公司签订了《委托经营管理协议》，管理公司就有了商场商铺管理权；管理公司和商户签订了《租赁协议》，商户就有了商铺经营权。三权分离的明晰是做旺商场的基本保证。

（五）结　论

经上述分析，总结出以下两种赢利模式（菜市场除外）：

模式一：主力店租赁＋商铺全零售模式＋统一托管（返租）＋统一招租＋统一经营

分析：

模式一是目前商业地产界普遍采用的赢利模式，此模式里整个商场持续发展的根本保证，使投资者和经营商户有信心，经营定位和业种业态规划有保证。但由于发展商对投资者有固定收益回报的保证，因此对发展商的抗风险能力有严峻的考验，一旦招商经营不善，无法兑现投资者的固定收益保证时，可能会出现一系列法律纠纷。

模式二：主力店租赁＋商铺全零售模式＋代理招租＋统一物管

分析：

模式二实际上是一种大市场的经营模式，发展商不承诺返租回报，只管销售商铺，能卖多少就卖多少，可以代理招租，推荐经营品类，并首选自买自营户，有业态业种的规划，主要负责统一物管。此模式一般适宜一级城市的黄金商业圈，定位准确，在销售与招商根本不用愁的情况下可以采用。此模式对发展商来讲投入少，几乎不用承担什么风险。对本案来讲，项目处于三级城市的非成熟商业区，若采用此模式运作，无论商铺销得好还是不好，在保证经营定位和业种业态规划的前提下，招商的难度很大，主力店的招商将更为艰难，而且自买自营的情况虽有，但一般比例很小，大部分闲置商铺要对外招商，这个责任没有承担的主体，开业根本无法保证。国内这样的例子很多，就算发展商侥幸透支了投资者的利益，在投资者利益得不到回报保障时，发展商最终要付出双倍的代价。

综上所述，平衡好发展商（销售）、投资者（招商）、经营者（营运）三者之间的关系，充分理解商业地产运作的一般规律，是本项目运作成败的关键。而发展商的商业地产开发运营理念是决定项目最终成败和长短线操作的核心。

# 七、常规销售说辞（答客问）

## （一）项目规划

发展商简介、楼盘所处区域、区域特色、公共投资与重大建设、教育设施、交通状况、都市发展规划与公共设施、产品的基本数据、楼盘抗性、楼盘特色。

## （二）产品解述

**1. 产品位置：**

项目所在位置、区域环境现状、区域规划前景、交通状况、生活方便度、科教文卫分布。

**2. 产品配套：**

小区内配套、市政配套、商业配套、银行、会所、配套使用收费标准及比较、配套的可达性、配套的可持续性发展。

**3. 建筑单体：**

建筑风格、外立面、建筑形式、比例、尺度、材质、色彩、结构等。

**4. 产品户型：**

分区、功能、开间、进深、视野、家具布置、通风、排水、采光、气候调节。

**5. 产品设备：**

设备、品牌、装修标准、材质、环保、节能、科技含量。

**6. 产品规划：**

主要技术经济指标、规划特点、日照、通风、区内道路。

**7. 区内交通：**

人车分流、人与车、交通的干扰、车库（位）、管理费用、停放位置、车速。

8. 产品价格：

开盘价、起价、均价、最高价、性价比、折扣、实际支出、装修。

9. 产品结构：

结构特点、施工方法、材质、造价、抗震性、防水性、防火性、耐腐蚀性、防噪性能。

10. 使用年限：

各种材料的寿命、材料维护、价格转移年限、折旧与升值。

11. 产品面积：

功能、大小、合用性、经济性、紧凑度。

12. 产品分摊：

分摊部位、分摊率、分摊构成。

13. 物业管理：

物业公司介入时间、服务内容、服务成本、服务的可延续性、服务收费标准。

### （三）环境介绍

1. 绿化：

绿化率、绿化形态、绿化功能、绿化规模。

2. 日照：

规范要求、日照时间、日照质量、间距、外立面与日照。

3. 通风：

朝向、主导风向、垂直气流、平面气流。

4. 节能：

采暖系统、保温材料、外墙能耗。

5. 隔音：

噪声、隔音能力及措施、声源控制。

6. 私密性：

视线干扰、公私分离、动静分离、洁污分离。

### （四）社区配套及其他

1. 优惠措施：

价格优惠、赠品。

2. 开发商：

开发商、实力介绍、信誉介绍。

3. 付款方式：

待定。

4. 施工管理：

待定。

5. 施工进度知会：

待定。

6. 合作单位：

其他合作单位、设计单位、管理单位。

**（五）项目卖点解述**

1. 品牌。

2. 强强联合。

3. 市场形象与定位（市场形象、目标市场）。

4. 区位价值（区位环境、地块资源、区位历史、区位景点、区位规划、区位交通）。

5. 创新（产品综合概念创新、文化设定创新、规模创新、规划布局创新、产品功能定位创新、建筑单体创新、景观设计创新、户型创新、公建配套创新、价格创新、宣传推广创新、销售方式创新、物管服务创新、智能化概念创新）。

6. 投资价值。

7. 投资保障（多重投资保障体系）。

**（六）本案优劣势分析**

项目劣势可以点到为止，适当向客户如实说明，这样还会显得真实，容易获得客户的认同感。

# 第二节  招商准备

## 一、招商模式概念简析

商场的租赁模式主要分为纯租赁、保底租金、联营扣点的形式。

**（一）纯租赁**

纯租赁模式即商家进入商场进行经营活动并按期足额缴纳固定租金。

**（二）保底租金**

保底租金模式即商家进入商场进行经营活动，并设定一定的营业额作为上限，低于设定的营业额则缴纳固定租金，高于设定的营业额则按合同约定进行扣点。

### （三）联营扣点

联营扣点模式即商家与业主结为利益共同体，不收取固定租金与最低租金，按营业额进行扣点。

**联营扣点标准表**

| 扣点标准 | 类　别 |
|---|---|
| ××% | 男装、女装、男皮鞋、女皮鞋、旅游鞋、箱包、衬衣、裤子、休闲装、休闲鞋…… |
| ××% | 童装…… |
| ××% | 羊毛衫、内衣、内裤…… |

除特殊业种外，均可使用本政策，此数据一般为业内通用扣点标准，具体扣点标准可与商家协商。

| 经营项目 | 平均扣点 | | 总计平均扣点 | 备　注 |
|---|---|---|---|---|
| 男装 | | | | |
| 女装 | | | | |
| 鞋类 | | | | |
| 儿童系列 | | | | |
| 运动系列 | | | | |
| 休闲系列 | | | | |
| 化妆品 | | | | |
| 箱包皮具 | | | | |
| 珠宝首饰 | | | | |
| 黄、白金 | | | | 受国家指导价调控，一般利润较低 |
| 针织内衣 | | | | |
| 家居家饰 | | | | |

注：

## 二、租金政策制定

### （一）租金制定的依据

1. 结合市场调研数据、市场租金状况。

**商业物业租金调查表**

| ××项目 | | ××市场 | |
|---|---|---|---|
| 楼层 | 租金（元/平方米/天）或联营扣点 | 楼层 | 租金（元/平方米/天）或联营扣点 |
| 一楼 | ×× | 一楼 | ×× |
| 二楼 | ×× | 二楼 | ×× |
| 三楼 | ×× | 三楼 | ×× |
| ××项目 | | 其他租金 | |
| 楼层 | 租金（元/平方米/天）或联营扣点 | 名称 | 租金（元/平方米/天）或联营扣点 |
| 一楼 | 1×× | ××商城 | ×× |
| 二楼 | ×× | ××沿街铺面 | ×× |
| 三楼 | ×× | 步行街一层 | ×× |
| 四楼 | ×× | 步行街二层 | ×× |

2. 结合给予投资者的回报率进行测算。

3. 结合本项目的其他特点。

**（二）租金制定的原则**

1. 保障经营管理公司的独立运营与收益。

2. 保障商场持续旺场的需要。

3. 达到吸引商家进场经营的目的。

**（三）租金制定指导思想**

根据项目的特点，结合经营区整体商业现状，开发商在市场培育期内（一般在1~3年）应拿出一部分资金培育商场的商业经营，减少项目后期运营压力，增加项目开发的持续收益。各楼层的租金将根据不同位置、不同业态、不同品牌，在招商具体执行过程中调整。

**（四）租金制定的策略**

1. 以租金的收入支付投资者回报率，减轻返租压力。

2. 以稍高于回报率的租金价格推广，使市场认识项目的商业价值，侧面推动销售。

3. 如租金不为市场接受，则还有下调的空间及通过增加相应优惠政策幅度来实现招商。

**（五）招商收益测算**

1. 租金收益。

2. 管理费收益。

3. 广告位收益。

4. 停车场收益。

**租金政策表**

| 楼层 | 面积<br>(平方米) | 总面积（平方米） | 租金<br>(元/平方米/天) | 租金总额<br>(元/月) | 租金总额<br>(元/月) | 租金总额<br>(元/年) |
|------|------|------|------|------|------|------|
| 负一楼 | ××平方米 | | ×× | ×× | | |
| 一楼 | ××平方米 | | ×× | ×× | | |
| 二楼 | ××平方米 | ×× | ×× | ×× | ×× | ×× |
| 三楼 | ××平方米 | | ×× | ×× | | |
| 四楼 | ××平方米 | | ×× | ×× | | |

# 附录一：某购物中心租金及招商政策

## 一、租 赁

（一）合同履约金：3000~10000 元（按面积或品牌）。

建议：按面积计算收取履约金：

1. 50 平方米以内收取履约金 ¥：3000 元。

2. 50~100 平方米以内收取履约金 ¥：5000 元。

3. 100 平方米以上收取履约金 ¥：10000 元。

（二）租金依据销售价格表，按 5%~8%回报，计算如下：

（计算公式： 销售均价/平方米 × 回报率 = 年租金均价/平方米 ÷ 12 月 = 月租金均价/平方米）

| 回报率 \ 楼层 | 一楼前厅<br>(元/月) | 二楼<br>(元/月) | 三楼<br>(元/月) | 四楼<br>(元/月) |
|------|------|------|------|------|
| 5% | 120 | 67 | 48 | 39 |
| 6% | 144 | 80 | 58 | 47 |
| 7% | 168 | 93 | 68 | 54 |
| 8% | 192 | 107 | 78 | 62 |

考虑招商情况的多变性，建议各楼层租金浮动如下：

| 楼层 | 一楼前厅<br>(元/月) | 二楼<br>(元/月) | 三楼<br>(元/月) | 四楼<br>(元/月) |
|------|------|------|------|------|
| 租金 | 120~192<br>(均价 156) | 67~107<br>(均价 87) | 48~78<br>(均价 63) | 39~62<br>(均价 51) |

（三）按销售单据计算税收。

（四）经营管理综合费用 10 元/平方米/月。

（五）柜组照明和低值易耗品自付。

## 二、联营

（一）合同履约金：3000~10000 元（按面积或品牌）与租赁相同。

（二）扣点 18%~22%。

（三）按销售单据计算税收。

（四）经营管理综合费用 10 元/平方米/月。

（五）柜组照明和低值易耗品自付。

备注：①考虑招商的需要，第一年对商户予以免税处理（我方可通过试营业免税）。②本政策中所提面积均以建筑面积为标准。

### 租金与周边价位对照表

（按销售价格的 8%回报来计算）

| 单位名称 | 东方广场<br>（年租金均价） | 宝鑫购物中心<br>（年租金均价） | 清远路<br>（年租金均价） | 本购物中心<br>（年租金均价） | 本购物中心<br>（月租金均价） |
|---|---|---|---|---|---|
| 一楼 | ¥：1470 元<br>（平方米） | ¥：1951 元<br>（平方米） | ¥：1391 元<br>（平方米） | 前厅¥：2309 元<br>（平方米） | ¥：192 元<br>（平方米） |
| 二楼 | | | | ¥：1259 元<br>（平方米） | ¥：105 元<br>（平方米） |
| 三楼 | | | | ¥：939 元<br>（平方米） | ¥：78 元<br>（平方米） |
| 四楼 | | | | ¥：753 元<br>（平方米） | ¥：62 元<br>（平方米） |

计算方法：

根据销售均价/平方米×8%回报率＝年租金均价/平方米÷12 月＝月租金均价/平方米。

表格说明：

• 东方广场推算以目前拍卖单位（面积 3500 平方米售价 7500 万元）为基数。

• 宝鑫购物中心以目前招商政策条件（联营营业额不低于 30 万元）为推算基数。

• 清远路推算以市场调查实际数据为基数。

• 本购物中心以拟定销售价确认价为推算基数。

## 三、招商优惠政策制定

### （一）租期签订

租期的确定需综合考虑项目的销售模式，原则上租期应结合项目免租期及项目正常市场培育所需要的时间来定，考虑到市场的预期及预留 3 年返租期内最后一年的租金上涨幅度，可减轻返租压力。大商家（500 平方米以上商户）原则上至少 5 年（可视和大商家洽谈情况而定）。

### （二）租金交付方式

| 区域 | 商场部分（一、二、三楼） | 餐饮、休闲、娱乐、部分（负一层、四楼） |
|---|---|---|
| 租期 | 2 年 | 5 年 |

### （三）优惠措施

| 月租金金额 | ××万元以下 | ××万元以上 |
|---|---|---|
| 租金交付方式 | 一年一交，进场前交付 | 按月交付，进场前交付 3 个月 |

1. 租金优惠政策。

对于商户来说，最关心的无非是生意机会与经营成本，生意机会的优势可以通过项目位置、品牌商家的进驻、整体经营管理来挖掘与拓展，经营成本的优势也需要由实际的租金优惠体现，特别是在一个新商业项目的市场培育初期，一般需要"放水养鱼"。具体表现：

A. 大户：

如需要面积在 500 平方米以上的，带动商场人流的作用显著，且对散户进驻具有较强感召力的，可以在一次性签订 5 年租赁合同时，第一年免租半年，第二年免租 3 个月，第三年免租 1 个月。

B. 品牌户：

如需要面积在 100~500 平方米之间的，对散户进驻具有较强感召力的，可以在一次性签订 3 年租赁合同时，第一年免租半年，第二年免租 2 个月。

C. 散户：

需要面积在 100 平方米以下，一次性签订租赁合同 2 年的，第一年可以免租半年。

2. 税收优惠。

开发商积极向政府部门争取税收优惠政策，并按政府规定执行。

3. 户口、子女入托就学。

开发商可以积极向政府部门争取经营商家的户口、子女入托就学等方面的便利，具体优惠政策、名额需统筹安排后确定。

### （四）促销政策

可以利用开业庆典给商家送一时间段的租金，要统一执行。

说明：以上措施仅供参照，具体执行中可依据招商的阶段性、品牌商家、次主力商家带动作用的大小，在谈判中对各项条件做灵活处理。

| 日期／业户分类 | 客户分类 | 10月15日前签约 | | 10月30日前签约 | 备注 |
|---|---|---|---|---|---|
| 租赁业户 | 南大街商圈开第二家分店的业户 | 免6个月物业费、租金9折 | | 正常 | |
| | 南大街商圈业户到世贸购物中心做独家品牌代理 | 免6个月租金 | | 免3个月的租金 | |
| | 南大街商圈（温州、虹桥、柳市、北白象）开第二家分店的业户 | 免6个月的物业费、租金9折 | | 正常 | |
| | 外地商圈（温州、虹桥、柳市、北白象）到××中心做独家品牌代理 | 免6个月租金 | | 免3个月的租金 | |
| | 能够带来两个以上品牌的业户 | 免3个月的租金 | | 免6个月的物业费 | |
| 自买自营 | | 9月30日前签约 | 10月15日前签约 | 10月30日前签约 | |
| | 中岛 | 免3个月物业费售价8.5折 | 免3个月物业费售价9折 | 免3个月物业费售价9折 | |
| | 边柜 | 免3个月物业费售价9.3折 | 免3个月物业费售价9.6折 | 免3个月物业费售价9.6折 | |
| 投资者 | 中岛 | 售价8.5折免3个月物业费 | 售价9折免3个月物业费 | 售价9折免3个月物业费 | |
| | 边柜 | 售价9.3折免3个月物业费 | 售价9.6折免3个月物业费 | 售价9.6折免3个月物业费 | |

## 四、招商步骤分析

按照招商顺序对招商进行分类，有助于开发商整理思路，对招商的轻重缓急和商家的价值关系做出准确的判断。哪些商家先招商，哪些商家后招商，既要符合商业地产项目开发建设的需要，又要符合租金或商铺售价最大化的需要，这无疑是开发商最期望的，但是实际情况却恰恰相反，不当的招商顺序不但会阻碍开发的顺利进行，而且会抑制项目租金或销售利润的实现。

中、大型商业地产项目的招商按照招商顺序的先后，可以划分为以下四个步骤：开发前期招商、开发中期招商、开业招商和开业后招商。

## （一）开发前期招商

开发前期招商指商业地产开发商在项目市场定位、规划设计期间就需要进行的招商，通常指对大的主力商家及娱乐体验商家的招商等，大的主力商家包括大的百货店、家居建材店、超市、大卖场等，娱乐体验商家指电影院等。之所以要先期进行上述招商，有以下原因：这些商家往往有开店的不同技术要求，商业地产项目的规划设计需要有针对性地解决不同主力商家的需求；主力商家的经营模式、档次等将直接影响项目的档次和未来定位的形成，没有适合的主力商家进驻，项目市场定位形成的难度会很大，甚至不可能。

主力商家的招商对其他店铺的招商有极大的促进作用，不仅有利于租金的提升，对于采取商铺出售方案的商业地产的商铺价格的提升都将是有超越性的；商业地产项目规模大，风险高，显而易见，开发前期招商有利于降低投资商的投资风险和开发商的开发风险！

## （二）开发中期招商

开发中期招商指开发商为了推动整个项目的招商，按照项目的市场定位进行有选择的品牌商家的招商。开发中期的品牌招商工作是被绝大多数不成熟的商业地产开发商和不成熟的管理商所普遍忽视的，往往就招商而招商，没有清晰的思路和明确的招商对象的层次，这样忽视依照市场定位选择品牌的招商往往是事倍功半的，不仅招商效率低，而且最终会导致项目的定位发生偏差，甚至根本无法形成。

开发中期招商的核心在于根据市场定位进行有选择的品牌商家的招商，在确定招商目标的时候，不管是开发商，还是招商顾问机构，如果对项目定位不做针对性研究，就盲目进行招商推进，招一些不相干的商家进来，不仅影响项目定位，而且起不到带动租金、带动招商效率的作用。开发中期如果成功招进和项目定位匹配、品牌带动力强劲的商家，就意味着项目可以得到预期的成功。

## （三）开业招商

开业招商指开发商委托专业的招商顾问机构、管理商或自己为了项目顺利开业所进行的针对大批中小商家的招商工作。开业招商最核心的特点就是针对大批中小商家招商，这与开发前期招商、开发中期招商的对象有显著的区别。

既然开业招商是针对大批中小商家，而且往往开业招商的时间目标很紧迫，那么招商的效率就成为所有开发商、管理商关注的问题。开业招商需要注意一点，大批中小商家的招商如果能够实现租金的最大化和招商时间的最短化，那么这样的开业招商才是成功的。很多商业地产项目的开业招商完全是以招满为目标，不惜以租金大面积损失或完全损失为代价，在形式上完成招商，这种情况一旦发生，项目的经营前景就值得担忧。

**（四）开业后招商**

开业后招商是指项目开业后，管理商进行的招商工作，之后根据项目定位进行进一步调整。

开业后的招商又可以分为补充性招商和二次定位性质的招商。

补充性招商的前提是前期招商不存在定位失误、品牌招商不到位等宏观问题，仅针对前期招商中的小问题进行修正，或者把剩余的商铺招满。如果开业后的招商属于补充性招商，那么就说明前面的招商工作是成功的，开发商和管理商都可以大大出一口气了，如果不是，情况就很值得担忧了。

二次定位性质的招商实际上是宣告前面的招商工作失败，开发商、管理商不得不在项目开业后回头去重新做前面的招商工作，很显然，开业以后做开发前期的招商工作存在很大的问题，因为一个现房的商业地产项目满足哪类主力商家，就只能招哪类商家，结构无法调整，如果调整，一方面要增加成本；另一方面，诸如电影等娱乐商家的改动几乎也无法满足需要。

以上是按照招商顺序进行划分的招商类型，这样划分说明上述四个阶段的招商有不同的招商目标，每个阶段的任务都很具体，如果因为操作问题发生顺序的颠倒，那么招商的结果和效率会受到比较大的影响，甚至招商工作无法完成。很多商业地产的开发商往往忽视或者没有能力完成开发前期、开发中期的招商工作，于是把这两个阶段的招商任务都放到开业招商阶段进行，但如果没有知名商家进驻，带动或协助招商，就特别容易导致二次定位、二次招商。

总之，按照招商顺序进行的商业地产招商分类在很大程度上体现的是完全竞争市场下的招商步骤，开发商专业化水平越高，越有可能按照上述步骤无差错完成招商。在当前市场环境下，专业化水平比较低的开发商几乎无法按照上面的步骤进行招商，但不能因为专业化水平低，而否定上述招商步骤对招商提出的阶段性目标的要求，另外，小型商业地产的招商，上述四个步骤不会这样分明。

## 五、购物中心招商的基本原则

第一基本原则：要维护购物中心的产业经营黄金比例。

零售、餐饮、娱乐一般遵循 52%：18%：30% 这个购物中心产业经营黄金比例，此比例特别适用于超大型综合性的购物中心 SHOPPING MALL。招商要注意维护和管理好这个经营比例。譬如广州天河的正佳广场和上海的虹桥购物乐园就是大致按照这个比例来招商的。大致按照这个比例招商的大型购物中心项目大部分会被看好。当然这个比例不是绝对的。

第二基本原则：要维护购物中心的统一主题形象、统一品牌形象。

购物中心是一种多业态组合的商业组织模式，但它绝不是一个无序的大杂烩，购物中心必须是一个拥有明确经营主题和巨大创造力的品牌形象企业。招商过程要始终注意维护和管理好已确定的经营主题和品牌形象。譬如正在兴建的广东佛山东方广场，其经营主题就很明确——"国际旅游观光"，经营者一定要注意管理和维护好这个主题。

第三基本原则：购物中心的招商目标要能够在功能和形式上同业差异、异业互补。

同业差异简单地说，就是市场有一定承受力，不能盲目招同一品类的店。譬如零售业态的核心主力店招商，就不要同时招来两家基本上都是经营食品和日用品的大型超市；核心主力店同质化无差异更是不能想象的。

异业互补的目的就是要满足顾客消费的选择权，并能让顾客身心体验变化，提高其消费兴趣。譬如百货、超市因为经营品项不同，可以互补；让顾客逛购疲劳的零售店与让顾客休息放松的餐饮店可以互补等等。在这方面做得比较成功的购物中心有中国香港的太古广场、广州的天河城广场等。

一般意义上的购物中心招商目标分布：

零售设施：

**核心主力店**：百货、综合超市等；

**辅助主力店**：时装、电器、家居、书店、音像店等各类专业店；

**配套辅助店**：不同地区商品特色店；

**文化娱乐设施**：**核心主力店**：动感影院、科技展览等；

**辅助主力店**：儿童乐园等；

**配套辅助店**：艺术摄影、旅行社、网吧等；

**餐饮设施**：

**核心主力店**：中餐、咖啡西餐、美食广场、酒吧等；

**辅助主力店**：快餐类、风味小吃类等；

**配套服务设施**：宾馆、写字楼、银行、邮局、诊所、美容美发、停车场等。

第四基本原则：购物中心经营方式的选择原则。

购物中心的经营方式基本有三种：自营、联营和租赁。购物中心毕竟是一个以零售为主的商业组织形式，而零售是一个精细化管理的产业，精细化管理要求管理者加强经营控制力度；另外，相对于非主力零售商户的招商条件，核心主力零售店必须引入知名度高的大商家，故核心主力零售店的招商较困难且由于招商条件放得较宽，容易造成核心主力零售店的提成或租金收入偏低。

以前不管是房地产商抑或是零售商，在条件容许的情况下，尽量自营一部分或全部核心主力零售店，首先得加强经营控制力度，这样有利于购物中心长期经营；其次可增强其他商户与之合作的信心；再次可以提高非主力零售店的提成或租金收入；而招非主力零售商应尽量以联营为主、租赁为辅，这样也可以增强发展商对购物中心的整体控制力度。

这种选择不但符合零售精细化管理的要求，也符合购物中心长期经营性的特点，更能帮助发展商创出购物中心的品牌。对于餐饮、娱乐经营商来说，这个原则也基本适用。在这方面做得比较成功的购物中心是菲律宾 SM SUPER MALL 连锁超级购物中心（多次获得欧美财经杂志"亚洲最佳管理奖"）。

第五基本原则：招商顺序原则。

核心主力店先行，辅助店随后的原则；零售购物项目优先，辅助项目配套的原则。

第六基本原则：核心主力店招商布局原则。

核心主力店的招商对整个购物中心的运营成败，购物中心辅助和配套店的引进都有重大的影响。一个超级连锁店或超级百货公司的入驻，常常能带动整个购物中心的顺利招商与管理。另外，核心主力店对吸引人流也起着关键的作用，其布局直接影响到购物中心的形态。

购物中心特别是大型购物中心的核心主力店适合放在经营轴线（或线性步行街）的端点，不宜集中放置在中间，这样才能达到组织人流的效果。

第七基本原则：特殊商户招商优惠原则。

"以点代面，特色经营"是购物中心特别是超大型综合性购物中心 SHOPPING MALL 的经营特点。特殊商户是指具有较高文化、艺术、科技含量的经营单位，对它们给予优惠政策，邀请其入场，能够起到增强文化氛围、活跃购物中心气氛的作用。例如深圳华侨城 MALL 购物中心就专门邀请三百砚斋，展示中国的砚文化。当然，特殊商户的经营范围要与购物中心的经营主题及品牌形象相吻合。

第八基本原则：租赁经营采用"放水养鱼"的原则。

租赁经营采用"放水养鱼"的原则。因为购物中心经营具有长期性的特点，采用合理租金与优质服务的做法，将整个购物中心做热，而后根据运营状态，适当稳步地调整租金；这样，发展商与商户才能一同成长。"放水养鱼"的原则可以理解为"先做人气，再做生意"的原则。如果前期就向入驻商户收取过高的租金，结果无异于"杀鸡取卵"；北京信特商业中心倒闭的原因之一就在于此。

第九基本原则：统一招商的"管理"要充分体现和强调对商户的统一服务。

统一服务包含统一的商户结算、统一的营销服务、统一的信息系统支持服务、统一的培训服务、统一的卖场布置指导服务、统一的行政事务管理服务、统一的物业管理服务等等。这个"统一服务"不但要体现在思想上、招商合约中，更要体现到后期的管理行动中。这个"统一服务"就是要求"服务"出购物中心的品牌与特色来。

第十基本原则：购物中心要具备完善的信息系统，为购物中心管理者、广大签约商户和顾客都提供便利（当然便利各有不同，有管理便利、财务核算便利、营销便利、经营决策便利、结算便利、消费便利等）。

购物中心有必要建立完善的信息系统，以便在招商时就能够承诺对顾客与商户提供信息技术支持服务，最终为顾客与商户都能够提供便利。

在购物中心发达的国家和地区，发展商对购物中心的信息系统建设都非常重视；但国内购物中心在建立统一的信息平台方面还做得远远不够。购物中心作为一个以零售为主的商业组织形式，更需要精细化管理，当然餐饮、娱乐经营也需要精细化管理；而精细化管理需要用数字说话；统一的信息系统就能为决策者、管理者提供想要的数字以及用数据为顾客与商户服务。

建立统一的信息平台，进行精细化的管理，不但能够为顾客提供统一收银、消费一卡通等便利的服务；还能为广大签约商户提供丰富准确的顾客信息和市场信息，甚至于提供更详细的经营信息，譬如零售商品单品进销存信息等等；更能为购物中心自身提供布局疏密度、品项搭配、人员配置、场地坪效、商户业绩等经营信息，便于购物中心分析后对经营场地（稀缺资源）进行无限再分配。招商不是一项开业前就完结的工作，实际上购物中心的招商是一个无限循环的工作，这都需要信息系统的分析支持。

这十项基本原则还显得很粗糙。不同购物中心具体的招商管理还是要根据各自不同的地域、不同的商圈、不同的经营主题、不同的品牌形象、不同的特点等来做各自不同的调整。

当关键的"统一招商管理"开业前期工作完成后，购物中心就步入了一个"统一服务"的新工作阶段。开业前统一招商工作完成后，后续的工作就特别强调服务意识。

后期工作主要有：统一商户管理、统一营销、统一服务监督和统一物管。如何继续保持购物中心本身的内、外形象，保持与所有签约商户的既对立又融洽和谐统一的关系，并注意与购物中心的经营定位、目标市场保持吻合协调，既是购物中心开业后经营管理的新难题，也是对顾客和商户提供优质服务的新开始。

注：鉴于购物中心的经营方式有自营、联营、租赁等三种，以上统一将购

物中心的"租户"称谓改为"商户"。

# 六、大型购物中心招商策略

## （一）目标策略

1. 立足中介，规避风险：

A. 明确法律责任，以中介服务的身份促进达成业主和商家的租赁合同关系，以管理服务的身份形成与业主的物业管理合同关系，并形成与商家的经营管理合同关系。协调好三方责权关系，争取业主委员会的积极配合和支持。

B. 在法律关系及经营上弱势介入，在营销、造势方面强势介入。

2. 招商目标：

A. 第一阶段（?～?）完成招商的基础性工作；目标商源储备率达到××家。

B. 第二阶段（?～?）商源储备达到××家，实现招商率达××%。

C. 第三阶段（?～?）招商率达××%。

D. 第四阶段（?～?）招商率达××%以上。

E. 第五阶段（?～?）招商率达××%，开摊率达××%。

## （二）技术策略

1. 商家策略：

A. 定向为主，整合实施。

定向招商

依据项目的业态规划，对主力店及牵头租户实行定向招商，并安排具体人员重点落实适合该项目主力店业态定位的客户源。

以商引商

利用主力店及牵头租户在其行业的影响力，扩大宣传，以吸引更多目标商家加盟。

广告招商

通过各种媒体的宣传和推广活动，制造题材，扩大项目生活的影响，吸引目标客户的注意力，促进招商。

B. 主次分明，把握节奏。

（a）从服饰类品牌入手，首先推出关键位置，严格控制和把握项目业态定位及准入制，完成主力店的招商工作。

（b）掌握时机，利用引进的主力店及牵头租户在业界的影响力，扩大宣传，全面开展招商工作。

（c）根据引进的主力店、牵头租户及品牌商家业态的实际情况，灵活调整剩余商铺的业态，并对剩余商铺实施定向招商，提高招商的成功率。

C.商家应对策略。

（a）了解商家的承租底线，对商家要进行正面激励和引导，突出项目的配套及位置优势，建立商家的经营信心。

（b）充分把握不利因素，并对商家采取不同的应对策略；锁定大局，让商家在总体方案上签字，先办理租赁手续，物管协议、装修协议可缓行。

（c）对意向性较强、业态相符、经营规模适度的商家，要主动约见拜访，增强商家经营信心，消除入驻后的顾虑，促使其下决心。

（d）对于忧虑、徘徊的大商家，必须多次谈，看准原因，对症下药。

2.业主策略：

A.合理规划，引导实施。

（a）确定业主委招和自营数量，及时在招商图表上明示；并摸清业主的知识水平、出租理念、价格底线。

（b）商家结合卖场业态规划选择 2~3 个选址方案，以易接受商家租金条件的业主为突破口，进而促使提出不合理租金要求的业主调整其租金标准。

（c）对个别有特别租金要求的业主，严格按其租金要求进行招商，实在无法与商家就其要求租金达成一致时，再与业主协商处理。

（d）对部分持观望态度的业主，在未签署委托协议前，将其视为自营，并加以公布，既宣传了已进场商家的数量，又能迫使其尽快明确委托出租或自营，有利于招商顺利进行。

B.特殊矛盾，积极应对。

（a）对有对立情绪、不配合的业主要采取个别沟通或转移矛盾、无形施压、冷处理及难题回馈、小利驱动等办法，使业主认同租赁方案。

（b）对于整合招商，对盲目投资、无主见的业主，要让其感到该规划方案无风险、稳当，并促使其在业主会上发言，不能因个别业主的原因使方案夭折。

（c）对于刁钻固执的业主，要进行耐心地劝说并分析后果，必要时，要略施小利，促使其改变态度。

3.规划策略：

A.合理规划设计广告位、店招、导识系统、POP 广告等信息，形成对人流的有效引导。

B.合理规划花车、货亭、果品饮料亭等，增加卖场经营品类，形成广场特色。

C.正视业权分散的具体情况，根据业主委托和自营情况存在变数的实际情况，动态调整，配合各品类店，最大限度地保持规划布局的整体性和完整性。

4. 整合策略：

A. 临街商铺与卖场内商铺打通整合，增强整个卖场各商业形态的关联性。

B. 业态统合，将相同的业态成规模地统一在一个区域，形成规模化经营，提高整个卖场的抗风险能力。

C. 对商业业态不符，但有客源互补性的商家须集中安置。

5. 管理策略：

A. 通过有效的组织和组合，充分发挥团队的招商作用，相互协作，以完成预定的招商任务为目标。

B. 充分激励和调动招商人员的积极性和能动性，充分发挥好个人在专业中的特长，合理地调配和安排人力资源，调动每位招商人员的最大积极性。

C. 制定合理的激励机制，通过合理的激励措施，营造良性竞争机制，促进和调动招商人员的工作积极性。

D. 定期组织专业培训，不定期根据招商中的具体情况及时组织交流，强化提高每位员工的专业技能和综合素质，提升整个团队的工作效率和能力。

6. 组织提供相关道具和资料，加强招商人员谈判技巧，增加招商的成功率。

（三）价格策略

1. 商铺租金价格应结合对业主的投资回报要求，整体采取前低后高的租金价格策略，以后达到每年按××%递增的态势，降低商家前期经营负担，树立商家经营信心，形成旺场的局面。

2. 根据制定的参考价格体系及不同位置等级标准与商家洽谈所能接受的具体租金标准。

3. 根据本广场业权分散和不易形成系统的租金标准的特点，结合对业主的投资回报要求、行业市场情况，制定本广场的租金参考标准，并具体到每一间商铺的实际租价。

4. 对部分顶级位置在测算租金参考标准的基础上再做较大幅度的增长，促进次级位置的出租率，同时有利于拟引入目标客户的优惠政策的实施。

（四）营销策略

1. 营造项目现场气氛以促进招商：

在重大节日提前实施商业环境营造：提前导入本项目导识系统、现场POP广告、广告位规划方案的实施及商家店招的统一规划，营造开业前的浓烈商业氛围。

2. 广告策略：

A. 目的：广泛宣传项目，配合招商进度，保障项目招商目标顺利完成，并有效提高项目的知名度。

B. 战术：在广告宣传上突出促销活动的造势，以强势烘托，促进项目招商，为后期经营打下基础。

C. 媒体：××报纸、电视台等。

D. 对象：品牌服饰等商家和目标消费者。

E. 效果：营造浓郁的商业气氛，使其成为商业亮点，并顺利完成补位招商。

# 附录二：某购物中心详细招商方案

（一）定位：中高档为主

根据乐清商业地产的特点和前期市场调研的结果以及项目的特殊性，本商场定位为以中高档为主，原因有：乐清市场购买力较强劲，发展迅速，而落后的商业业态与城市经济发展水平不相适应。商业经营方式比较传统，主要以沿街店铺经营为主，需要进行商业新概念的输入和引导，针对市内经济实力较强的消费者，必须定位为品牌化、高档化。但是又必须以中档为主，因为乐清距温州较近，而市内私家车拥有量超过一万辆，同时应考虑和温州大型品牌商场错位经营，所以走中高档品牌的路线。

（二）招商量分析

随着工作进程的推进，从招商合同数量和招商面积两方面对招商量做保守推算。

1. 合同数量：

一楼 448 份

二楼 200 份

三楼 193 份

四楼 165 份

共计 1006 个摊位

因产权分割图平均面积在 15~20 平方米，而一部分品牌面积应在 30 平方米左右，所以二楼需减掉 38 个柜位，三楼减掉 41 个柜位，四楼减掉 68 个柜位。

即　200 − 38 = 162 个

193 − 41 = 152 个

165 − 68 = 97 个　　　　合同份数：859 份

2. 面积：

一楼营业面积 2157 平方米

二楼营业面积 3638 平方米

三楼营业面积 3927 平方米

四楼营业面积 3617 平方米

合计营业面积 13339 平方米

因该项目统一布局，统一管理，统一招商，所以招商量为：

合同量：859 份

招商面积：13339 平方米

（三）招商对象：本地为主，外地为辅

综合以上招商量分析，招商任务很多，招商是后续工作中的重中之重，本地代理商数量有限，而且特类品牌占比较少，所以在面对本地供应商的同时，必须从外地引进一批起引导作用的旗舰品牌作为补充。

（四）招商范围

服装服饰类、皮鞋皮具类、珠宝化妆品类、精品百货类、儿童用品类、餐饮娱乐类、综合服务类、专业卖场类。

（五）品牌比例

特类品牌占比：15%

一类品牌占比：65%

二类品牌占比：20%

目标品牌表明细见下页表。

（六）招商方法

1.在广告宣传的支持下，针对本地供应商开招商会（时间初步定为 6 月初）。

具体安排如下：

从 4 月 10 日起至招商发布会之前，招商代表针对本地品牌与代理商进行一对一的洽谈工作，并且把招商的关键问题如条件、价格等留为悬念，招商会再统一公开，以达到营造轰动效果的目的，具体日程安排要视情况而定。

与主力店联手开新闻发布会（具体安排视招商情况而定）。

2.针对外地供应商要做到走出去，请进来。视招商情况而定，也可以采取设立办事处的形式。

（七）工作流程

市场调查→市场分析→开发供应商资源→制定政策→做好招商前准备工作→与供应商接洽→供应商提交企业简介资料→品牌商品选择→商品资料及价目表→合作条件洽谈→确定合作供应商→签订合作协议→完成内部审批手续→交纳诚意金→设计装修方案→审核图纸→进场装修→商品进场验收陈列→试营业

| 品类 | 品牌名称 | | | | | | | |
|---|---|---|---|---|---|---|---|---|
| 女装 | 恩比丽丝 | 依之尚 | 雪中飞 | 艾丽素 | 哥弟 | 巧帛 | 雪丹妮 | 本谷 |
| | 美宝莲 | 庞婴姿坊 | 舒雅 | 太平鸟 | 歌莉妮 | 惊喜 | 奥琦 | RHION-TRIKE |
| | 锦秀华都 | 依比依 | 黛梦 | 蝶之恋 | K.S.BERE | 中中 | 女人的故事 | ESPRIT |
| | 楚黛儿 | JASONWOOD | 罗山 | 亦谷 | 好日子 | 蝶苑 | 高氏杰 | 雅格佳斯 |
| | 四季青 | 女主角 | 衣缘 | KA.KO | 候秀风 | 仁玛莱儿 | 伊芙丽 | 樱·莎古拉 |
| | 玫瑰阁 | 伊特 | 雨辉 | 基梵·至高 | 雪歌 | 歌莉娅 | 欧陆天使 | 水原数淑女装 |
| | JESDAN | 非主流 | 碧河 | SGARE | COCOON 可可尼 | 伊孚卡 | 优美世界 | 卡斯儿亚 |
| | 莎佳 | 诗梦 | 上海天恩 | 山冰 | 水中花 | 梦奴娇 | ABC 精品 | 时尚小鱼 |
| 精品女装 | 炫色淑女装 | 仙聘莱孕妇装 | 小熊维尼 少女休闲装 | | | | | |
| | PORTS（宝姿） | MOISELLE（慕诗） | 珂罗蒂雅 | MORGAN（摩根） | JESSLCA | MAX-STUDIO | BIANCO | REX &co |
| | PASSION（银置） | 凯撒 | Anlta | ALLURE NOIR | FINITY | DK | 言尚 | 杰西尼 |
| | 七色麻 | 亚阎 | | | | | | |
| 淑女装 | 哥弟 | 例外 | OTT | 珂玛（kormaw） | 卡邦尼 | 菲姿 | OLKOS | SODA |
| | M.O.X | 乡村女孩 | 伊芙丽 | 迪束尔 | 迷蒙 | FA·GE | 秋斑纳 | JIN |
| | 我行我素 未知未觉 | 唯我 | 季候风 | 太平鸟 | 阿勒铞 | 樱莎古拉 | | |
| 少女装 | FOLO JEANS CO | JOJO | 艾格周末 | 虫二 | NIKE，360度 | ESPRIT | CLRIDE（可瞵的） | 法文箱子 |
| | A&D | 米奇 | 小熊维尼 | 玛之蜜 | ev code | 亿玛莱尔 | X-RAYSTAR | 史努比 |
| | 秋水伊人 | 色彩十八 | 贝纳通 | | | | | |

续表

| 品类 | ONLY | VEROMODA | 艾格 TAKEIT | 纳帕佳 SOGO | COCOON | U'db | 欧时力 | Etam sports |
|---|---|---|---|---|---|---|---|---|
| 时尚女装 | 6.7.8月 | ICICLE | TAKEIT（艾依人） | SOGO | 舒妍 | 卡佛连 | 狄兔恩黛 | SOM |
|  | SOM | JUAT MOD | MOGO MODA |  |  |  |  |  |
| 女内衣 | 戴安芬 | 安莉芳 | 曼妮芬 | 爱慕 | 芬迪诗 | 奥黛莉 | 华歌尔 | 欧迪芬 |
|  | 戴安娜 | 奥丽侬 | 祖儿马丁 | 依丝芬 | 芬怡 | 奥妙·雷伦 | 舒雅 | 三枪 |
| 内衣 | 戴安芬素萍 | 依之妮 | 鳄鱼 | 高科暖卡 | 北极薪秀 | 康奈 | 可可儿家居服 |  |
|  | 水中花 | F-MSN'S | 32W | 欧迪芬 |  |  |  |  |
| 女装品区 | SWATCH手表 | DKNY手表 | ELLE手表 | FOSSIL手表 | FILA手表 | RED EARTH彩妆 | CASIO手表 | 天美意手表 |
|  | GUESS手表 | ZIPPO打火机 | 法丽兰 | 色彩地带 | LA WARMER | 芳美亚 | ICB袜 | 23区袜 |
|  | 厚木袜 | 僵卡袜 | 兰纳年代 | 思彼垂银 | 彩饰 | 贝印 | 猫人 | 伊点 |
|  | 贝蒂 | 佩琪 | 梵希娜 | 娇点手足护理 | 婷美 | 新天地酒吧 |  |  |
| 精品区 | 都彭 | 登喜路 | FERRAGAMO | MONT BLANC | LANCEL | POLO RALPH-LAUREN | PAUL&SHARK | 雅格狮丹 |
|  | 梦特娇 | 正新 | 蒙乃 | 百姓评价 | 四季青 | 秋鹿男士家居服饰 | 哈德利 | 戈莱栖 |
| 男装 | 新时代 | 经典 | 古惑 | 圣巴黎 | 销秀华都 | 澳伦多兰 | 派克兰帝 | 夏蒙 |
|  | 卡宾 | 罗山 | 阿玛妮 | 雷笛波尔 | 伊芙丽 | 劲霸 | 一玛典 | 庄吉 |
|  | 狼族 | 伯慧源 | 大富豪 | 拜丽德迪 | 奥莱士 | 咸尼 | 斯德雅 | 爱都 |
|  | 琳琅 | 利郎 | 休闲阁 | 法博诺丹 | 红豆 | 步森衬衫 | 金地 | 金狐狸 |
|  | 霸士亭 | 朋友行 | 黄金海岸 | V.SPOLO | 马基堡 | 报喜鸟 | 时尚 | 自由空间 |
|  | 乔治白 | 摩登一族 | 休闲一族 | 美国苹果 | 苹果牌 | 富贵鸟 | 与狼共舞 | 马克华菲 |
|  | 巴黎时尚 | 皮尔·卡丹 | 杰克走路 | 伦敦保罗 | CK | 威磊 | 梦特娇 | 与狼共舞 |
|  | 龙牌 | LACOSTE | LYLE & SCOTT（金鹰） | MARLBORO CLASSLCS | GJ | TONY WEAR | TONY JEANS | PLAY FOX |
|  | 蓝威龙 | 阿邦尼 | 宝沙里奥 | FOREVCE | 凯撒 | 范格尔斯 | 佐岸 | 太子龙 |

续表

| 品类 | | 品牌　名　称 | | | | | | | |
|---|---|---|---|---|---|---|---|---|---|
| 精品男装 | MENHARDUM(曼哈顿) | 迪柯尼 | 毕加素 | 迪来 | 爵士丹尼 | 巴黎世家 | 马克华菲 | 马力银马 |
| 男装 | 马基堡 | 金利来 | | | | | | |
| 运动 | NIKE(耐克) | ADIDAS | 匡威 | 李宁 | 青靠背(KAPPA) | 兰宝 | 康威 | REEBOK |
| | 日高 | CAT(迈乐) | 锐乐 | THE NORTH FACE | 美国暴走鞋 | | | |
| | ESPRIT | G-STAR | LEE | 苹果 | BRAXTON | 马克·华菲(运动) | 蓝威龙牛仔 | 佐丹奴 |
| 休闲 | 雷柏高 | SEE JEANS | V-ONE | REGATTA CLUE | JAOK&JONES | LEVI'S | FFAZZA | |
| | 好运来 | 巴布 | 波司登羽绒服 | 好日子 | 贝斯唯奇牛仔 | 灰鼠 | 森马 | 高邦 |
| | 康威 | 美特斯邦威 | 街头男孩 | 蔓珠莎华牛仔 | MIZUNO运动休闲 | 迪亚多纳 | 李宁 | |
| 男士用品 | CK内衣 | 百富(BYTORD) | 花雨伞 | 西藏饰品 | JOCKEY | 皮尔·卡丹 | 歌帝 | THE SHOP UNDEN |
| 杂品区 | 国际眼镜 | 瑞士军刀 | 希格 | 之宝 | 韦文氏 | 多蜜儿 | Phillpnl | Dlor |
| 羊绒类 | 鄂尔多斯 | 奥群 | 恒源祥 | 鹿王 | | | | |
| 裤业 | 米卢 | 圣堡罗兰 | 基楚至喜 | | | | | |

续表

| 品类 | 品牌名称 | | | | | | | |
|---|---|---|---|---|---|---|---|---|
| 皮鞋皮具 | 聚闲包行 | 明传皮具 | 品华皮具 | 康奈 | 万里行 | 本豪 | 鳄鱼 | 达芙妮 |
| | 吉尔达 | 奥康 | 红蜻蜓 | 高尼奥鞋城 | 东艺 | 意大利阿尔皮纳箱包 | 休闲家 | 罗蒙 |
| | VICTORYPOLO | 雅丽商行 | 鳄鱼运动鞋 | 3A | 贝蒂女包 | 美丽欢腾休闲鞋 | 金月亮 | 康龙休闲鞋 |
| | 希伯来 | 高美高+C21 | LACOSTE | 佳连威 | 艾菲尔 | 迪桑娜 | ELLE | 米奇 |
| | LCK | 新秀丽 | MIKE.MIKE | 欧菲乔 | 巴黎世家 | FION | 华伦天奴·露迪 | 卓凡妮·华伦天奴 |
| 男鞋 | 爱步 | 其乐 | 百伦 | 袋鼠 | 吉尔达 | GEOX | | 华伦天奴 |
| 女鞋 | ENZO | 百雨 | 玖眼 | 思加图 | 巴黎世家 | 姬龙蕾 | LACOSTE | JC |
| | ELLE | 康莉 | 高琪 | 俏 | Kles cat | 戴安娜·翠 | 兰姐 | 热风 |
| | 星期六 | 恩雅努琪 | 天美意 | 玲汀 | | | | |
| 化妆品 | 红苹果 | 羽西 | 天使 | 玉兰油 | 丽之源 | XAC | Za | |
| | 资生堂 | 欧珀莱 | 欧莱雅 | 美宝莲 | 美宝莲 | 嘉娜宝 | 巴宝莉 | 蝶妆 |
| | 柏姿 | 美伊娜多 | Bodywave | 露华浓 | 露芳 | 雅芳 | 依贝佳 | |
| 珠宝饰品 | 华徕珠宝 | 日月珠宝 | 缅泰珠宝 | 金伯利钻石 | 曼诗贝丹 | 凤祥珠宝 | 石头记饰品 | |
| | 周大福 | 潮宏基 | 爱得意 | 百福 | 杰隆珠宝 | 煌艺 | 欧诗漫 | |
| | 鑫瑞麒 | 美娇丽佳 | 艾敦道 | | VENTI | | | |
| 家居床饰 | 超市窗帘 | 塑料商行 | 丽华家私 | 大新精品家私 | 简爱家居 | 多邦家居 | | 尚晨 |
| 大小家电 | SONY | 松下 | 博朗 | 派克 | PHILIPS（飞利浦） | 佳能爱华 | 佳信小家电 | 汇顺小家电 |
| | 格至 | 三和松石 | 内野 | ESPRITY床品 | 恋龙 | 非家电 | 乐健家电 | 雅佳电信商行 |
| | 爱浪音像 | 先锋家电 | 丽声音像 | 华兴家电 | 海燕数码商行 | 雅飞数码 | | |

续表

| 品类 | 品牌名称 | | | | | | | |
|---|---|---|---|---|---|---|---|---|
| 钟表眼镜 | 欧米茄 | 雷达 | 帝驼 | GUCCI | 浪琴 | 天梭 | 宝路华 | 飞亚达 |
| 餐饮类 | 板栗大王 | 唯新食品 | 傻子瓜子 | 安大妈包子 | 多美丽快餐 | 美食园 | 阿统面店 | 北京特色美食 |
| 餐饮类 | 好利来蛋糕 | 青年冷热饮 | 荣生副食品 | 蛋糕园面包房 | 雁荡山名茶 | 佳吾茶行 | | |
| 药品类 | 乐成回春药店 | 长生药店 | 正源春大药店 | 乐清市医药公司 | | | | |
| 童装童玩 | 巴布豆 | ELLE | DUCKBILL（鸭嘴兽） | 本卡拉 | 米奇妙 | 蒙娜丽莎 | 黄色小鸭 | 派克兰帝 |
| 童装童玩 | 海威迩 | 安迪儿 | 好孩子 | 阿卡邦 | 青果 | 贝贝依依 | 巴布豆童鞋 | 芭比娃娃 |
| 童装童玩 | 奥迪 | 银辉 | 雅多 | TOMY（凯特利） | SMOBY | 智高 | 乐高 | 宝高 |
| 童装童玩 | 迪宝乐 | MICKEY银饰 | 好孩子童车 | LAKLD | 雨婴房 | 小笑牛 | OSHKOSH | 富乐梦文具 |
| 童装童玩 | 安奈 | 丽萍 | 巴布豆 | 富乐游乐圈 | 三木比迪 | | | |
| 儿童配套设施 | 喜来乐儿童游乐场 | 金色童话儿童摄影 | | | | | | |
| 服务业种 | 思妍雨美容中心 | 阿里巴巴 | 服装修补 | | | | | |
| IF其他 | KFC（肯德基） | WATSONS（屈臣氏） | 哈根达斯 | | | | | |

（八）4月份进程

4月1日前从合同数量和招商面积两方面，完成对招商量的分析。

4月3日前双方完成图纸定稿并做签字确认（产权图、功能图、编号图、面积图）。

制定二、三、四楼各个品类的目标品牌。

4月4日前完成人员系统培训和品牌摸底工作；从两方面完成第一手招商资料的收集工作。

4月5日开始着手联系主力店，并马上进行客户分析，找出大面积业主并开始洽谈，确定意向；

确定招商政策，讨论招商合同草案，最后定稿，并进行印刷。

4月6日针对本地中小商户进一步全面展开招商工作；并针对一批厂家进行实质性洽谈，掌握其合作条件，以备推荐给没有品牌的投资者。

4月15日基本掌握对一至四楼的主力店。

4月30日配合销售，为招商会做准备（初步定为6月上旬）。

（九）全面进程

5月份前让本地供应商对我购物中心有基本了解。招商部基本掌握本地品牌供应商的意向。

5月15号以后开始：招商人员分流，外地走访、本地跟进。

6月份进入实质性、大面积签约阶段。

7月份集中签约。

8月底预计签约率为60%~70%。

9月份开始筹备二次商装。

各楼层具体进程见下页表。

（十）人员配置（配齐名片）

一楼菜市场：×× ××

二楼及一楼前厅：×× ××

三楼：×× ××

四楼：×× ××

招商组长完成的任务为该楼层的70%，组员各为10%。

招商人员的配置在4月3日前完成。

（十一）需要发展商配合的如下几项

1.广告支持：

A.导入期：

时间：4月10日前完成

户外广告：清远路往南大街方向第一座桥右侧一块广告牌。

软件广告：《温州晚报》、《温州都市报》（一期 1/2 版招商广告）。

B. 成长期：

时间：4 月 21 日~4 月 30 日

户外广告：清远路往南大街方向第一座桥右侧一块广告牌。

软性广告：《温州晚报》、《温州都市报》（两期 1/2 版销售、招商广告）。

C. 成熟期：

时间：5 月 1 日~5 月 10 日

户外广告：大型楼体广告（清远路往南大街方向第一座桥右侧两块广告牌，其中一块做招商广告）。

软性广告：软性文章报道（波特公司谈销售策略、招商政策）。

D. 稳定期：

时间：5 月 11 日~5 月 31 日

户外广告：大型楼体广告（清远路往南大街方向第一座桥右侧做招商广告牌）。

软性广告：《温州晚报》、《温州都市报》（连续两期 1/2 版，销售、招商业绩广告）。

2. 安装两部招商电话：

这是与广大供应商联系的基础硬件设备。画重新设立招商洽谈处，因为如果和销售中心在一起，会引起局面混乱，使供应商产生不必要的误会。

**工作进程表**

| 招商工作任务完成情况 | 日　期 | 完成情况 | 备　注 |
|---|---|---|---|
| 主力店 | 4 月 | 50% | |
| | 5 月 | 70% | |
| | 6 月 | 100% | |
| | 7 月 | 进入二次商装 | |
| | 8 月 | 进入二次商装 | |
| 一楼 | 4 月 | 20% | |
| | 5 月 | 60% | |
| | 6 月 | 100% | |
| | 7 月 | 进入二次商装 | |
| | 8 月 | 进入二次商装 | |
| | 9 月 | 进入二次商装 | |
| 二楼 | 4 月 | 10% | |
| | 5 月 | 40% | |
| | 6 月 | 70% | |

续表

| 招商工作任务完成情况 | 日 期 | 完成情况 | 备 注 |
|---|---|---|---|
| 二楼 | 7月 | 80% | |
| | 8月 | 100% | |
| 三楼 | 5月 | 20% | |
| | 7月 | 70% | |
| | 8月 | 90% | |
| 四楼 | 5月 | 30% | |
| | 7月 | 70% | |
| | 8月 | 90% | |
| | 9月 | 100% | |

## 定额招商任务明细

| 楼层 | 人员名单 | 招商品类 | 合同数（份） | 完成任务（%） | 招商面积（平方米） | 完成日期 | 备注 |
|---|---|---|---|---|---|---|---|
| 一楼（后半部分）448份 2157平方米 | ×× | 水产、南北干货、豆制品、蛋类、粉、糕点、水果、腌制品、酱菜 | 314 | 60 | 1285 | 7月30日前 | |
| | ×× | 蔬菜、熟食、活禽、水果、粮油、调味品 | 90 | 20 | 430.7 | 7月30日前 | |
| | ×× | 肉区 | 45 | 10 | 215.7 | 7月30日前 | |
| | ×× | 蔬菜 | 45 | 10 | 215.7 | 7月30日前 | |
| 一楼前厅 二楼 205份 4462平方米 | ×× | 各类女装、化妆品 | 145 | 70 | 3123 | 8月30日前 | |
| | ×× | 珠宝、首饰 | 20 | 10 | 446 | 8月30日前 | |
| | ×× | 中性休闲、运动休闲 | 20 | 10 | 446 | 8月30日前 | |
| | ×× | 男装 | 20 | 10 | 446 | 8月30日前 | |
| 三楼 193份 3859.5平方米 | ×× | 男鞋、女鞋、工艺品、钟表 | 136 | 70 | 2702 | 8月30日前 | |
| | ×× | 针织内衣 | 19 | 10 | 386 | 8月30日前 | |
| | ×× | 皮具、箱包 | 19 | 10 | 386 | 8月30日前 | |
| | ×× | 眼镜、礼品 | 19 | 10 | 386 | 8月30日前 | |
| 四楼 166份 3556平方米 | ×× | 床上用品、大小家电 | 116 | 70 | 2489 | 8月30日前 | |
| | ×× | 家居饰品、装饰布艺、儿童娱乐 | 16 | 10 | 356 | 8月30日前 | |
| | ×× | 图书音像、数码通信 | 16 | 10 | 356 | 8月30日前 | |
| | ×× | 特色小吃 | 16 | 10 | 356 | 8月31日前 | |

# 第三章 招销培训

## 第一节 房地产销售基本业务培训

### 一、销售人员守则

如何将顾客买楼的意向变为实际行动，除了楼盘的品质的吸引力之外，更重要的是销售人员的售楼艺术和服务态度。为此，我们必须制定适当的售楼员守则以规范售楼员的行为、仪态、仪表等。

**（一）销售人员的价值**

1. 销售人员的作用。

（1）促使并加快房子从商品转化为货币、资本的价值利润得以实现的速度。

（2）起到联结公司与客户的纽带和桥梁作用。

（3）公司形象的代言人。

2. 销售人员的任务。

（1）推销自己。

（2）推销公司产品。

3. 一个优秀的销售人员所具备的条件（3H1F）。

（1）科学家的头脑 head（严谨、细密、快速）。

（2）艺术家的心 heart（热情洋溢、尊敬他人、献身服务的精神）。

（3）技术员的手 hand（专业）。

（4）推销员的脚 foot（健康、灵活、踏实）。

4. 公司评定一个销售人员的标准。

（1）突出的业绩（40%）。

（2）良好的职业道德（30%）。

（3）工作的稳定性（30%）。

售楼人员必须关心公司、热爱本职工作，遵守职业道德，做到文明、优质、高效的服务，维护公司的形象和声誉。努力学习，不断提高业务技术和服务质量，并明确一点，我们不仅卖房子，而且要卖"服务"，我们是要以一流的服务取胜。

**（二）销售人员形象塑造**

在一个房地产项目的营销策略中，对于销售人员的包装是极为重要的，因为销售人员在推销产品的同时还在推销自我。作为一个和人打交道的工作，初次和客人见面的销售人员至少应该使客户有和你说话的欲望，让他觉得你有亲和力，固然客户来售楼处是为了看房子，而不是为了看人，但是对产品认可之前，销售人员是楼盘形象尤其是期房的集中体现。因此，你的形象塑造尤为重要。

1. 外在形象。

（1）衣着。

衣着必须整洁干净，无污迹和明显皱褶，扣好纽扣，结正领带、领花，衣袋中不要有过多的物品，皮鞋要保持干净、光亮，女员工宜穿肉色丝袜，不能穿黑色和白色。

（2）卫生。

清洁是美的基础。男员工头发要经常修剪，无头屑，发脚长度以不盖住耳部和不触衣领为度，不得留胡须，要每天修脸。女员工不得留披肩发，头发长度以不超过肩部为宜，头发要常洗，上班前要梳理整齐，保证无头屑。提倡每天洗澡，勤换衣物，以免身上发出汗味或其他异味。

（3）化妆（主要针对女业务员）。

女员工切忌浓妆艳抹，不许纹眉，有的女士崇尚自然，素面朝天，有的年轻女孩自恃年龄优势，从不涂脂抹粉，这些都是个人喜好，但作为一个职业的房地产销售人员，我们的要求是要化淡妆。因为适当的化妆是一种礼貌的表现，尊重他人也是尊重自己，另外化妆后使人更美，更精神，使自信心提升。至于化妆的场所，严禁在接待处、办公室等地化妆，化妆同洗漱、更衣一样，是一项非常私人的事务，应在自己的卧室或洗手间进行。女员工不得涂有色指甲油，不得佩戴除手表、戒指以外的饰物，忌用过多香水或使用刺激性气味强的香水。

（4）上班前。

员工上班前不得吃有异味的食物，要勤洗手，勤剪指甲，指甲边缘不得藏有脏物。

（5）服务态度。

在对客户服务时，不得流露出厌烦、冷淡、愤怒、僵硬、紧张和恐惧的表情，要友好、热情、精神饱满和风度优雅地为客户服务。

（6）服饰。

对服饰的要求是明白何时穿、穿衣的是谁、穿给谁看、什么场合。员工应穿统一制服，使人显得精神、挺拔，有统一感，领带要打好，长度不超过腰带，不要使用领带夹，它在国外早已过时。袜子不能太短，以防坐时露出肌肤，穿着正装，鞋最好与腰带统一颜色。至于非工作场合的服饰，由于我们很可能与客户或约定或不期而遇，在那些非工作的场合里，自身的服饰要不做作，不突出，稳重而不呆板，尤其是女业务员面对女客户时，不要在服饰上压倒对方。

（7）让你的声音为你工作。

一个正常人的声音有12~20个音符的音阶，职业歌唱家能达到36个音阶，但有些人很不幸，只有5个音阶，因此他的声音听起来像一根弦在拨动，十分单调，黯然无光，像作一场无味的报告，使人昏昏欲睡，你的声音是否能吸引你的客户，尤其是电话销售，对行销成功与否十分关键。

因此对声音的训练尤为重要，方法如下：

A. 大声念报纸。

B. 用录音机重复听每个句子的尾音是否千篇一律。

C. 语态亲切，咬字清晰，声音充满自信，有感染力。

D. 学会变化你讲话的频率，放慢语调，尤其是刚刚讲过某一重点论点，要为你传达的内涵留出时间。偶尔把你的声音放低一些，一般人认为我们需要提高声音，才能把重要论点说出来，但是相反的方法一样有效，降低声音能给人一种平静的自信感。再者，如果你的风格与你的讲话主体有所不同，就有可能为你的论点增加更大的效果。要习惯使用沉默，阿道夫·希特勒被一些人尊为杰出的演讲者，他之所以能在听众中煽起狂热的激情，其中的一种强力的手段就是沉默，他经常开始讲话时一言不发，引出一种期待感和盼望欲，而在一个重点讲完后，他会停顿一会再讲下一个。

E. 行销时应采用谈话式口吻。谈话时眼睛要望着对方，不要游离。有时要注意聆听，说话要适宜，不该问的不要问，说话语气不卑不亢，有理有度。

F. 普通话的训练要追求标准的职业化。

（8）微笑。

微笑是世界共同的语言，它是"我现在很快乐"；也同时是"和你在一起很快乐"的信息传递，也有人说它是一种"传染病"，它能感染别人，尤其是在僵局时，能改变状况，使人减压，所以不要吝惜你的微笑。

（9）手势。

要合理运用手势，不要做拒绝状的手势，站立时双手自然下垂，别吝惜你的双手（握手）。

2. 内在形象。

（1）修养。

这不是一朝一夕形成而是要靠常年累月的培养，提高修养的办法很多，最直接的办法是学习、看书、看报、看电影等。有条件的话应该多看一些话剧、歌剧、音乐会等高尚的艺术，不一定要成为鉴赏家，目的在于接受熏陶。

（2）心理健康。

一个人的外表是欢心鼓舞还是垂头丧气，取决于他的心态，一个人纵然能天天山珍海味，拥有金钱权势，若心态不好，内心依然凄苦。

美国著名人格心理学家奥尔波特说心理健康包括：

A. 力争自我的成长。

B. 能客观地看自己。

C. 人生观的统一。

D. 有与他人建立亲睦关系的能力。

E. 人生存需要的能力、知识及技能的获得。

F. 具有同情心，对生命充满爱。

著名的人本主义心理学家代表马斯洛指出心理健康的九个标准：

A. 充分的安全感。

B. 充分了解自己，对自己的能力作适当的评价。

C. 生活的目标切合实际。

D. 与现实环境保持接触。

E. 能保持人格的完整与和谐。

F. 具有从经验中学习的能力，即能保持良好的人际关系。

G. 适度的情绪表达及控制。

H. 在不违背团体需求的情况下，能适当满足个人的基本需要。

I. 在不违背社会规范的前提下，能适当满足个人的基本需要。

（3）培养幽默感吸引他人，使人轻松愉快。

（4）运动。

运动是人们生活中一项重要的内容，运动不仅有助于身体健康，而且有助于个性发展完善，有人认为那是老年人的事，那是大错特错，运动能补充人的气质，增加活力，使人充满朝气且自信。建议有空多爬山，"会当凌绝顶，一览众山小"的感觉非常好，因为那是在历经艰难排除困苦之后的成功，可以在锻炼人的肌体的同时磨炼人的意志。

(5) 正确看待金钱。

钱不可或缺，但钱不是万能的。有些不良风气要抵制，不应发生因为钱争抢客户抵毁他人的事情，那只会害人害己。以貌取人，认为此人没有钱而不招待，容易丢失客户。

### (三) 销售人员的基本素质

销售人员的素质由能力水平、职业态度和知识结构三方面构成。

1. 能力水平。

(1) 良好的语言表达能力。

这是胜任销售工作的基本条件，没有语言艺术就没有销售。

(2) 敏锐的观察力。

这是深入了解客户心理活动，准确判断客户特征的必要前提，没有敏锐的观察力就难以判断和运用销售技巧。

(3) 自我控制能力。

部分销售人员是在企业外独立作业，处于无人直接管理状态，这就要求销售人员必须自我管理、自我激励、自我约束、自我监督，以免引火上身，为失败所控制。

(4) 应变能力。

销售人员面对的顾客是千差万别的，什么样的角色都可能出现，这就要求销售人员能适时改变销售方法，灵活运用销售策略。

2. 职业态度。

(1) 敬业精神。

这是一个优秀销售员的基础，没有敬业精神就难以克服销售过程中的困难，也不可能取得良好的业绩，获得企业和客户的尊重。

(2) 职业道德。

销售人员要遵守法纪，克服恶劣的商业习惯，要有为客户服务的责任心。

(3) 勤奋好学的精神。

销售工作的内容和形式是不断变化的，一个优秀的销售人员必须具备谦虚的态度，不断努力学习新知识，学习同行的经验，积极思考、适应变化。

3. 知识结构。

(1) 企业知识。

要熟练掌握企业的背景知识，以树立信心，同时增强归属感和认同感，一方面能提高工作动力和热情，另一方面也可满足顾客这方面的要求。

（2）产品知识。

销售人员掌握产品知识的最低标准是顾客想了解的、知道的，顾客相信那些精通产品、表现出权威性的销售人员。

（3）市场知识。

市场是企业和销售人员活动的舞台，了解市场运行的基本原理和市场营销活动的方法，是企业和销售人员获得成功的重要条件。

（4）消费者知识。

所谓知己知彼，百战百胜，掌握社会学、心理学和行为学的基本知识可以更好地了解、分析消费者的特点以采取不同的销售策略。

（5）人际交往知识。

要想使顾客接受推销的产品，需使其先接受销售人员个人，良好的人际关系是建立个人声誉和企业声誉的必要基础。

**（四）售楼人员的行为准则**

1. 售楼人员的工作态度。

（1）服从领导。

切实服从领导的工作安排和分配，按时完成任务，不得拖延、拒绝或终止工作。

（2）严于职守。

员工必须按时上下班，不得迟到、早退或旷工，必须按排班表当班，不得擅离职守。个人调离、调换、更值时需先征得主管或经理同意。

（3）正直诚实。

必须落实向领导汇报工作，坚决杜绝偷盗、欺骗或阳奉阴违等不道德行为。

（4）勤勉负责。

必须发挥高效率和勤勉的精神，对自己从事的工作认真、负责、精益求精。

2. 售楼人员的服务态度。

（1）友善　以微笑来迎接客人，与同事和睦相处。

（2）礼貌　任何时刻均应使用礼貌用语。

（3）热情　工作中应主动为客人着想。

（4）耐心　对客人的要求应认真、耐心地聆听，并耐心介绍、解释。

3. 售楼人员的行为举止。

（1）站姿。

躯干挺直，头部端正，面露微笑，目视前方，两臂自然下垂。

（2）坐姿。

A. 轻轻落座，避免扭臀寻座或动作太大发出响声。

B. 接待客人时，落座在座椅的 1/3 到 2/3 之间，不得倚靠椅背。

C. 落座时，应用两手将裙子向前轻拢，以免坐皱或显出不雅。

D. 听客人讲话时，上身微微前倾，不可东张西望。

E. 两手平放腿上，不要插入两腿间，也不要托腮或玩弄任何物品。

F. 两腿自然放平，不得跷二郎腿，两腿应并拢。

G. 工作时不得照镜子、涂口红等。

H. 不得将任何物件夹于腋下。

I. 不得随地吐痰及乱丢杂物。

（3）交谈。

A. 与人交谈时，必须保持衣着整洁。

B. 交谈时，用柔和的目光注视对方，面带微笑，并通过轻轻点头表示理解客人谈话的主题或内容。

C. 与人交谈时，不可整理衣着、头发、看表等。

D. 在售楼部内部不得大声说笑或手舞足蹈。

E. 讲话时应经常使用"请"、"您"、"谢谢"、"对不起"等礼貌用语，不讲粗言秽语或使用蔑视性和侮辱性的语言。

F. 不得以任何借口顶撞、讽刺、挖苦、嘲弄客人。

G. 称呼客人时，要用"某先生"或"某小姐/某女士"，不知姓氏时要用"这位先生"或"这位小姐/女士"。

H. 任何时候均不能用"喂"招呼他人。

**（五）如何才能成为一名优秀的销售人员**

要成为一名优秀的销售人员，一个是基本面上的要求，另一个是技巧面上的要求。

1. 基本面上的要求。

（1）推销自己。

对基本面上的要求，我们可以用一句话来表示，推销产品应该同时推销自己，推销自己就是使自己成为客户的朋友，推销产品就是指在对产品充分认知的基础上，在判断客户与产品供需相吻合的基础上，让已成为朋友的客户同样非常理解和认可我们的产品，因此销售人员应该是：

A. 要自己为客户所认可，销售人员的外表形象自然是第一关。

B. 要自己为客户所认可，另一方面要注重个人修养。

C. 要自己为客户所认可，还必须锻炼个人的主动交际能力。

（2）与客户成为朋友。

让客户认可自己是推销产品的第一步，让客户了解产品则是第二步。当你和客户建立了朋友般的信任关系后，介绍产品便有了一个很好的基础，但介绍产品并不是侃侃而谈，它是建立在对产品切实了解的基础上的。

（3）了解产品。

对了解产品的理解有两个层次：

A. 第一个层次相对狭隘了一点，指作为一个销售人员应该对自己所卖楼盘的基本情况了如指掌。

B. 第二个层次相对广义一些，它指的是了解涉及房地产方面的专业知识。

2. 技巧面上的要求。

基本面上的标准是要求销售人员尽可能地为客户详细地介绍产品，使其在理性的基础上对产品产生不一样的认同感。当客户对你推销的产品有 70%的认可度时，作为销售人员的你则可以通过某些促销技巧，力求使客户尽快地作出决定，至于具体的技巧操作应该因人而异，知道基本准则后，每一个销售人员都可以依据自己的特点自由发挥，而不该是简单地"东施效颦"。

**（六）怎样成为一名专业的销售人员**

1. 爱公司、做公司的主人。

2. 爱你的职业和专业。

3. 形象表现。

在职业中是没有性别之分的（以职业装来体现），注意细节，"莫以善小而不为，莫以恶小而为之"。

4. 培养自己。

使自己成为演讲家（生动地介绍产品）、社会活动家（与客户很好地沟通）、社会服务者（销售就是服务，时刻要有服务意识，工作如此，生活亦如此）。

5. 言谈、举止要大方，微笑不能从你脸上消失。

同时对三种人微笑，客户、同事和自己。

6. 注意事项。

（1）注意尊重女性的年龄。

（2）想办法知道客户的好恶。

（3）忌讳男女关系的猜测，话到嘴边留半句。

（4）忌讳直说客户的短处。

（5）莫怀疑客户的购买力（莫主观臆断）。

（6）莫怀疑客户的审美品位、知识。

（7）不卑不亢以自己的专业、热情赢得客户。

（8）善于对自己的客户做总结、做分类。

（9）善于处理突发事件。

（10）不要得意忘形，对客户称呼要一成不变。

（11）注意讲话分寸（语音调、速度），从大到小，从简到繁，由外至内来介绍产品。

（12）当客人提到对手项目时，不要以语言来攻击对手。

（13）不要回避或胡编客户提出的自己不清楚的问题，做好记录，及时弄清，并统一全员口径。

（14）服务意识是你挣到佣金的根本。

（15）怎样服务特殊客户。

（16）不要随意为你的客户定层次。

（17）在任何情况下，不要有反感的情绪动作。

（18）不要把个人情绪带到工作中。

（19）不要在背后议论你的客户或同事。

（20）对自己的产品要了解透彻，掌握好卖点，深化卖点，并能做到知己知彼，百战百胜。

**（七）常用成交技巧**

1. 欲擒故纵法。

在销售的时候要把握客户的实际心态，在确定客户有较明确的意向，但仍想通过讨价还价来达到更好的条件时，业务员要保持相对的冷静，这时不应该急于催促客户成交，同时可以通过与其他客户继续谈判表示你对意向客户的要求有一定的不满，但这种适当的冷淡必须保持得比较好，在不经意间透露正在与其他客户进行接触，但不能让意向客户产生反感，否则反而会弄巧成拙。在与意向客户谈判到焦点的时候可以适当地脱离接触 2~3 天，给客户思考空间，但在适当的时候要及时与客户进行沟通，及时催促。

这种方法使用的对象主要是犹豫不决，但性格相对要强，属于主导型客户。

2. 紧密跟踪法。

这种方法主要是针对客户有明确意向，但仍有犹豫的情况。这种方法主要是频繁地与客户保持联络，对客户施加一定的影响，但在保持联系的时候可以采用多种方法，比如，通报情况、询问疑难、告知其他客户动向、解封预告等，这时主要采用的是电话联系的方式，在每次电话联系的开始要事先做好响应的准备，设计好说话内容，在结束时尽量留下下次沟通的借口。但这种挤压也同样要注意分寸，不要过于直露。

这种方法使用的对象主要是犹豫不决，但性格相对软弱，属于跟随型客户。

3. 比较挤压法。

这种方法主要是针对客户有意向，但尚在摇摆阶段，左顾右盼等待别人的情况。这种客户的主要心理是担心上当不愿做先行者，比较谨慎。这种方法主要是给该客户找到参照客户，以参照客户的成交坚定该客户的信心，这种参照客户可以选择与该客户比较熟悉的客户或者是与该客户近期同时来访、有所接触的客户，必要时可以给该客户看其他客户已签订的凭证，同时可以结合紧密跟踪法，关键是解决客户提出的疑义，使他很难找出其他的借口。

这种方法使用的对象主要是胆小谨慎、犹豫不决、戒备心理较强的跟随型客户。

4. 紧张挤压法。

这种方法主要是针对有较强意向，但斤斤计较，希望获得最大好处的客户。这种方法主要是制造相对的紧张，它的基础在于事先要准备两套以上的备选方案给客户做相应的铺垫，在客户故意拖延的时候，可以先封存一套，制造客户抢购的紧张气氛，但在实施这种方式之前必须做好周密的安排，由业务员之间和经理之间相互配合，转换要自然默契，这种方法的使用要谨慎，因为任何的疏忽都可能造成比较麻烦的后果，在配合经验不够成熟的时候，建议谨慎使用该方法，本方法的使用原则是不能轻易使用在容易激动或心理极度脆弱的客户身上。

这种方法使用的对象主要是斤斤计较、自以为是的主导型和跟随型客户。

5. 各个击破法。

这种方法主要是针对希望通过联盟制造谈判优势，以势压人的客户。主要是针对2~3人形成的较小的联盟。在处理这种联盟时的关键是找出联盟人之间的利益差异，同时可以放大这种差异，使联盟人之间的目标产生歧义，在内部破坏这种联盟。对于产生内部矛盾之后的客户应根据具体情况尽量在相互隔离的情况下，分别处理，在处理的过程中主要先解决比较好处理的一方，争取这一方的支持与同情，对于另一方可以适当采用打压的手段进行隔离，在同盟者完成签约后结合使用上述的方法逼其就范。

这种方法使用的对象主要是2~3人的非紧密型小联盟。

6. 釜底抽薪法。

这种方法主要是针对较大的联盟进行。在客户形成联盟以后，处理人员关键是要冷静，阵脚大乱，只能为自己制造更难处理的障碍，这时处理人员最好是以听为主，让客户尽量发表自己的意见，同时要注意让所有的成员都发表意见，在这种临时的利益体中，由于各自的利益目标不一致，个人的心理承受能力不一致，意见不可能瞬间形成统一，处理人员可以利用矛盾的不统一，找到集中矛盾的焦点，这时的矛盾焦点将集中于客户之间的意见统一上，使处理人员能获得一定的处理时间，在使用拖延法之后，要认真分析客户当天的表现，制订详细的计划及详细的分工，在下次约见之前重点对将做工作的客户进行分析，需要从相对动摇的客户做起，对于自然领导者需要进行冷处理，实行相对的隔离，这种隔离需要注意的是不能激发客户的矛盾，应该保持相对的良好关系，同时合理应对。主要解决的是动摇人员，在解决了动摇人员之后，要毫不留情地解决在里面起不好作用的犹豫不决型客户，采取的强硬手段是直接挑选一两个人退房，作为条件这时应使用相对变通的手法，比如不扣除定金等，最后解决的是领导分子，这时的领导分子基本上是意向较强的购买者，一般他们会有妥协。

这种方法适用于在客户实际交纳定金并准备签订合同之后。

7. 预期灭失法。

这种方法主要是针对有一定意向，但有预期期望的客户。这些客户分为两种：一种是有一些潜在需求没有暴露，确实需要等待的客户，应付这些客户的关键是要进行储备，为后期的销售做准备；一种是有明确意向，但有一定期望的客户，要采取的措施是尽量打消他们的预期值，比如，使用房价上涨、抢购的人比较多等紧张挤压法。正确的程序是先挤压后储备。

8. 等价交换法。

这种方法是针对有明确意向，重视一套选择的客户。在认真测量客户的总价承受能力和主要需求点后，对主要需求点能否符合现状作出分析，这时要鉴别客户的隐性需求，争取发现客户的后续需求点，同时分析这种需求扩大的可能，假如有这种可能尽量要转移第一需求，同时推荐可以进行等价交换的备选方案，扩大突破点。等价交换法的使用原则就是对隐性需求的把握，同时吃准需求扩大的可能。

9. 侧面攻击法。

这种方法主要针对有明确意向，但借故拖延的客户。在设计好的前提下，寻找主要购买人之间有相对好感的同盟者作为主要的攻击目标，努力扩大同盟者的好感并利用同盟者辅助解决，同盟者可以帮助你向其他人做工作，这样可以扩大成交机会，这种同盟者应该是以实际购买的同事或有关系者为主。

10. 严词拒绝法。

这种方法是针对抱有一定幻想，并且步步进逼的客户。在前期已经答应其部分要求之后，而其继续提出要求，这时采取的措施是晓之以情，动之以理，对其不正当的要求要严词拒绝，这种拒绝要果断、不留余地，但在拒绝的同时依然要保持优良的服务，彻底断绝客户的想法。这往往发生在与客户已经多次交流，并且真实了解客户的意图及后果的情况下，因此在判断使用这种方法之后，业务员的软弱只会给后期带来更大的麻烦。原因有二：其一，满足客户的不良要求，就是成交之后也可能留下一个问题客户。其二，有时客户往往是在试探业务员的决心，拒绝并不一定会造成客户的流失；拒绝之后要在两三天后加强跟踪，督促客户前来办理相关手续，并且要注意客户的语气，在察觉客户有松动时及时给客户台阶下，以保证客户在不太丢面子的情况下继续成交。

11. "穿靴带帽"法。

这种方法是对客户进行适度的恭维，对于很要面子或面子很薄的客户要注意经常激发其荣誉感，使其处于好强的状态，这种好强不是针对业务员的，而是针对其他客户的。赞扬客户的决策、经济实力、地位等会使客户不好意思过度计较优惠、价格、特权等，往往能比较顺利地成交并使该客户成为帮助者或榜样。

12. 热情感化法。

优良周到的服务是业务员需做到的基本标准，但在操作时每个人的心态和效果并不一样，只有真正做到关心客户，时时记住客户，使客户能产生真实的感动，信任你，把你作为朋友，那么客户也会处处替你想，理解你，替你做宣传，口碑传播带给你的效果将是很好的。

**（八）现场销售的基本动作**

房地产销售现场是主战场，如何将产品尽可能快、尽可能全面地为客户所接受，销售人员的基本动作是关键，首先介绍以下几点注意事项：

1. 接听电话。

（1）接听电话时必须态度和蔼，语言亲切，一般先主动问候"您好，××花园/小区/公寓/别墅"，而后开始交谈。

（2）通常客户在电话中会问及价格、地点、面积、户型、施工进度、按揭贷款等方面的问题，销售人员应该扬长避短，在回答中将产品的卖点巧妙地融入。

（3）在与客户的交谈中，设法取得我们想要的资讯，如客户姓名、联系电话等。

（4）最好的做法是直接约客户来现场看房。

（5）马上将所得到的资讯记录在客户来电来访登记表上。

（6）销售人员上岗前应该先进行系统培训，统一说辞。

（7）广告发布前，应事先了解广告内容，仔细研究和认真应对客户可能涉及的问题。

（8）一般广告当天，来电量会特别多，时间也更珍贵，因此接听电话应以2~3分钟为限，不宜过长。

（9）接听电话时，尽量由被动回答转为主动介绍、主动询问。

（10）约请客户应明确具体时间和地点，并告诉客户，你将专程等候。

（11）应将客户来电信息及时整理归纳，并与现场经理、广告制作人员充分沟通与交流。

2. 迎接客户。

（1）客户进门时每一个看见的销售人员都应主动招呼"欢迎光临"，并提醒其他销售人员注意。

（2）销售人员立即上前，认真接待。

（3）帮助客户收拾雨具，放置衣帽等。

（4）通过随口招呼，区别客户真伪，了解所来自的区域和接受的媒体。

（5）销售人员应仪表端正，态度亲切。

（6）接待的若不是真正的客户，也应提供一份资料并作简洁而又热情的招待。

（7）未有客户时，也应注意整洁和个人仪表，以便随时给客户良好印象。

3. 介绍产品。

（1）交换名片，相互介绍，了解客户个人资讯情况。

（2）按照销售现场已经规划好的销售路线，配合沙盘、灯箱、样板间等销售道具，自然而有重点地介绍产品（着重地段、环境、交通、生活机能、产品机能、主要建材等）。

（3）此时应侧重强调本楼盘的整体优势点。

（4）将自己的热忱与诚恳推销给客户，努力与其建立相互信任的关系。

（5）通过交谈正确把握客户真实需求，并据此迅速制定应对策略。

（6）当客户超过一人时，注意区分其中的决策者，把握他们相互间的关系。

4. 购买洽谈。

（1）倒茶寒暄，引导客户在销售桌前入座。

（2）在客户未主动表示时，应该立刻主动选择一户作试探性介绍。

（3）根据客户所喜欢的单元，在肯定的基础上做更详尽的介绍。

（4）针对客户的疑惑点，进行解释，帮助其逐一克服购买障碍。

（5）适时制造现场气氛，强化其购买欲望。

（6）在客户对产品有一定认可度的基础上设法说服他签认购书。

5. 客户追踪。

（1）依客户等级与之联系，并随时向现场经理口头报告。

（2）对于登记的不同客户，分情况详细记录在案，便于日后分析判断。

6. 收取定金。

视具体情况收取客户保留金或定金，并告诉客户这是对买卖双方的一种约束。

（附）常用礼貌用语：

欢迎光临！您好！请。这边请。对不起。没关系。

请原谅！谢谢。请稍等。让您久等了。很抱歉。请慢走。

您请留步。很高兴认识您！再见。

## 二、房地产专业术语

### （一）房地产

房地产指土地上的房屋等建筑与构筑物，以及固定在土地上和建筑物上不可分离的部分（如树、电力设备、电梯、水暖、空调设备等）。房地产又称不动产或物业。房地产有三种表现形态，即单纯的土地、单纯的建筑物、房地合一。

### （二）房地产市场

房地产市场是房地产流通全部过程的总和，它包括买卖、租赁、抵押、典当、房地产证券交易等，是连接房地产的开发、建设与房地产消费的桥梁。

### （三）房地产法

《城市房地产管理法》是 1994 年 7 月 5 日于八届人大八次会议通过，并于1995 年 1 月 1 日起实施。

### （四）土地使用权出让、转让最高年限

居住用地 70 年；工业用地 50 年；教育、科技、文化、体育事业用地 50年；商业旅游娱乐用地 40 年；综合或其他用地 50 年。

### （五）毛地

毛地主要指城市中需要拆迁而尚未拆迁的土地。

### （六）生地

生地是指可能为房地产开发与经常活动所利用，但尚未开发的农地和荒地。

### （七）房地产分类（主要为两类）

1. 土地可分为未开发土地和已开发土地，城市土地又可分为具备开发建设条件，立即可以开始建设的熟地和必须经过土地的再开发才能用于建设的用地。

2. 建成后的物业。

（1）居住物业包括普通住宅、公寓、别墅等。

（2）商业物业也称经营性物业或收益性物业，包括商场、酒店、写字楼、出租商业楼。

（3）工业用地包括工业产房、工厂仓库、高新技术产业用房。

（4）特殊用途物业包括车站、码头、机场、加油站、赛马场、高尔夫球场等特殊物业经营项目，要经过政府有关部门特殊批准许可。

### （八）一级市场

房地产一级市场是指新建住房的买卖市场，市场主体是住宅开发商、营造商和居民。居民通过一级市场购得住房的产权，使住房的产权首先从法律上得到确认。

### （九）二级市场

二级市场是指住房私有权出售、出租等交易市场。市场的主体是住房产权的所有者和住房消费者。目前亦有房地产三级市场之说，一般指房产出租市场。严格讲，它归于房地产二级市场的概念之内。

### （十）CBD

CBD 即 Central Business District（中央商务区），许多国际大都市都形成了相当规模的 CBD，如纽约的曼哈顿、东京的新宿、香港的中环，现在，北京的 CBD 确定在西起东大桥路，东至西大望路，南至通惠河，北至朝阳北路的区域内。CBD 应具备以下特征：现代城市商务中心，汇聚世界众多知名企业，经济、金融、商业高度集中，众多最好的写字楼、商务酒店和娱乐中心，最完善便利的交通，最快捷的通信与昂贵的地价。

### （十一）市政工程

市政工程指城市基础设施建设，即道路、排水、电力、电信、供热、煤气等管道、厂、站、场等项建设工程。

### （十二）主体建筑、附属建筑物

主体建筑是地块所限定土地用途的主要建筑物。

附属建筑物是指主体建筑以外的非主体建筑。如锅炉房及配套服务设施用房等。

### （十三）总建筑面积

总建筑面积指各层建筑面积的总和。其底层建筑面积按外墙角以上的外围水平面积计算，二层及二层以上的建筑面积按外墙外围水平面积计算。

### （十四）容积率（建筑面积密度）

容积率（建筑面积密度）＝住宅建筑面积/居住用地面积

### （十五）绿地率

绿地率＝小区用地范围内各类绿地面积的总和/小区用地面积公共绿地＋宅旁绿地＋道路绿地＋公共设施辅助绿地（不包括屋顶绿化和垂直绿化）

**（十六）日照间距系数**

日照间距系数＝房屋间距/遮挡房屋檐高

**（十七）房地产市场分类**

1. 按类型分类：土地市场、住宅物业、写字楼物业、商业物业。

2. 按交易顺序分类：一级市场（即土地出让市场）、二级市场（即土地出让后第一次转让）、三级市场（通过转让获得的房地产再转让）、四级市场（即房地产相关之抵押、保险、证券市场）。

**（十八）按高度区分**

低层（1~3）、多层（4~6）、小高层（7~10）、高层（10层以上）。

**（十九）框架结构**

框架结构指梁、板、柱承重，适合 16 层以下建筑。

**（二十）砖混结构**

砖混结构指建筑物中竖向承重结构的墙、柱等采用砖或砌块砌成的结构，柱、梁、楼板等采用的钢筋混凝土结构。

**（二十一）剪力墙结构**

剪力墙结构指现浇钢筋混凝土墙体承重，适合高层建筑。板→墙→基础→地基受力。

**（二十二）抗震的基本概念**

1. 烈度：指某地受某次地震的影响程度的度量。

2. 震级：指一次地震释放能量大小的标准。

3. 抗震设防烈度：北京按 8 级设防。

**（二十三）给水系统**

1. 低区——自来水公司。

2. 高区——高位水箱、变频水泵。

**（二十四）排水系统（工程塑料、PVC 具有消音功能）**

1. 地下室。

2. 上层通过二层外排。

3. 首层自排。

**（二十五）供电系统（强电系统 220 伏）**

1. 双路供电：一路供电、一路备份，保证供电。

2. 多回路供电：指入户后分成多个回路，如照明、插座、空调、卫生间、厨房单独走，以满足各方面用电量的不同。

**（二十六）弱电系统**

弱电系统包括电话、电视（公共天线、有线电视）、网络、卫星电视等综合布线系统。

**（二十七）消防系统**

1. 水系统消防栓、喷淋。

2. 电系统探感器、探测器。

**（二十八）安全系统**

1. 保安：窗磁、门磁、可视系统、远红外线探测等紧急求助系统。

2. 写字楼 5A：指通讯网络自动化（CA）、消防自动化（FA）、保安自动化（SA）、楼宇自动化（BA）、办公自动化（OA）。

**（二十九）建筑面积计算**

1. 商品房销售面积 = 套内建筑面积 + 分摊的公用建筑面积。

2. 套内建筑面积 = 套内使用面积 + 套内墙体面积 + 阳台面积。

3. 套内使用面积 = 套内使用空间面积之和。

4. 套内墙体面积 = 非公共墙体面积 + 50%公用墙体面积。

5. 跃层楼梯面积 = 楼梯投影面积 × 房屋的层数。

不包括在结构面积之内的烟道、烟囱、通风井、管道井均计入使用面积，内墙面的装修厚度计入使用面积。

6. 公摊面积：大堂、公共门厅、走廊、过道、公共厕所、电梯前厅、楼梯间、电梯井、电梯机房、垃圾道、管道井、消防控制室、水泵房、水箱间、冷冻机房、消防通道、变配电室、煤气调压室、卫星电视接收机房、空调机房、电梯工休息室、值班警卫室、物业管理用房及其他小区服务的功能房。

7. 分摊面积 = 总建筑面积 − 不可分摊面积 − 套内建筑面积。

8. 单套销售面积 = 总公摊面积/总套内建筑面积。

**（三十）跃层住宅**

跃层住宅指住宅占有上下两层楼面，卧室、起居室、客厅、卫生间、厨房及其他辅助用房可以分层布置，上下两层之间交通不通过公共楼梯而采用户内独用电梯连接（占两个标准层面）。

特点：

1. 每户都有较大采光面，通风较好。

2. 户内居住面积和辅助面积较大、布局紧凑、功能明确、相互干扰较小。

**（三十一）复式住宅**

受跃层设计启发，由香港建筑师李鸿仁创造设计的一种经济型住宅，每户仍占两层，实际是在较高的一层增建一个 1.2 米的夹层，两层合计层高要大大低于跃层住宅，其下层供起居、炊事、进餐、洗浴等，上层供休息和贮藏用，户内设多处入墙式壁柜和楼梯，中间楼板也是上层的地板。一层厨房高 2.0 米，上层贮藏间为 1.2 米（低于两个标准层面）。

特点：

1. 提高使用率，降低造价。

2. 通风采光性好。

3. 层高过低，如厨房高 2.0 米，长期使用有压抑感等。

4. 隔音防火性差，私密、安全性差。

住宅的进深：即前墙皮到后墙皮之间的长度。

特点：

1. 进深小，光线、通风条件好；进深大，光线不足但节约用地。

2. 房间的进深一般限定在 5.0 米左右。

住宅的开间：即自然的宽度。

特点：

1. 住宅开间一般为 3.0~3.9 米。

2. 开间小，缩短楼板空间跨度，增强结构整体性、稳定性和抗震性。

**（三十二）层高**

层高指下层地板面或楼板面到上层楼梯面之间的距离。

净高：层高减去楼板厚度。

**（三十三）规划建设用地面积**

项目用地规划红线范围内的土地面积，一般包括建设区内的道路面积、绿化面积、建筑物构筑物所占面积、运动场所等。

**（三十四）总建筑面积**

总建筑面积指小区内各建筑物、各层水平面积之和。

**（三十五）使用率与实用率**

使用率 = 使用面积 ÷ 建筑面积

实用率 = 套内建筑面积 ÷ 建筑面积

**（三十六）期房**

期房是指开发商从取得商品房预售许可证开始至取得房地产权证（大产证）这期间的商品房称为期房，消费者在这一阶段购买商品房时应签预售合同。期房在港澳地区称做卖"楼花"，这是当前房地产开发商普遍采用的一种房屋销售方式。购买期房也就是购房者购买尚处于建造之中的房地产项目。

**（三十七）现房**

现房指已办妥房地产权证（大产证）的商品房，消费者在这一阶段购买商品房时应签出售合同。在城市通常意义上的现房是指项目已经竣工可以入住的房屋。

**（三十八）准现房**

准现房指房屋主体已基本封顶完工，小区内的楼宇及设施的大致轮廓已初现，房型、楼间距等重要因素已经一目了然，工程正处在内外墙装修和进行配套施工阶段的房屋。

**（三十九）共同共有房产**

共同共有房产指二个或二个以上的人，对全部共有房产不分份额地享有平等的所有权。

**（四十）平价房**

平价房指以成本加上 3%管理费作为销售价格向大多数中低收入家庭提供的住宅。成本由征地和拆迁补偿费、勘察和前期工程费、建安工程费、住宅小区基础建设费、管理费、贷款利息和税金七项因素构成。

**（四十一）共有房产**

共有房产指两个或两个以上的人对同一项房产共同享有所有权。

**（四十二）尾房**

尾房又称扫尾房。它是房地产业进入散户零售时代的产物，是空置房中的一种。一般情况下，当商品住宅的销售量达到 80%以后，就进入房地产项目的清盘销售阶段，此时所销售的房产，一般称为尾房。开发商经过正常的销售后剩下了少量没有竞争力的房子，这些房子或朝向不好、采光不足，或是楼层不佳、位处两极，其中一层大多不带小花园且遮挡较严重。

**（四十三）烂尾房**

烂尾房指那些由于开发商资金不足、盲目上马，或者错误判断供求形势，开发总量供大于求，导致大面积空置，无法回收前期投资，更无力进行后续建设，甚至全盘停滞的积压楼宇。"烂尾"的情况一般不会发生在房产推出销售的时候，而是随着项目的不断推进，一步步显现。

**（四十四）城市居住区**

城市居住区一般称居住区，泛指不同居住人口规模的居住生活聚居地和特指被城市干道或自然分界线所围合，并与居住人口规模 30000~50000 人相对应，配建有一整套较完善的、能满足该区居民物质与文化生活所需的公共服务设施的居住生活聚居地。

**（四十五）居住小区**

居住小区一般称小区，是被居住区级道路或自然分界线所围合，并与居住人口规模 7000~15000 人相对应，配建有一套能满足该区居民基本的物质与文化生活所需的公共服务设施的居住生活聚居地。

### （四十六）居住组团

居住组团一般称组团，指一般被小区道路分隔，并与居住人口规模 1000~3000 人相对应，配建有居民所需的基本公共服务设施的居住生活聚居地。

### （四十七）配建设施

配建设施是指与住宅规模或与人口规模相对应配套建设的公共服务设施、道路和公共绿地的总称。

### （四十八）公共活动中心

公共活动中心是配套公建相对集中的居住区中心、小区中心和组团中心等。

### （四十九）酒店式服务公寓

酒店式服务公寓的概念始于 1994 年，意为"酒店式的服务，公寓式的管理"，市场定位很高。酒店式服务公寓是目前在北京尚不多见的物业类型，它是集住宅、酒店、会所多功能于一体的，具有"自用"和"投资"两大功效。与传统的酒店相比，酒店式服务公寓在硬件配套设施上毫不逊色，而服务就更胜一筹。所谓酒店式服务公寓是指提供酒店式管理服务的公寓。除了提供传统酒店的各项服务外，更重要的是向住客提供家庭式的居住布局、家居式的服务，真正实现宾至如归的感觉。其最大的特点是比传统的酒店更多了家的味道。由于它吸收了传统酒店与传统公寓的长处，因此备受商务人士的青睐。酒店式服务公寓与传统酒店的本质区别在于，这种楼盘可将每个单元出售给个体买房者，由拥有产权的业主居住或委托酒店物业管理公司统一出租经营，所以从本质上来说，它是拥有私家产权的酒店。

## 三、销售技巧

在销售过程中，业务员与客户在每一个成交过程中都有两种不同的心理状态，这个心理状态将会影响整个交易过程的成功与否。

### （一）业务员与客户

1. 业务员。

（1）渴望成交——成功销售的七项要诀。

A. 积极的态度，强烈的企图心。

B. 讨人喜欢的人格特质。

C. 整洁的外表。

D. 开发和维护客户的技巧。

E. 对物业有充分的认识。

F. 良好的物业介绍与服务技巧。

G. 处理客户异议与完成销售技巧。

（2）害怕被客户拒绝——建立自我价值观。

A. 订立具体的收入与个人目标。

B. 接受挑战，只想成功，不去想如果失败会……

C. 建立相信自己的信念。

D. 正直、诚实的态度。

E. 树立乐观人生观——心存感激，常有满足感。

2. 客户。

（1）渴望购买拥有——恐惧失去。

A. 确认客户需求，仔细耐心聆听客户讲话，客户都会娓娓道出他们的需求与关心的问题——找出关键因素。

B. 评估客户购买关键因素，是否非常想要此物业，是否担心此物业能否买得起。

（2）害怕做错决定——培养客户对我们的依赖感。

A. 建立客户的依赖感，就是多听问题，多听意见，多赞美，多感激，多赞同你的客户。

B. 对比原则，举例一些贵的、失败的物业，再对比所推荐的物业。

C. 社会认同原则，利用已成交客户的口碑及人数影响新客户的购买，推销产品的几大要素：对产品的了解、对市场的了解、对客户的把握、对产品和自己的信心。

D. 推销产品的原则：特征、优点、客户的利益、证据。

说出产品的特征，抓住产品的优点，把优点和客户的利益结合起来并举出例子来证明，即要说什么——怎么去说——说了对客户有什么好处。

**（二）销售电话使用注意事项**

1. 接听电话（销售的开始也是销售员区分客户的开始）。

（1）目的与接听要素。

目的：

A. 介绍公司项目。

B. 了解客户需求。

C. 留下客户姓名和电话。

D. 给客户留下自己的名字和电话。

接听要素：

A. 了解客户需求。

B. 约定来访时间。

C. 做好电话记录。

（与其他销售人员区分客户的开始）

（2）礼貌。

A. 态度诚恳，保持微笑。

B. 问候及自我介绍。

C. 有力的开场白。客户都是有好奇心的，应强调物业的优点，介绍周边环境，介绍客户赚钱、省钱的方法，帮客户解决疑难问题。

D. 提问题，如是否自用、常年居住还是休闲度假、居住人口，等等。

E. 如约定时间，要再复述一次以确认。

F. 激励客户，加强期待心理，如"您一定会满意的"等。

G. 让对方先挂电话。

H. 制造一切可能看房的机会才是最后成交的关键。

（3）留电技巧。

A. 直接式：如果沟通比较好的话可以直接向对方询问。

B. 突击式：在与客户交谈过程中不经意地突然问客户的电话（注意技巧和方式）。

C. 转接式：向客户说明在谈话过程中的这部电话是热线，让客户留电，你用另一部电话打过去。

D. 传真式：让客户留下传真（不要发太多资料），传真发过 3~7 分钟再联系一下。

（4）客户追踪（最好别超过二天）。

A. 以当时接听电话的记录为依据。

B. 目的是让客户来访（最好周四、周五预约客户）。

C. 善于寻找借口进行追踪。例如，告诉客户公司下一步动态，解释上一次遗留的问题，等等。

D. 加深客户对你和你公司的印象。

E. 明确具体看房时间。

（5）客户的接待（目的让客户成交）。

A. 接待准备：销售资料及工具的准备。

B. 接待过程：引起注意—产生兴趣—激发欲望—促进成功。

C. 接待要求：

（a）留下深刻的印象。

（b）做好服务，突出项目优势。

（c）充分利用售楼处的道具。

（d）充分利用销控表并加强同事之间的整体配合。

（6）接听电话时应注意事项。

A. 语言清楚、简洁、准确。

B. 留一些疑问看房时解答。

C. 避免回答折扣问题。

D. 认真对待每一位来访来电。

E. 位置：不能机械地介绍地理位置，应结合项目本身及周边情况。

F. 房屋状况：如是期房应介绍工程进度。

G. 价格：为说出价格做好铺垫。

H. 户型：说清楚几居、面积大小。

I. 证照：如不齐全，介绍已具有哪些证，不齐证件的办理情况。

J. 约访的方法：给客户以足够的理由。

K. 留下客户电话：

（a）以客户来访前通知客户为理由。

（b）先将自己的电话给客户，再反过来问客户电话。

L. 电话记录：详细记录客户的问题，接触程度，以保证连续性。

2. 接待来访。

（1）一定要说清楚位置和行车路线。

（2）约好时间。

A. 确保自己在售楼处能亲自接待。

B. 可营造现场气氛，避免发生客户冲突。

C. 在客户到访之前做好充分的准备。

（3）介绍项目。

A. 从大到小做有条理、有逻辑的介绍。

B. 需以销售资料、销售工具作配合。

（4）带客户看样板间和工地现场。

A. 保证看工地现场的过程中没有意外出现（如脏物、垃圾等）。

B. 确信自己对工地现场有足够的了解。

（5）随时观察客户，及时反馈情况。

（6）做好来访登记。

3. 成交。

（1）房号。

（2）价格。

A. 对于客户提出的理由和要求进行分析。

B. 分析客户的要求是否有道理：

（a）要求合理，开发商可能满足。

（b）要求不合理，开发商不能满足。

（c）要求不合理，开发商不应该满足。

（3）通过专业知识，为客户提出必要的建议。

（4）避实就虚，以退为进。

### （三）销售员需要妥善处理的几项关系

1. 销售员与开发商之间的关系。

（1）代理商不是中介人，应尽力维护开发商的利益。

（2）对开发商不能满足客户的要求应给予理解。

（3）明确客户资源不属于自己而属于开发商。

2. 销售员与客户之间的关系。

（1）销售员的收入属劳动所得，与客户之间是服务与被服务的关系。

（2）对客户以理解和同情。

（3）切忌以教训的口吻对待客户。

3. 销售员与竞争项目之间的关系。

（1）必须全面了解竞争项目。

（2）对自己的项目扬长避短。

（3）处理好与竞争项目销售员的关系。

（4）对自己明显的缺点主动提出来，取得客户的信任。

（5）对竞争对手明显的优点主动提出来，劣势真实地说明，点到为止。客户的主观和客观想法因人而异，必须充分了解客户的想法。

4. 销售员之间的关系。

正当的竞争，合作伙伴的关系。

5. 销售员与公司之间的关系。

公司是销售员发挥和展示自己的平台。

### （四）楼盘价格报价技巧

1. 报价的态度。

态度要坚定，不要让客户感到报价信心不足，怀疑价格有较大的"水分"，从而提出大幅压价的要求。

2. "松口价"。

退让幅度不能太多，否则会给客户造成乱开价的感觉，从而影响进一步洽谈。

3. 讨价还价的技巧。

让步适时适度，让步幅度宜小，并对客户说明是最大限度的让步，防止客户得寸进尺。

**（五）交易促成技巧**

1. 善于捕捉成交信息——讨价还价后继续询问大大小小的问题，客户三番五次频繁看房的表情信号。

2. 创造良好的成交氛围——在安静的签约室商谈最后成交事宜，对客户不能催促过紧，始终保持不急不躁、自信从容的状态。

3. 适当运用成交策略——"最后机会法"，对客户相中的户型所剩已经不多，"打折优惠期即将结束"等促成成交的策略恰当运用，必能事半功倍。

**（六）售后联络技巧**

1. 与客户保持长期的、双向的、维系不变的关系，期望老客户介绍新客户，产生"滚雪球"式的销售效应。

2. 通过电话、信函、上门走访等方式与客户保持联系，便于出现问题后妥善解决。

3. 客户购房后又到售楼处解决问题，应该尽最大热情帮助客户解决问题，让客户从心底感受到我们的真诚服务。

**（七）接触客户技巧**

1. 准备阶段，充分准备业务员资料及发挥想象能力。

2. 最初 30 秒钟即应给客户留下良好印象。

3. 运用 3 分钟搭起与客户的桥梁。

4. 步入主题，利用 1/3 时间问，2/3 时间听，找出关键需求，作出正确判断。

**（八）销售解说技巧**

1. 准备销售资料，充分了解物业详细情况。

2. 销售说明应由远到近、由大到小、由简到繁。

3. 使客户能有充分参与感。

4. 充分利用销售工具，使销售讲解更有说服力。

5. 仔细听，注意客户任何细小动作及反应，及时改变解说方向。

**（九）避免销售障碍要诀**

1. 不可跟客户争吵，要同意或感谢客户意见。

2. 不要只顾谈自己的高论。

3. 不要批评竞争的同业。

4. 不要答应客户做不到的事。

### （十）增进说服技巧

1. 注意行销礼仪：递名片、着职业装。

2. 微笑是最廉价的赠品。

3. 幽默感是最实惠的礼物，同时亦认同客户的幽默感。

4. 科学、系统地介绍产品。

5. 善于运用专业，自己越了解的商品，才能更有技巧地站在客户的立场上，把商品推销出去。

### （十一）培养人际关系

1. 广结善缘：今日只问不买的顾客，是我明日销售的顾客。

2. 顾客来源的开发：随时随地推销自己。

3. 以诚待客。

### （十二）客户分析技巧

1. 使用类型分类。

（1）纯居住型。

（2）投资型。

（3）二次置业。

2. 从年龄段分析。

（1）25~35 岁。

（2）30~45 岁。

（3）40~55 岁。

3. 从看房人员构成分析。

（1）一家两代人。

（2）夫妻俩带一个小孩。

（3）一个已购买客户带一个朋友。

（4）一个未购房客户带一个朋友。

（5）单个年轻人来看房。

（6）不是一家人的群体。

4. 购房客户性格类型。

（1）理智稳健型。

特征：深思熟虑，冷静稳健，不会被销售人员的言辞所影响，对于疑点必详细询问。

对策：加强对产品品质、公司实力的说明，一切说明须合理有据，以获得客户的理性支持。

（2）感情冲动型。

特征：天性激动、易受外界怂恿与刺激，很快能作出决定。

对策：加强产品渲染力，强调产品特征与实惠性，使其快速作出决定，如果此时有其他客户成交则更容易把握，要善于团体配合。

（3）沉默寡言型。

特征：出言谨慎，一问三不知，反应冷漠、外表严肃。

对策：除了介绍产品外，还须以亲切、诚恳的态度拉拢感情，多沟通，来了解其内心需求。

（4）优柔寡断型。

特征：犹豫不决，反复不断，怯于作决定，如本来认为四楼好，一会儿又觉得五楼好，六楼也不错。

对策：销售人员必须态度坚决且自信，以取得客户的依赖，并帮助其下决定。

（5）喋喋不休型。

特征：因为过分小心，以至喋喋不休，凡大小事皆在顾虑之内，有时甚至离题太远。

对策：销售人员首先耐心听其说并取得他的信任，加强他对产品的信心，离题甚远时留意适当时机将其导入正题，从下定金到签约须"快刀斩乱麻"，以免夜长梦多。

（6）斤斤计较型。

特征：心思细密，"大小通吃"，分厘必较。

对策：利用气氛相逼，并强调产品的优惠，促其快速决定，避开其斤斤计较之想。

（7）盛气凌人型。

特征：趾高气扬，以下马威来吓唬销售人员，常拒销售人员于千里之外。

对策：稳定立场，态度不卑不亢，尊敬对方，恭维对方，寻找对方"弱点"。

（8）借故拖延型。

特征：个性迟疑，借词拖延，推三拖四。

对策：追查客户不能做决定的真正原因，免得受其"拖累"。

**（十三）介绍产品**

1. 交换名片，相互介绍，了解客户个人资讯情况。

2. 按照销售现场已经规划好的销售路线，配合沙盘、灯箱、样板间等销售道具，自然而又有重点地介绍产品（着重地段、环境、交通、生活机能、产品机能、主要建材等）。

3. 此时应侧重强调本楼盘的整体优势。

4. 将自己的热忱与诚恳推销给客户，努力与其建立相互信任的关系。

5. 通过交谈正确把握客户的真实需求，并据此迅速制定应对策略。

6. 当客户超过一人时，注意区分其中的决策者，把握他们相互间的关系。

## （十四）购买洽谈

1. 倒茶寒暄，引导客户在销售桌前入座。

2. 在客户未主动表示时，应该立刻主动选择一户作试探性介绍。

3. 根据客户所喜欢的单元，在肯定的基础上，做更详尽的说明。

4. 针对客户的疑惑点，进行相关解释，帮助其逐一克服购买障碍。

5. 适时制造现场气氛，强化其购买欲望。

6. 在客户对产品有一定认可度的基础上设法说服他签认购、交定金。

## （十五）销售洽谈技巧

1. 客户坐的位置应朝向景观视野较好的位置，销售人员须面向柜台，以利销售进行时与柜台交换信息，操作销售速度。

2. 询问客户所需要的饮料种类（温水、冰水、茶等）。

3. 询问客户所需的面积、楼层、坐向、产品类型（标准层、跃层）。

4. 向客户介绍周边的环境、生活便利性，与其他区域的差异等，另介绍特色规划及特色建材等。

5. 将楼书摊开向客户介绍各项资料。

6. 平面图的介绍应从平面的空间去介绍，从生活化的角度出发，如您的餐厅宽敞气派，宴请亲友也不怕坐不下；您的厨房干净明亮，连先生都喜欢陪您下厨等生活化的形容。

7. 摊开价目表，介绍项目的价位、付款方式、按揭成数等，并要了解客户的付款能力以及是否有自主权。

8. 为客户分析本案价位地段的优越性、未来发展性、特色高质建材、品牌建筑、优质管理、会所服务、园林景观等。

9. 不要一直在产品部分谈，客户会觉得枯燥乏味，要适时跳出来，与客户谈谈"天南海北"，待客户防备心（或攻击力）较弱时，再进入本项目主题。切记！勿长时间谈论非主题，要适时再切入主题。

10. 要取得客户的信任，要与客户发生友善的关系，让客户把你当成他最好的朋友，觉得你处处为他设想，因为一切的销售举动，都是因客户信任而达成的。

11. 引导客户发问，以引发其对产品的兴趣，并加深客户对产品的了解；也要懂得亲切地发问，以加深我们对客户的了解。

12. 感同身受——对签约客户表示自己有能力的话也会购买此房。

不卑不亢——对客户有礼、客气，但也无须自贬身价。

暗爽在心——收定金或签约金，外表轻松，别得意忘形。

13. 处理拒绝的方法：

（1）间接法　"您说的很有道理，但……"

（2）理由质询法　"请问先生何以有此疑问？"

（3）比较法　以同类型、区域的产品相互比较，而且以差异性来突出自己的产品。

（4）避重就轻法　就是将自己产品的缺点大化小，小化无，然后多多强调房子的其他优点。

（5）迂回法　暂将谈不妥的问题放在一边，先谈其他事情，等到与客户对抗缓解时再转回主题。

14. 促成方法：

（1）推定承诺法　将客户当做已接受我们的建议来采取行动。

例如：

A. 先生，我看就三楼那一套好了。

B. 定金 10 万元，先生是付现金吧？

（2）二选一法　缩小客户思考范围，将其引入圈子，避免客户思考范围过大，发生其他问题，加速成交时间。

例如：

A. 先生，您喜欢三楼还是四楼？

B. 定金 10 万元，您是付现金还是签支票？

（3）反复陈述优点法　在客户犹豫时，反复说项目优势。

（4）交小订保留法　让客户保留后再考虑。

**（十六）客户追踪**

1. 依客户等级与之联系，并随时向现场经理口头报告。

2. 对于登记的不同客户，分情况详细记录在案，便于日后分析判断。

3. 收取定金：视具体情况收取客户保留金或定金，并告诉客户，这对买卖双方的约束。

**（十七）销控流程**

1. 正常程序。

销售人员：柜台，请问 1023 号房是否可以卖？

柜台：恭喜您，可以卖。

2. 封房程序。

销售人员：柜台，请问 1023 号房卖掉了没有？

柜台：很抱歉，1023号房已经签约了，请介绍1025号房。

注意：当销售人员发现客户三心二意，无法确定哪一个楼层或户型时，要进行封房程序。只要是问"卖掉了没有"，柜台一定回答卖掉！因此销售人员一定要清楚地知道封房的理由，且经柜台确认后，不得质疑柜台的命令。

### （十八）如何进行市场调查

1. 目的。

（1）对市场了解。

（2）对房地产发展动态有连贯的认识。

2. 基本要求。

市调人员将房地产的基本知识、心理学、经济学等知识融会贯通起来。

（1）严谨的态度。

（2）求知欲。

3. 市调的步骤。

（1）明确市调的目的。

A. 明确实现目的的方式。

B. 进行市调设计，收集资料。

C. 对资料进行分析，明确项目类型。

（2）电话联络。

A. 确认资料中的内容是否正确。

B. 进一步了解资料中缺乏的内容。

C. 为去现场做准备。

D. 寻找自己在接电话时的感觉。

（3）实地考察。

A. 售楼处。

（a）售楼处的包装。

（b）销售工具是否完整。

（c）销售人员的素质。

（d）卖场的气氛。

（e）环境布置。

（f）销售人员规避的问题。

（g）进一步补充个案缺乏的内容。

B. 工地现场。

（a）工地。

（b）施工的组织管理。

（c）施工进度。

（d）房屋的真实情况。

C. 样板间。

（a）设计风格。

（b）装修。

（4）电话补充调查。

（5）阶段追踪调查。

（6）汇总所有信息资料，完成个案调查表。

4. 市调的方法。

（1）我是客户法。

（2）访朋问友法。

（3）参观团法。

5. 市调报告的撰写要求。

（1）完成个案调查表。

（2）撰写市调报告。

A. 市调的日期、项目名称、市调人员（个人、集体）。

B. 市调的身份。

C. 项目的包装、策划、产品定位、宣传推广情况。

D. 客户情况。

E. 销售情况。

F. 产品的综合分析、销售趋势、产品、时间、客户定位。

G. 市场前景预测。

（a）销售预测。

（b）目标价格预测。

（c）工程进度预测。

（d）市场总体反映预测。

H. 建议是否跟踪调查，以及重点和方法。

# 附录：本次市调的资料

注：如对竞争项目的调查必须加上周边环境的分析。

## 附：个案调查表内容

（一）项目基本情况

案名、地理位置（描述项目与地标性建筑物之间的关系）、项目类型及用途、联系电话、发展商、投资商（有条件的注明背景并了解项目炒作过程）、代理商（销售代理、策划代理）、设计单位（建筑单位、园林设计）、建筑商、监理公司、物业公司（物业费中注明是否含电梯费）。

（二）社区周边环境

1. 自然地理环境。

2. 市政及交通情况道路现状及规划状况，水、天然气、公交线路通过性是否好。

3. 人事及教育。

4. 商业及金融。

（三）项目总体规划设计情况

占地面积（对规划分期项目特别注明分期开发面积）、建筑面积、建筑形式（注明层数、栋数、层高、是否有电梯）、规划建设的周期、配套设施、车位配比（地上、地下、价格）、内部环境规划、容积率。

（四）户型分析

户型布局、户型种类、对应面积、每层的数量和总量、项目中供应量最大的户型、最畅销或滞销的户型、户型特点及其评价（功能分区、户型配比）、装修标准、硬件设备及设施（供暖方式、水、热水收费等其他特殊情况）。

（五）销售情况

开盘时间、开盘时的价格（起价、均价、最高价）、开盘销售策略、证照、在售面积、目前价格、楼层售价、朝向售价、按揭情况、折扣情况、销售进度（共售出套数、销售率、月销售套数）、价格分析（价格合理性及价格走势）。

## 四、房地产相关知识

1. 土地使用权到期后，土地使用者如需继续使用应提前申请，如非根据社会公益需要须给予批准，并重新交纳土地出让金，土地使用者没有申请续期或申请未被批准的，土地使用权由国家无偿回收。

2. 我国法律规定，城市用地归国家所有，获得土地使用权有两种方式：一种是划拨，另一种是出让。通过划拨取得的土地使用权一般是无偿无期限的，而通过出让取得的土地使用权是有偿有期限的。使用期限具体为居住用地（普通住宅和公寓）土地使用年限 70 年，工业用地 50 年，商业、旅游、娱乐用地 40 年，教育、科技、文体、体育用地 50 年，综合或其他用地 50 年。

使用期到期前，国家不收回，如遇特殊情况根据社会公益的需要按法律规定的标准可以收回，国家给予相应的补偿。

3. 拿到土地使用权后，必须按照土地进行统一划分和开发，当满一年未开发交纳土地出让金 20% 的土地闲置金，满两年未开发国家有权无偿强制回收。

4. 国家机关用地、军事用地、城市基础设施用地、公益用地、重点扶持的能源和交通水利的用地可以划拨土地。

5. 已划拨获得的土地，经国务院批准可以转让，由受让方交纳土地出让金。

6. 从一种划拨形式转变为另一种划拨形式经批准可联合开发，由出让方将相当于土地出让金的收益上交国家。

7. 已交土地出让金，投入资金占预售商品房销售的 25% 以上，具有准确竣工和交付使用日期的商品房具备销售的条件。

8. 改变出让合同中出让土地的用途，必须取得原出让方和市县规划部门同意，并签订变更协议或重新签订出让合同并变更出让合同金额。

9. 没达到预售商品房标准，司法机关、行政机关依法查封并限制其转让，依法收回土地使用权。共有财产未经共有人同意，权属有争议，未依法登记领取权属证书的不能转让。

10. 房屋及其土地一起，土地单独可以抵押，单独的房屋不能抵押。

11. 房地产土地抵押后，其土地上的新增物不属于抵押物。

12. 通常说的"五证二书"为中华人民共和国国有土地使用证、建设用地规划许可证、建设工程规划许可证、建设工程开工证、商品房预售（销售）许可证、产品质量保证书和住宅使用说明书。

13. 根据我国法律规定，不动产的权属以有关部门登记为准，不登记者无此权力，并不能申请与此项权利互补的他项权利。预售登记是指买卖双方已签订预售契约之后（市内应于签约之日起 30 日内，市外 60 日内），持预售契约一式四份，共同到县房屋土地管理局市场管理处办理商品房预售预购登记手续。此项登记根据规定应由买方、发展商授权代表持身份证亲自前往，但在实际工作中通常由买方授权委托他人办理，并向房地产市场管理处提交公证过的《授权委托书》。在进行预售预购登记手续的同时，由房地局代为收缴印花税，即双方各付万分之五。

14. 两人或两人以上联名购房，同一人购房所需证件相同。进行产权登记时应提交各购房人所占份额的协议书。考虑到以后有可能征收的遗产税，许多人会以子女名义签署购房契约，在子女未成年时，应由其法定监护人代为签署，并向房地局市场管理处提交其亲属关系或监护权公证书，必要时应提交代为签订有关权利义务的声明。

15. 房屋所有权指在法律规定的范围内，范围所有人对其范围享有占有、使用、收益和处分的权利。

16. 三通一平即将开发区域以外的道路、给水、排水管、供电线路等引入施工现场，对施工现场的土地进行平整。

17. 七通一平包括道路通、上下水通、雨污排水通、电力通、通信通、煤气通、热力通和平整场地。

18. 市政工程是指城市基础设施建设，即道路、排水、电力、电信、供热、煤气等管道、厂、站、场等项建设工程。

19. 现房是经过竣工验收且达到交付标准的楼房。

20. 办理个人住房贷款须提供以下证件。

（1）夫妻双方户口本（包括地址栏、户主栏、申请栏）。

（2）夫妻双方身份证、结婚证。

（3）在贷款银行开立的活期存折（与贷款人身份证复印在同一张纸上）。

（4）售房合同书。

（5）首付款发票。

（6）夫妻双方所在公司出据的收入证明。

（7）购房合同及首付房款的发票。

（8）申请人名下的机动车行驶证、房产证、存款凭证、债券凭证、股票现值证明等（可部分提供）。

21. 购房贷款

（1）纯公积金贷款。

A. 有担保，无须交财险和寿险（房屋综合险）。

B. 无担保。

（a）险（主险＋附加险）×贷款数

办理抵押登记后按所剩年数退回，如五年内仍未办理下来的续交五年寿险，寿险额以当时利率确定。

（b）财险 = 贷款额×年费率×换算现值系数

（2）组合贷款。

A. 有担保。

（a）财险＝房屋总价×保险费率×换算现值系数

（b）律师费＝贷款额×2‰

B. 无担保。

（a）财险＝房屋总价×保险费率×换算现值系数

（b）律师费＝贷款额×3‰（部分银行已免交）

（c）房屋综合险＝公积金贷款×（主险＋附加险）

22. 房产证办理流程及相关事项

（1）需提供的资料。

A. 房屋购销合同原件及补充合同原件。

B. 商品房销售统一发票原件。

C. 房屋的外业测绘调查表及分层分户平面图原件。

若房屋测绘报告为旧格式的，则还需出具竣工验收单及填写房地产登记申请书。新格式的只需提供房屋的外业测绘调查表及分层分户平面图原件即可。

D. 完税凭证（契税缴款书）。

E. 其他证件：

（a）购房人已婚的：①双方身份证复印件（原则上需校验原件）。②婚姻证明复印件（带原件校验）。③双方任何一方不能到场办理，则需提供私章，若委托第三方代办则需同时提供夫妻双方私章。

（b）购房人单身（必须本人到场，不可代办）的：①身份证复印件（带原件校验）。②户口簿或户籍证明复印件（带原件校验）。③单身声明具结书（购房者在本地则到民政局办理。购房者在异地则到公证处办理。购房者在国外则到大使馆办理）。

（c）购房人为单位的：营业执照（或组织机构代码证）复印件（校验原件），无法提交原件校验，则需提交工商部门出具的彩印副本。

（2）产权登记费。

居民住宅每套80元，如有共有权证增收工本费10元/本。

其他房产建筑面积500（含500）平方米以下的每宗200元，500~1000平方米的为300元，1000~2000平方米的为500元，2000~5000平方米的为800元，5000平方米以上的为1000元；如有共有权证增收工本费10元/本。

（3）契税税率及缴款书的办理。

契税缴款书的办理：

A. 提供户主身份证复印件。

B. 提供销售发票复印件（带原件校验）。

C. 提供销售合同及最终补充合同复印件（带原件校验）。

D. 若开发公司代为办理，则派遣员工时应出具公司盖章的证明书。

契税税率：

A. 普通住宅 144 平方米以下的为 1.5%，144 平方米以上的为 3%。

B. 非普通住宅（高档住宅如别墅等）为 3%。

（4）注意事项。

保证合同、发票、测绘报告等各个凭证资料的内容一致性，认真核对，确保措辞、各项数据、日期等一致无误。

# 第二节　商业地产知识培训

## 一、商业地产

商业地产的属性就其本身来讲有广义和狭义之说。

狭义的商业地产就是我们平常说的商业的交易场所。

广义的应该包括商场、酒店、写字楼、商务公寓等，一切可以用来销售和经营这些物业综合体的运营形式，都叫商业地产。

商业地产是包括购物中心、商业街、SHOPPING MALL、主题商场、专业市场、批发市场、折扣店、工厂直销店、娱乐类商业房地产、住宅和写字楼的底层商铺等以及与住宅类有很大区别的房地产产品。

## 二、商业地产与住宅房地产的区别

| 住宅房地产 | 商业地产 |
|---|---|
| 发展商大多数采取开发销售的模式，其资金回收模式相对简单 | 商业地产项目是只租不售或只销售部分的面积，企业长期持有 |
| 大多数的住宅类产品的购买者在购买住宅类产品时，主要是买来自住的 | 大多数购买者购买商业地产类产品是作为一种稳定型、投资回报率较高的投资工具，买来作为投资用的 |
| 发展商只要将房子卖出去，将社区的物业管理做好，就基本算是大功告成 | 发展商考虑的不仅仅是如何将商铺卖出去，而且还要将后期的经营、推广作为头等大事来对待 |

## 三、商业地产的三个层次

资本运营。
市场开发。
运营管理。

## 四、贯穿商业地产全过程的三种行为

开发行为。
投资行为。
经营行为。

## 五、商业地产的四大元素

开发商。
投资客。
商户。
消费者。

## 六、商业地产的市场发展条件

欧美参考的主要判断元素为人均 GDP、城市家庭汽车拥有量和公共交通条件。

在国外人均 GDP 到达 3000~4000 美元，家庭汽车拥有率为 15%~20% 的，商业地产的发展（以 SHOPPING MALL 为例）才算进入发展阶段；人均 GDP10000 美元，家庭汽车拥有率 60% 时，才是成熟发展阶段。

亚洲及国内（含香港、新加坡等）主要判断元素为人均 GDP、城市家庭汽车拥有量、公共交通条件、人口密度、消费总量等。

商业地产主要分为两类：一是都市型商业地产，其发展条件为城市人均 GDP 水平达到 2500 美元；二是郊区型商业地产，其发展条件为城市人均 GDP 水平达到 3000 美元、公路发展极为充分、城市家庭汽车拥有率达 10%~15%。

## 七、商业地产的发展特点及趋势

高品质商业地产。

分割商铺领风骚。

第三方经营管理发展趋向显著。

国际资本加紧抢滩。

## 八、商业地产的产品类型

**（一）按照开发模式划分**

购物中心。

市场型商铺。

社区型商铺。

底商型商铺。

写字楼商铺。

交通设施商铺。

**（二）按投资价值划分**

都市型。

社区型。

便利型。

专业型。

其他商铺。

**（三）按业态划分**

综合型。

特色型。

零散型。

## 九、专业型商铺

专业街市商铺是指经营某类特定商品的商业街或专业市场里面的商铺。该类商铺的价值和商业街或专业市场所经营的产品关系密切。

如北京中关村海龙电子市场属于专业经营电脑整机、电脑配件、数码产品、存储设备、网络设备、电脑耗材、软件等的专业市场，经过长期成功经营，目前海龙电子市场每平米商铺的价值达 8 万元人民币，其投资价值可见一斑。

## 十、产权式商铺

产权商铺的渊源：产权式商铺的投资源于 20 世纪 70 年代，率先在欧、美等发达国家和地区兴起，90 年代进入中国，首先在改革开放的窗口——深圳获得成功，据统计，深圳在 2001 年推出的商铺中，产权式商铺占了近 60% 的份额。产权式目前已成为国外和沿海地区普遍的一种地产投资方式。

什么是产权式商铺？产权式商铺就是所有权与经营权分离，将铺位分割成小面积的单位出售，业主和投资者可以根据自身的实力投入资金，获得相应的产权与收益权，商铺的经营则委托专业经营公司统一经营，统一管理，经营公司再整合各大品牌商业，保证经营的成功。产权式商铺具有以下特性：

突破传统模式，刷新投资理念。

走规模化、专业化、品牌化的道路。

让所有人都买得起商铺。

产权式商铺的成功秘诀：

**（一）走规模化经营的道路**

产权式商铺成功的第一条秘诀是统一管理、整体经营。事实证明，缺乏统一管理、统一经营的由各个小业主分散经营的商铺已经不适合现代商业的市场环境，规模化整体统一经营是唯一的选择。

**（二）走品牌化、专业化经营的道路**

产权式商铺成功的第二个秘诀是整合品牌商家。如深圳的几个产权式商铺，引进沃尔玛、新一佳、百佳等国际国内著名的品牌商业，与已经成功的品牌合作以保证经营的成功。这些大商家的战略性的行为保证了投资者的利益。

产权式商铺目标：让每一个人都买得起商铺。

产权式商城轻松投资的操作模式，主要体现在以下几个方面：

把大面积的商场分割成小的独立的产权单位，从而降低了总价。

为了保障投资者的利益，显示经营者的信心和实力，在产权式商铺的操作惯例中，经营者一般都会给投资者一次性预付不等的租金，从根本上减轻了投资者首期款的负担。

每个产权式铺位均有长期租约，让投资者享有更多更实惠的权利；独立产权经营模式，低门槛，高收益，让投资者全面受益；以租供养，轻松买铺；全力为投资者打造一个财富增值的投资方向和投资载体。隆发购物广场就对大荔县传统商铺投资模式进行一次超越性革命！

## 十一、购物中心——SHOPPING MALL

### （一）SHOPPING MALL 的传播、形成和演变

"SHOPPING MALL"是目前国际上最流行的复合商业业态，直译为"步行购物广场"。

18 世纪和 19 世纪，欧洲城市拱廊建筑和商业廊建筑十分流行，它们由众多商店围绕拱廊布置，这种商业组合模式被认为是 SHOPPING MALL 的原型。

20 世纪上半叶，SHOPPING MALL 在英国和美国的发展取得了初步成功。40、50 年代，由于已经具备大规模的投资开发和商业组织管理能力，大型 SHOPPING MALL 开始崭露头角。一方面，SHOPPING MALL 成功地给土地开发带来了利润，刺激土地开发商和投资者大量投资；另一方面，城市发展为 SHOPPING MALL 的开发提供了机会，新旧开发商纷纷参与开发，SHOPPING MALL 蓬勃兴起。这一时期无论在英国还是美国，SHOPPING MALL 的零售额增长率比总体增长率高得多，这说明 SHOPPING MALL 已经被开发商、零售商和购物者共同接受。

50 年代，美国城市大规模郊区化给郊区的 SHOPPING MALL 带来了机遇，它不仅受到了开发商和零售商的欢迎，也受到了拥有私人汽车的购物者的普遍欢迎。因此，它在美国各地的建设速度是以往任何一个阶段所望尘莫及的。与此同时，在欧洲国家，城市重建、更新和新城建设都为 SHOPPING MALL 提供了发展和传播机会。荷兰鹿特丹的林巴恩、英国的考文垂、瑞典首都斯德哥尔摩的卫星城维林比等地，相继有大型 SHOPPING MALL 建成，特别是来自美国的影响大大刺激了其在欧洲的发展。

到 60 年代为止，在北美、西欧和澳洲等地的工业化国家，SHOPPING MALL 的概念已经得到广泛接受。70 年代，SHOPPING MALL 开始在东欧、亚洲、非洲和拉丁美洲等发展中国家传播。

需要指出的是，70 年代中期的石油危机使郊区 SHOPPING MALL 的发展受挫，也促成了人们对于购物中心的思考和再认识。传统的基于美国郊区特定用地和环境状况的郊区 SHOPPING MALL，随着发展转向城市市区而发生了相应的变化，对市区特定的环境和文脉的关注，赋予了 SHOPPING MALL 新的内容和含义。

80 年代，由于全球经济互相渗透，经济互补和一体化，SHOPPING MALL 几乎已经渗透到各个国家，遍及全世界。无论是发达国家还是发展中国家，

SHOPPING MALL 已经被人们普遍接受，并成为现代城市的重要组成部分和多元化的社会、经济和文化背景中的城市景观。

纵观 SHOPPING MALL 概念的发展和传播过程，100 年前简单的商业柱廊与今天形式各样、异彩纷呈的购物中心，无论是建筑形式、建筑功能和商业模式、消费行为等都今非昔比。SHOPPING MALL 建筑已经不再是商业拱廊，也不是早期意义上的美国式的郊区购物中心，它的建筑形式越来越反映日趋复杂的城市形象，成为城市景观中非常醒目的主角。与初期被动的市场观念相比，先进的管理方法积极地、正面地促进了消费活动，其布局、规模和商店类型与组成已经置于 SHOPPING MALL 的有效控制之下，使承租户的利润最大化。

**（二）SHOPPING MALL 在现代社会生活中承担的作用**

SHOPPING MALL 的出现是 20 世纪零售商业建筑发展的一个巨大进步，它给人类社会的生活带来了巨大的变化，在现代社会生活中的地位也越来越重要。

SHOPPING MALL 适应了现代社会高效率、快节奏的需要。随着消费水平的提高，人们对商品的需求与日俱增，在同一屋顶下购买所有需要的商品的愿望也越来越强烈，SHOPPING MALL 满足了人们一次购足的要求。与此同时，购物方式也经历了一场革命，从古老的集市发展到现代的百货商店和超级市场，从面对面的柜台服务发展到自选服务和自助服务，这些都在 SHOPPING MALL 中得到体现。

SHOPPING MALL 满足了购物与休闲活动相结合的要求。在现代社会里，人们的闲暇时间增加，购物活动已不仅仅是为了满足基本生活需要，还包括娱乐和休闲成分，是一种社会活动。从购物者的角度来看，购物既是家务，也是娱乐、放松或刺激。正因为如此，除了种类多样的商店之外，SHOPPING MALL 还提供高标准的娱乐场所，诸如餐馆、体育健身中心、电影院、艺术展览等来满足多种消费需求。

SHOPPING MALL 满足了人们社会交往的需要，它通过开放的公共空间为社会活动提供必要的交往场所。在汽车把人排挤出原本属于人的城市公共活动空间时，SHOPPING MALL 试图再现了传统的公共活动空间，寻找汽车时代来临之后就已经失去的城市广场。

**（三）SHOPPING MALL 的四大特征**

1. 开放性的公共休闲场所，强烈吸引人气。

2. 开放性的对外交通设计，可广纳周边人流。

3. 相对闭合的内部通道回路，可充分利用有效人流。

4. 休闲与购物良性互动，形成惊人的商业效应。

### （四）适应中国国情的 SHOPPING MALL 的特点

适应中国国情的 SHOPPING MALL 首要的是面积——足够大的面积，提供比现在所有的大型百货更宽敞的、更明亮的、更舒适的经营环境和消费氛围。但 SHOPPING MALL 又不仅是面积，那是一片沃土，所有现在流行的商业模式都能在这里找到自己的位置，不论是超市、百货、专卖店还是其他任何业态，而且它们都在从 SHOPPING MALL 的身上吸收着成长的营养。

从表面上说，SHOPPING MALL 要有开放性的公共休闲广场如共享空间以长时间吸引住消费者；有开放性和闭合性良好的交通回路如室内步行街主通道达到 6 米、辅通道 4 米以上；要兼具购物、休闲、娱乐三大功能如百货、超市、休闲场所全部具备以满足"一站购齐"消费需要。

从理念上说，SHOPPING MALL 不仅是对各种商业业态和商品的集合，而是通过对它们的整合，使其在同一空间里在发挥各自功能的同时，又能相互补充，实现资源共享。

也就是说，SHOPPING MALL 因为满足了购物、休闲、娱乐等一体化的需求，所以它拥有最明显的优势：一是短时间内可以聚集大量的消费者，而对于商铺经营者来说，人气就是商机；二是可以使进入商业广场的消费者长时间地停留在商业广场内，无形之中就会增加消费需求。而这两点对于商铺经营者来说，是最重要的。

### （五）SHOPPING MALL 与传统百货商店、超市等的根本区别

是否采用集中管理和分散经营的管理方式。

SHOPPING MALL 的管理者对其实行集中管理，其日常运行、保安、保洁、维修和促销活动等都是有组织地进行。对公共空间实行统一管理，供所有的零售商和购物者共享。经营者不参与管理，定期向所有者交纳租金，向管理者交纳管理金。所有者和管理者不参与经营，租金收入和经营状况并无直接关系。

百货商店和超市的管理者就是经营者，一家商店，由一个业主集中经营，而非多个业主独立经营。商业街虽然有多家商店集合在一起，但过分松散，缺乏统一的管理。而集贸市场的经营者不需要经过严格规划和挑选。

相比之下，SHOPPING MALL 的管理模式最为有效，既能让承租户之间相互促进，又能防止不良竞争，并获得共同利益。可见，购物中心是一群商店的聚集，而且这种聚集是建立在统一管理的基础之上。它和一组商店松散的聚集所形成商业集中区的含义完全不同。

## 十二、何谓"订单地产"

"订单地产"是万达商业公司在进行商业房地产运作过程中采用的一种先进的经营模式，是万达能不断创造商业地产神话最重要的动力。

万达与多数世界500强企业建立了广泛而深入的战略合作关系。万达投资建设经营的每一个连锁商业广场在项目确定前，都与合作伙伴共同进行市场调研，以不同的身份，从地产和商业经营两个不同角度来进行科学、严密的分析和论证，在得出一致结论后，由万达进行地产开发，并与合作伙伴签订框架性协议。

正因为如此，万达开发的商业地产项目才可以既最大限度地满足经营商的经营发展需求，又保证开发商的销售通道顺畅。而且，在大规模城市新区的开发建设中，营建购物中心可以说是形成一种生产力，可以快速有效地带动该地区发展成居住、办公、购物、休闲、娱乐功能齐全的成熟地区，促使相关地域、物业开发的急剧升值和高额盈利。

因此，万达以"订单地产"的方式营建购物中心，实为政府、居民、商家、企业"四赢"的成功模式。

## 十三、零售

零售是指一种交易形式，可定义为将商品或劳务直接出售给最终消费者的销售活动，也是向消费者提供销售商品的一种商业活动环境，使消费者从零售商店里获得消费品及其与消费品有关的无形服务的满足，它直接关系到居民的生活质量和生活方式，是社会资源分配的一个重要阶段——也是最后阶段。

## 十四、零售战略

零售战略是指零售商打算如何集中其资源来达成其目标，确定其主要服务于哪些顾客和将提供什么样的商品和服务，并建立和保持竞争优势的系统性谋划。具体上它包括企业使命目标，竞争对手分析，顾客的细分、定位，商店的选址，服务策略，与供货商的关系，信息管理和分销系统，低成本经营，以及零售活动组合等等。

## 十五、商圈

商圈是指零售店以其所在地点为中心，沿着一定的方向和距离扩展，吸引顾客的辐射范围，简单地说，也就是来店顾客所居住的地理范围。

## 十六、全过程商品管理

全过程商品管理是指一个零售商从分析顾客的需求入手，对商品组合、定价方法、促销活动，以及资金使用、库存商品和其他经营性指标做出全面的分析和计划，通过高效的运营系统，保证在最佳的时间、将最合适的数量、按正确的价格向顾客提供商品，同时达到既定的经济效益指标。

## 十七、市场化经营　商场化管理

市场化经营　商场化管理是指"整体规划、招租经营、统一管理、自收自付"，各柜相对自主经营，并以规范化的商场管理形成专业特色的经营管理模式。

## 十八、精细化管理

精细化管理是指以"精确、细致、深入、规范"为特点的全面化的管理模式。全面化是指将精细化管理的思想和作风贯彻到整个企业的所有管理活动中。精细化管理包括：精细化的操作、精细化的控制、精细化的核算、精细化的分析、精细化的规划。

## 十九、购物中心交通规划

购物中心交通规划分为两部分：一部分是周围道路把交通引入购物中心；另一部分是购物中心自身用地范围内的交通组织和规划，以及建筑内部的人流组织。

## 二十、购物中心的步行人流

购物中心的步行人流分为两种：一种是从停车场到购物中心的运动；另一种是从购物中心到购物中心的运动。

## 二十一、购物中心的汽车交通

车流包括购物车流、货运车流和公共交通车流。交通组织的原则是分流，让购物交通和后勤货运交通各行其道。

## 二十二、一次商装

一次商装是指商场为其所经营的各种业态提供基本物业基础、条件及硬件环境，主要涉及天、地、柱、墙、水、电气、空调、消防、安防、广播设备、通道、照明、促销设施等方面。

## 二十三、二次商装

二次商装是指以一次商装为基础，为展示品牌和商品形象，按照商场要求的标准，进行的二次装饰装修，主要涉及壁柜、柜台、货架、陈列、形象、灯光、色彩等方面。

## 二十四、水平交通

水平交通是指同一水平面或楼层内的通道。

## 二十五、垂直交通

垂直交通是指不同标高空间或楼层的垂直联系，如楼梯、电梯和自动扶梯。

## 二十六、划分防火分区

划分防火分区是指在建筑中用耐火性能较好的分隔物将建筑物空间分隔成

若干区域的防火技术措施。

## 二十七、划分防烟分区

划分防烟分区是指通过设置挡烟设施将烟气控制在一定范围内，以便用排烟设施将其排出，保证人员安全疏散，消防扑救工作的顺利进行。

## 二十八、购物空间

购物空间是指在整个空间中，由货柜和货架作为空间限定的元素划分出的直接进入销售活动的现场。

## 二十九、交通空间

交通空间包括商场内的通道、楼梯、自动扶梯及电梯，其位置、数量、布置及宽度等既能使急需型顾客迅速到达购物场所，又能使顾客轻松完成浏览观赏的行为。

## 三十、商品展示空间

商品展示空间是指从常规的柜架到地台、墙面及空中挂件，展示的商品从只能观赏到可触摸、可试听、可试用，创造出视觉焦点。

## 三十一、服务空间

服务空间是指商品销售的辅助空间，如试衣间、听音室、问讯处、寄存处等。

## 三十二、休闲空间

休闲空间是指为顾客提供餐饮、休息、娱乐、文化等场所，点缀以绿化小区，既满足了顾客的需求，也促进了消费。

## 三十三、柜台

柜台是指供营业员展示、计量、包装出售商品及顾客参观挑选商品所用的设备，柜台或全部用于展示商品，或上部展示商品，下部用于储藏。

## 三十四、货架

货架是指营业员工作现场中分类分区地陈列商品并少量储存商品的设施。

## 三十五、租赁商铺

租赁商铺是指产权人将一定时间内的商铺使用权与承租人交易，取得或分时段取得现金收益；对承租人而言，承租人用现金或分时段的租金付出取得一定时间内的商铺使用权利。

## 三十六、转租商铺

转租商铺是指商铺最终使用人并非与商铺权利人直接建立租赁关系，而是通过转租人取得使用商铺的权利，商铺最终使用人与转租人发生权利、义务关系。

## 三十七、关系营销

关系营销是指企业与消费者、分销商、零售商和供应商建立一种长期、信任、互惠的关系，而为了要做到这一点，企业必须向这些个人和组织承诺和提供优质的产品、良好的服务以及适当的价格，从而与这些个人和组织建立和保持一种长期的经济、技术和社会的关系纽带。

## 三十八、渗透营销

渗透营销是一种与顾客之间的沟通，这种沟通就是走进顾客的世界，从他们的角度出发的一种互动的交流，使自己和顾客的目标逐渐一致，达到统一。

## 三十九、诚信营销

在市场营销活动中，企业和消费者始终坚持信息对称原则，企业应诚实经营，保证营销活动的公开、公平与公正，以维护和增进全社会和人民的长远利益，以求得企业的长期发展。

## 四十、营销创新

营销创新是指根据营销环境的变化情况，并结合企业自身的资源条件和经营实力，寻求营销要素某一方面或某一系列的突破或变革的过程。

## 四十一、项目运营组

项目运营组是指根据项目运作需要，合理配备由经营、管理、营销、物业等各方面专家人员组成的专门负责项目，进驻项目现场，负责项目各周期的具体工作的运营团队。

## 四十二、专家顾问团

专家顾问团是指根据项目运作需要，组成经营、管理、营销、物业等各方面的顾问专家团队，从外围对项目组进行指导、监督，以保证项目正常、顺利、良好地运营。

## 四十三、店面

店面是指商店建筑物本身的整体物质面貌，包括商店招牌、入口处、橱窗、商店规模及高度、建筑材料等内容，是商家通过门面向消费者呈现的最基本的形象。

## 四十四、系列广告策略

系列广告策略是指在预定的时间里连续发布统一设计形式或内容的系列广告，以加深广告印象、增强广告效果。

### 四十五、商铺

商铺是指经营者为顾客提供商品交易、服务或感受体验的场所。

### 四十六、商业街商铺

商业街商铺是指以平面形式按照街的形式布置的单层或多层商业房地产形式，其沿街两侧的铺面及商业楼里面的铺位都属于商业街商铺。

### 四十七、市场类商铺

市场类商铺在这里特指各种用于某类或综合商品批发、零售、经营的商业楼宇中的店铺位。

### 四十八、社区商铺

社区商铺是指位于住宅社区内的商用铺位，其经营对象主要是住宅社区的居民。

### 四十九、住宅底层商铺

住宅底层商铺是指位于住宅建筑底层（可能包括地下一、二层及地上一、二层，或其中部分楼层）的商用铺位。

### 五十、百货商场、购物中心商铺

百货商场、购物中心商铺是指百货商场、各种类型购物中心里面的铺位。

### 五十一、商务楼、写字楼商铺

商务楼、写字楼商铺是指诸如酒店、商住公寓、俱乐部、会所、展览中心、写字楼里面用于商业用途的商业空间。

## 五十二、交通设施商铺

交通设施商铺是指诸如地铁站、火车站、飞机场等交通设施里面及周围的商铺，以及道路两侧各类中小型商铺。

## 五十三、商铺投资

商铺投资是指进行商铺购买、租赁的行为。

## 五十四、商铺投资回收周期

商铺投资回收周期是指商铺投资者以一次资本投入，然后在长期租赁经营中回收投资的时间跨度。

## 五十五、转租

转租是指投资者从商铺租户手上租商铺的投资方式，目的不是为了自己经营，而是为了出租的投资方式。

## 五十六、物流中心

物流中心是指公司优化分销渠道、完善分销网络、进行业务重组的结果，同时也是第三方物流理论得到应用的产物。

## 五十七、SP

Sales Promotion，中文翻译即销售促进或营业推广、销售推广。它是指在给定的时间和预算内，在某一目标市场中所采用的能够迅速产生激励作用，刺激需求，达成交易目的的促销手段和措施。

## 五十八、价格折扣策略

挑战者的一个主要进攻策略是以较低的价格向顾客提供与市场领导者相类

似的产品。

## 五十九、廉价产品策略

廉价产品策略是指用很低的价格向顾客提供质量普通或质量不高的产品和服务。

## 六十、声望策略

声望策略是指市场挑战者可以开发出比市场领导者品质更优的产品，并且标定更高的价格。

## 六十一、产品繁衍策略

产品繁衍策略是指挑战者可以通过推出大量不同式样的产品，向顾客提供更多的选择来追逐领导者。

## 六十二、集客

集客是指为商业经营的目的而针对消费者生活需求，充分利用商业设施，最大限度地吸引消费者，使他们有计划地在此消费金钱及时间。

## 六十三、市场定位

市场定位是指为使产品在消费者心目中相对于竞争产品而言占据清晰、特别和理想的位置而进行的安排。

## 六十四、营销组合

营销组合是指企业为了在目标市场制造它想要的反应而混合采用的一组可控制的战术营销手段。

## 六十五、市场营销实施

市场营销实施是指为实现战略营销目标而把营销计划转变为营销行动的过程。

## 六十六、市场营销控制

市场营销控制包括估计市场营销战略和计划的成果，并采取正确的行动以保证目标的实现。

## 六十七、差异化营销

差异化营销是指企业根据市场细分原则，通过差异分析方法对总体市场环境和个体市场环境的分析和比较，找出对自己企业最有利的差别利益。

## 六十八、形象差异化

形象差异化即企业实施通常所说的品牌战略和 CI 战略而产生的差异。

## 六十九、市场差异化

市场差异化是指由产品的销售条件、销售环境等具体的市场操作因素而生成的差异。大体包括销售价格差异、分销差异、售后服务差异。

## 七十、市场细分

市场细分是指根据消费者对产品不同的欲望与需求，不同的购买行为与购买习惯，把整体市场分割成不同的或相同的小市场群，分为"异质市场"和"同质市场"。

## 七十一、同质市场

同质市场是指消费者对产品的需求大致相同，如消费者对大米、食盐等的需求差异性极小。

### 七十二、异质市场

异质市场是指消费者对产品的需求差异很大，如不同的消费者对服装的质量、款式、花色品种、价格等需求差异性很大。

### 七十三、产品定位

产品定位是针对产品属性而言，是营销者在目标市场上为本企业产品确定一个恰当的位置，用以标识自己的产品，以示区别于竞争者的产品。

### 七十四、价格定位

价格定位是指营销者把产品、服务的价格定在一个什么样的水平上，这个水平是与竞争者相比较而言的。

### 七十五、品牌定位

品牌定位是指以产品定位为基础的品牌诉求方式。

### 七十六、促销定位

促销定位有两层含义：一层含义是促销方式的选择定位，即人员推销、营业推广、广告、公共关系等方式的选择及其组合；另一层含义是在选择了特定的促销方式后，又怎样确定实现这个方式的具体手段或媒体。

### 七十七、营销战略定位

营销战略定位是指通过规划，制定企业发展的宗旨、目标，使企业的资源和能力与不断变化着的营销环境相适应的过程，这种定位表现为制订一个企业营销的长期性、全局性、方向性的动态发展规划。

## 七十八、区别营销

区别营销是指公司根据不同顾客、品牌特点，利用差异化策略，抓住一部分消费者，与他们建立更多的信赖和忠诚，销售一小部分高利润的产品。

## 七十九、定制营销

定制营销是指根据顾客的个性特点和差别化需求，为顾客"量体裁衣"，提供差别化需求商品和服务需求。

## 八十、一对一营销

一对一营销是指针对不同顾客的性质及购买经验，"一对一"地提供个人化商品和服务。

## 八十一、撇脂定价法则

撇脂定价法则是指将新产品价格定得较高，尽可能在产品寿命周期之初赚回最大利润。

## 八十二、牺牲商法

牺牲商法是指通过部分商品的低价赔本销售来扩大企业的知名度，留给消费者深刻的企业形象和商业信誉，从而达到招徕顾客、留住回头客，实现整体经营利润最大化的营销手法。

## 八十三、无缝营销

无缝营销是指为了提高整条营销渠道的服务质量，从而为消费者创造更有价值的服务。营销渠道中的各成员组织打破原有的组织边界，在多层面的基础上相互协作，就如同在一个企业的团队中一样工作的营销方法。

### 八十四、越轨营销

越轨营销是指在不违规的情况下通过假装无知、制造危机、无事生非、小题大做、故弄玄虚、异想天开等行为，制造轰动性社会效应，用最小的投入，为企业和产品赢得扬名的机会。

### 八十五、直效营销

直效营销是指营销者不受传统营销通路的限制，通过媒体直接与顾客沟通，进而产生互动式的反应或交易。

### 八十六、实时营销

实时营销是指企业在经营过程中，把消费者当做伙伴，利用现代发达的信息技术，经常性地与消费者进行对话，直接了解消费者的需求意图，让消费者积极参与到商业企业经营、管理、服务等活动中来，从而缩短消费者与商业企业间的距离，取得营销的成功。

### 八十七、商业空间规划设计

商业空间规划设计是指提供商业物业规划，业态定位规划，垂直功能布局规划，平面功能布局规划，人流、车流、货流动线规划，商业配套设施规划，商业店铺切割，商业物业的水、暖、电气、消防及设备的规划建议，一次装修规划建议，二次装修设计等规划服务。

### 八十八、商业企业经营管理

商业企业经营管理是指提供购物中心模式、百货模式、连锁模式、商业地产、商铺联合体、家居建材商场等商业项目全程管理或顾问服务。

### 八十九、商业终端客户关系管理

商业终端客户关系管理是指提供业务流程、管理规范、服务内容及形式、人员培训、应对策略、信息系统、技术支持等体系化的整体运作。

## 九十、商业地产销售代理

商业地产销售代理是指代理各种大中型商铺式商业地产的销售，运用专业化商业地产营销手段结合当地市场环境及商铺物业情况进行分阶段、系列化楼盘销售、策划和推广；并可提供商业空间设计、商铺切割、动线规划、平面布局、品牌招商、业户招租、卖场管理等全方位服务。

## 九十一、品牌管理及品牌代理

品牌管理及品牌代理是指专业提供品牌推广计划，提供品牌形象设计、提升品牌形象，国内外知名品牌的销售管理或代理。

## 九十二、商业企业培训服务

商业企业培训服务是指专业提供商业人才培训，建立特色培训体系、考核体系；提供商业专题培训、商业服务培训等。

## 九十三、商业连锁规划设计

商业连锁规划设计是指研究各类业态商业连锁发展趋势，结合国内实际情况，建立各类连锁标准化设计和规范运作体系。

## 九十四、商业信息技术开发

商业信息技术开发是指提供购物中心、大卖场、百货店、连锁店等各业态的 MIS-ERP 信息体系的实施、培训和维护；进行品牌管理系统、CRM 管理系统、供应商查询系统等商业信息软件的开发和应用；MIS-ERP 软件代理。

## 九十五、商业企业管理诊断咨询

商业企业管理诊断咨询是指针对不同商业企业在不同管理阶段存在的问题进行调查分析、诊断研究并提供解决方案、管理模式设计、管理升级。

## 九十六、消费市场调查研究

消费市场调查研究是指针对不同消费市场环境和企业市场定位，提供科学、系统的消费市场、商业竞争状况调查、统计、分析和研究，为企业的经营策略、营销策略提供依据。

## 九十七、商业企业营销策划

商业企业营销策划是指为商业企业的不同经营期提供营销策划，包括营销战略设计、促销策略、价格策略、文化营销、服务营销、客户关系管理、CS营销、广告策略等系统的策划和顾问。

## 九十八、绩效管理体系的建立、培训、导入

绩效管理体系的建立、培训、导入是指为不同业态的商业企业建立系统的分部门、分岗位的绩效考核体系，提高企业的绩效管理，为企业进行全员培训，并协助企业导入绩效考核体系。

## 九十九、商业企业信息化体系的建设

商业企业信息化体系的建设是指为商业企业解决和提供全面、系统的信息化体系建设方案并提供相应的信息系统和系统培训。包括POS-ERP商业自动化系统、财务管理系统、终端客户管理系统、前台导购系统、供应商管理/查询系统、人力资源管理系统及OA自动化办公系统。

# 第四章　招销管理

## 第一节　销售管理

### 一、销售组织架构

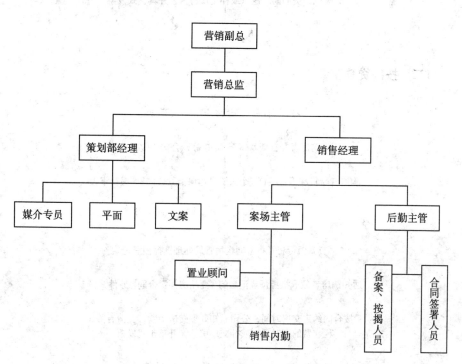

## 二、销售流程管理

独立商铺销售流程分为一次性付款和按揭贷款两种。

### （一）一次性付清购房款流程

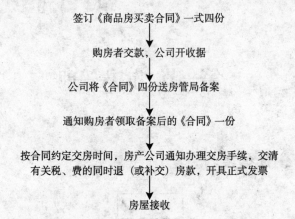

签订《商品房买卖合同》一式四份

↓

购房者交款，公司开收据

↓

公司将《合同》四份送房管局备案

↓

通知购房者领取备案后的《合同》一份

↓

按合同约定交房时间，房产公司通知办理交房手续，交清有关税、费的同时退（或补交）房款，开具正式发票

↓

房屋接收

### （二）按揭贷款流程

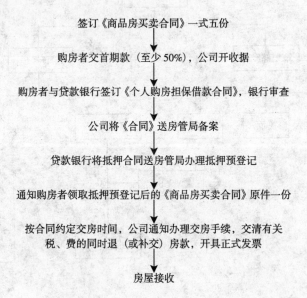

签订《商品房买卖合同》一式五份

↓

购房者交首期款（至少 50%），公司开收据

↓

购房者与贷款银行签订《个人购房担保借款合同》，银行审查

↓

公司将《合同》送房管局备案

↓

贷款银行将抵押合同送房管局办理抵押预登记

↓

通知购房者领取抵押预登记后的《商品房买卖合同》原件一份

↓

按合同约定交房时间，公司通知办理交房手续，交清有关税、费的同时退（或补交）房款，开具正式发票

↓

房屋接收

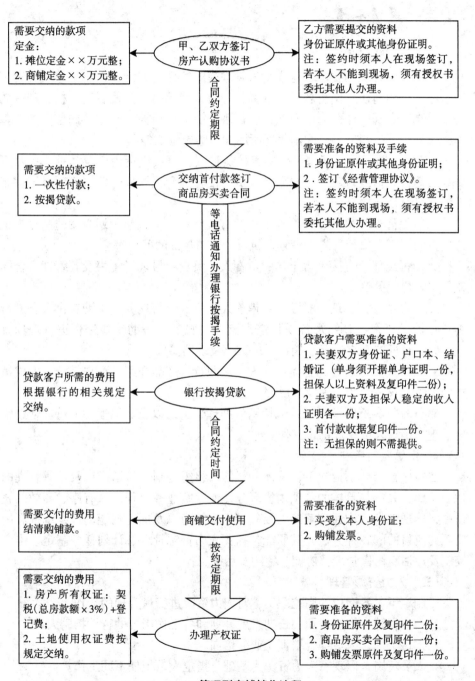

需要交纳的款项
定金
1. 摊位定金××万元整；
2. 商铺定金××万元整。

甲、乙双方签订
房产认购协议书

乙方需要提交的资料
身份证原件或其他身份证明。
注：签约时须本人在现场签订，
若本人不能到现场，须有授权书
委托其他人办理。

合同约定期限

需要交纳的款项
1. 一次性付款；
2. 按揭贷款。

交纳首付款签订
商品房买卖合同

需要准备的资料及手续
1. 身份证原件或其他身份证明；
2．签订《经营管理协议》。
注：签约时须本人在现场签订，
若本人不能到现场，须有授权书
委托其他人办理。

等电话通知办理银行按揭手续

贷款客户所需的费用
根据银行的相关规定
交纳。

银行按揭贷款

贷款客户需要准备的资料
1. 夫妻双方身份证、户口本、结
婚证（单身须开据单身证明一份，
担保人以上资料及复印件二份）；
2. 夫妻双方及担保人稳定的收入
证明各一份；
3. 首付款收据复印件一份。
注：无担保的则不需提供。

合同约定时间

需要交付的费用
结清购铺款。

商铺交付使用

需要准备的资料
1. 买受人本人身份证；
2. 购铺发票。

按约定期限

需要交纳的费用
1. 房产所有权证：契
税(总房款额×3%)+登
记费；
2. 土地使用权证费按
规定交纳。

办理产权证

需要准备的资料
1. 身份证原件及复印件二份；
2. 商品房买卖合同原件一份；
3. 购铺发票原件及复印件一份。

**管理型商铺销售流程**

## 三、岗位职责

### （一）部门建制

根据行政管理的要求，建立垂直管理模式的部门编制，以营销总监负责制为核心，全面地建立销售各环节的岗位职责，使部门业务发展责、权、利有效落实，真正做到工作配合的有效性，体现团队运作精神。确立了岗位职责的基本框架后，统一管理，分配销售部所属人员的岗位工作。

1. 营销总监：整个营销工作的直接负责人，直接负责销售及其推广，对下属各级销售人员及行政、客户服务人员行使管理和领导权，负责各项目管理制度的直接监督及执行。

2. 策划经理：整个项目策划推广的直接负责人，包括策划方案的制订、推广方案的制订及执行、广告策划及执行、与销售部的配合等。

3. 销售经理：直接销售工作的负责人，负责项目现场销售及其管理、合同签署、客户服务等。

4. 销售主管：管理、激励本组销售人员完成销售任务。协助销售人员进行客户接洽、谈判、签约及各项目销售及售后服务。协助销售经理进行现场管理，并及时反馈客户情况、销售人员情况及现场要事。

5. 销售人员：销售部全体销售人员。职责：产品介绍、客户接洽、促成销售、相关销售手续的办理及售后服务。

6. 行政、客户服务人员：包括销售助理、出纳以及其他辅助人员。辅助销售经理、销售人员完成销售工作。

### （二）总监负责制

在整体营销计划指导下，具体分解落实组织建制、营销推广及销售管理的各项工作，并参与具体的各项销售事务，使专案业务流程进入有序、高效的轨道中，体现应有的沟通理解能力及领导组织能力，发挥主观能动性，掌握利用资源达成目的的各种方法。其职能包括：人力资源管理、计划任务制定、推广控制及评估、销售管理及协调、签约及后续工作。

### （三）人力资源管理

1. 制定下属各岗位的岗位职责，对人力资源进行最合理的运作。

2. 人员招聘，依据公司中长期发展计划和各工作岗位的特性招聘人员。

3. 人员培训，人员综合培训及业务培训。

4. 人员定岗，以现有人力资源为基础，指定人员担任不同工作。

5. 依据能力绩效考评原则进行评估，奖勤奖能，对不符合要求者给予及时培训或调整培训。

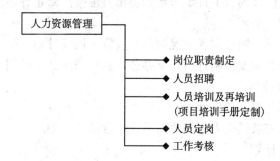

**（四）计划任务的制订与实施**

为了使工作的开展富有条理性与时效控制性，有必要在整个部门中加强计划概念，下列计划被认为是工作正常稳健开展所必不可少的。

1. 项目计划。

A. 销售计划。

均衡本项目供应、市场供给与需求情况，与发展商共同制定项目总体销售期目标及分阶段销售目标，含各期销售面积、单位售价、均价、销售率、房源推量、资金回笼计划及补充应变措施等。

B. 推广计划。

制定与销售计划挂钩的推广费用、节奏的配比。

C. 操作流程。

为项目制定常规现场操作流程及工作开展安排，本计划应于开盘前完成和试运作。

D. 开盘计划。

确定开盘时间、筹备开盘活动。

售楼处的设定与布置、示范单位的选定与装修、模型、楼书及海报的制作、新闻推广等。

2. 月度工作计划。

A. 日常管理计划（管理工作）。

由销售部经理制订、提交管理计划，发现上月管理问题，提出下月管理目标，并说明将要采用的有效管理手段。

B. 项目月度计划。

a. 销售计划。

根据总体销售目标、上月销售情况提出下月销售情况的预测，并提供现场战术执行意见，下月工作按计划严格实施。

b. 推广计划。

根据总体推广计划、下月销售计划提出月度推广修正计划。

c. 资金计划。

根据销售目标、销售实现情况制订月度资金回笼计划。

根据工作开展需要，制订下月度办公、推广费用开支计划。

C. 部门建设计划。

a. 人力资源配置、储备计划。

根据阶段性需求提交人力资源需求及年度综合计划。

b. 全员普训计划。

制订销售部全体员工定期的基本素质、业务能力培训计划，应根据工作发展阶段的不同需求，提出合理的部门建设思路，不断充实高素质复合型人才提高部门整体销售能力。

c. 梯队干部培养计划。

确定部门梯队干部培养计划，确定下属梯队干部人员的人选，合理安排培养方向及具体培养手段。

d. 岗位轮换培训。

在条件许可的情况下，对人员实行岗位轮换培训。在岗位培训的过程中使各成员了解销售的全过程以利工作开展，同时发现和培养人才。

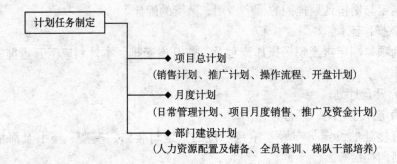

计划任务制定

◆ 项目总计划
（销售计划、推广计划、操作流程、开盘计划）

◆ 月度计划
（日常管理计划、项目月度销售、推广及资金计划）

◆ 部门建设计划
（人力资源配置及储备、全员普训、梯队干部培养）

### （五）推广控制及评估

1. 广告效益评估与控制的目的。

在充分了解企划意图的基础上，通过汇总、分析每一具体广告所产生的客户效应、成交情况，迅速得出该广告的经济效益、客户反应，从而科学地综合评估本次营销推广活动的得与失、成与败并不断总结和更进。根据个案的特性评估出一个高效的推广途径、推广手法及时段性推广重点，让企划能迅速地调整营销步骤并为下一步营销方案的开展提供参考。从根本上说就是协调企划与销售，配合企划极力提高广告效益，有效地控制广告成本，争取利润最大化。

2. 推广计划、费用核定。

本着效用最大化原则，根据销售进度要求，制订推广计划、核定推广费用。

3. 推广核心及主线核定。

周围项目及市场情况、目标市场及目标客户定位，核定推广核心与主线。

4. 推广表现核定。

以销售目标为出发点，其表现应符合项目整体形象，且最大程度促进销售。

5. 推广绩效评估。

从来客情况和成交情况两方面用量化的数据客观评估推广效果。

评估分析的要点：

A. 客户效应（结合《来访客户登记表》、《来电登记表》及其他销售原始表单）。

a. 客户接待量及来访客户性质。

b. 认知途径。

c. 客户来源地。

d. 客户需求变化。

e. 本次诉求重点及本阶段客户评价点的变化。

B. 经济效益评估。

从成交情况及广告投入上综合评估一个广告的广告效益。

C. 评估时间周期。

客户效应评估及广告效益评估一般以一个广告到下一个广告之前为一个自然评估期。如期间间隔太长，可以在广告发布后 10 天内给出。

D. 评估方式。

客户效应评估及广告效益评估通常以图表及数据方式给出。

营销建议一般在下一广告发布前或广告发布后 10~15 天以文字形式给出。

E. 推广调整建议。

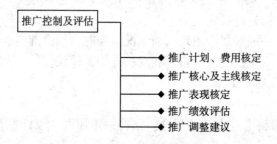

根据推广绩效及销售计划提出推广调整建议，建议下次广告或营销活动的推出方式及诉求重点，包括价位、房位控制、诉求点等。

**（六）销售管理与协调**

1. 开盘前准备。

A. 制定完整可行的规范销售操作流程，严格控制销售、换房及退房等行为。

B. 确定合同文字及附件内容，形成合同标准文本。

C. 整理统一全面的《销售培训手册》或答客问并下达及培训。

2. 现场管理。

A. 办公制度管理。

a. 依照工作纪律、岗位责任制，核查监督各岗位的业务完成质量，监督现场工作状况。

b. 做好各岗位、各业务人员之间工作的协调，杜绝工作混乱。

B. 销售控制。

a. 把握销售导向，指导销售人员规范销售口径，严格执行活动规划。

b. 把好销售口径及签约审定关，保持认购书主要条款与合同的一致，杜绝超越权限之销售行为产生。

C. 现场协调。

a. 依据销售情况的变化，及时灵活地对现场人员进行合理调配使用，主动出击以拓展市场。

b. 与现场其他销售人员共同完成与客户之间的具体销售事务洽谈。将销售人员的岗位责任作为自身责任中的一部分，帮助销售员促成成交。

c. 做好客户协调工作，解决各种疑难个案或客户争执问题。

D. 现金管理。

监督出纳做好财务收受保管、报表编制、核对等工作。

**（七）信息反馈**

1. 现场期报　根据一级客户接待资料、客户成交资料形成销售日报、周报、月度及阶段性总结报告。

2. 市场报告　时刻把握市场脉搏、深入了解竞争对手，把握一手市场资料，形成总体市场分析报告。

3. 快报　对业务开展中出现的新情况应及时与相关部门取得沟通。

4. 销售建议　根据销售及市场状况提交销售建议。

**（八）签约及后续工作**

1. 签约。

A. 监督销售秘书、出纳的配合，秉持一定原则，以标准合同为范本签约，准确无误地完成整个签约过程。

B. 协助销售助理完成对疑难客户的签约解说、引导、说服工作，确保客户正确及时签订预售合同。

2. 款项催收。

与公司财务部门良好沟通，负责客户款项目的及时催收，确保销售款项目及时回笼。

3. 售后服务（贷款、权证等业务办理）。

与交易所、银行、公证处等机构人员友好合作，协助销售助理及时地办理客户贷款、产证办理等其他事宜。

4. 收楼。

与公司工程部、物业管理部门良好沟通，确保客户的及时收楼与入住。

5. 违约处理。

对违约客户进行协调和处理，必要时通过法律途径解决。

## 四、销售激励机制

### （一）基本工资发放

基本工资根据公司财务规定按期发放。

### （二）销售提成发放

1. 提成计算方式。

提成 = 当月个人销售总额 × 提成系数（税前）

提成系数（范例）：

| 个人总销售额 | 提成系数 |
| --- | --- |
| 200 万以下 | ××‰ |
| 200 万~500 万 | ××‰ |
| 500 万~1000 万 | ××‰ |
| 1000 万以上 | 特别奖励 |

2. 提成结算原则。

A. 一次性付款的，签订买卖合同后并全款到账，该套物业的销售提成予以结算。

B. 按揭贷款的，支付首期款、签订买卖合同并办理按揭手续的，该套物业的销售提成予以结算。

3. 提成发放时间。

上月销售提成随本月基本工资一起发放。

4. 提成发放比例。

提成发放比例为：次月发放上月个人销售提成的××%，公司暂留××%作为保证金。

保证金作为客户索赔、违反公司制度、给公司造成经济损失等事项的经济保证，在项目结案撤场后次月工资发放日发放。

5. 保证金发放原则。

A. 销售主管、销售人员如中途正常离开公司，须提前一个月向公司递交《离职申请书》，经批准并在办理好交接手续且无欠账或违规处罚行为的，公司即在次月工资发放日发放未结提成（含保证金）。

B. 销售主管、销售人员若因触犯国家法律，将移交司法机关处理；若严重违反公司规章制度而使公司声誉或利益受到损害的，予以除名的，未领取的销售提成（含保证金）不再发放。

C. 销售主管、销售人员如中途不辞而别或未获批准辞职而离职的，则未领取的提成（含保证金）不再发放。

D. 销售主管、销售人员如因公司行为而被辞退的，在办理好交接手续且无欠账或违规处罚行为的，公司即在次月工资发放日发放未结提成（含保证金）。

E. 开发商指定客户实现的销售原则上不予提成，该提成作为销售部备用金。

# 五、客户资源管理

### 表一　客户进场登记表

日期：_____年_____月_____日

| 编号 | 日期 | 姓名 | 联系电话 | 现住区域 | 欲购买户型及面积 | 信息途径 | 年龄层 | 销售跟进人 | 备注 |
|------|------|------|----------|----------|------------------|----------|--------|------------|------|
|      |      |      |          |          |                  |          |        |            |      |
|      |      |      |          |          |                  |          |        |            |      |
|      |      |      |          |          |                  |          |        |            |      |
|      |      |      |          |          |                  |          |        |            |      |
|      |      |      |          |          |                  |          |        |            |      |
|      |      |      |          |          |                  |          |        |            |      |
|      |      |      |          |          |                  |          |        |            |      |
|      |      |      |          |          |                  |          |        |            |      |

## 表二　到访征询单

日期：_____年_____月_____日　　　　　　　　　　　　　　编号：

| 来访者姓名 | | | |
|---|---|---|---|
| 性　别 | ○男　　○女 | 年　龄 | |
| 联系地址 | | 邮　编 | · |
| 工作单位及职务 | | | |
| 联系电话及手机 | | | |

本次访问是：□初次　　　　□预约　　　　□再次访问

访问的目的：□索取资料　　□看展示单位　　□进一步洽谈　　□签约及交款　　□售后事宜

### 为您推荐最适合的物业

1. 您需要的房型：□一室一厅　　□二室二厅　　□三室二厅　　□四室二厅

　　您需要的面积：□30~50 平方米　　□50~80 平方米　　□80~120 平方米

　　　　　　　　　□120~160 平方米　□160~220 平方米

2. 您选择的楼层：□1 层　　　□2~3 层　　□4~5 层　　□6~9 层　　□高层

3. 您的家庭人数：□1 人　　　□2 人　　　□3 人　　　□4 人　　　□5 人以上

4. 您希望的付款方式：□一次性付款　　　　□分期付款　　□公积金、按揭组合贷款

5. 您是通过何种途径获取本楼盘信息的：

　　□ 报纸广告　　　　□路牌广告　　　□电视、电台广告

　　□ 朋友介绍　　　　□随意经过　　　□其他

6. 希望得到您的意见：

_____

_____

_____

_____

## 表三 客户问询总结

| 客户问询总结 | | 编号 | | 填表人 | |
|---|---|---|---|---|---|
| | | 日期 | | 签字 | |
| 问询者姓名 | 联系细节 | 问询来源 | 问询性质 | 所需行动 | 已采取的行动 |
| | | | | | |

## 表四 电话接听记录表

| 姓名 | 性别 | 需求面积 | 户型 | | | 认知途径 | | | 现居住（工作）区域 | 几口之家 | 对价格反应 | | 询问内容 | 是否看过其他小区 |
|---|---|---|---|---|---|---|---|---|---|---|---|---|---|---|
| | | | 复式 | 三室二厅 | 四室二厅 | 广告 | 介绍 | 其他 | | | 高 | 低 | | |
| | | | | | | | | | | | | | | |
| | | | | | | | | | | | | | | |
| | | | | | | | | | | | | | | |
| | | | | | | | | | | | | | | |
| | | | | | | | | | | | | | | |
| | | | | | | | | | | | | | | |
| | | | | | | | | | | | | | | |

## 表五 客户情况周报表

项目名称：＿＿＿＿＿＿＿ 销售部主管：＿＿＿＿＿＿＿ ＿＿年＿＿月＿＿日至＿＿月＿＿日

| 星期 | | 星期一 | 星期二 | 星期三 | 星期四 | 星期五 | 星期六 | 星期日 | 总计 | 累计 |
|---|---|---|---|---|---|---|---|---|---|---|
| 客户区域 | 报纸 | | | | | | | | | |
| | 友人介绍 | | | | | | | | | |
| | ×× | | | | | | | | | |
| | ×× | | | | | | | | | |
| | ×× | | | | | | | | | |
| | ×× | | | | | | | | | |
| | ×× | | | | | | | | | |
| | ×× | | | | | | | | | |
| | ×× | | | | | | | | | |
| | ×× | | | | | | | | | |
| | 其他 | | | | | | | | | |
| 客户年龄 | 青年 | | | | | | | | | |
| | 中年 | | | | | | | | | |
| | 老年 | | | | | | | | | |
| 客户关系 | 朋友 | | | | | | | | | |
| | 夫妻 | | | | | | | | | |
| | 家人 | | | | | | | | | |
| | 单独 | | | | | | | | | |
| 将来置业区域 | ×× | | | | | | | | | |
| | ×× | | | | | | | | | |
| | ×× | | | | | | | | | |
| | ×× | | | | | | | | | |
| | ×× | | | | | | | | | |
| | ×× | | | | | | | | | |
| | ×× | | | | | | | | | |
| | 其他 | | | | | | | | | |

## 表六　老客户登记表

日期：_____年_____月_____日

| 时间 | 姓名 | 意向户型面积 | 来访洽谈内容 | 电话 | 销售代表 | 客户等级 | 备注 |
|------|------|------------|------------|------|---------|---------|------|
|      |      |            |            |      |         |         |      |
|      |      |            |            |      |         |         |      |
|      |      |            |            |      |         |         |      |
|      |      |            |            |      |         |         |      |
|      |      |            |            |      |         |         |      |
|      |      |            |            |      |         |         |      |
|      |      |            |            |      |         |         |      |
|      |      |            |            |      |         |         |      |
|      |      |            |            |      |         |         |      |
|      |      |            |            |      |         |         |      |
|      |      |            |            |      |         |         |      |
|      |      |            |            |      |         |         |      |

## 表七 客户投诉单

| 编号 | | 客户姓名 | | 客户 ID | |
|---|---|---|---|---|---|
| 投诉时间 | | 投诉方式 | | 接待人员 | |
| 投诉内容 | | | | | |
| 初步协商结果 | 日期：_____年___月___日___时___分 | | | | |
| 相关部门/<br>单位/个人 | | | | 应解决<br>时间 | |
| 解决办法 | | | | | |
| 经理审批 | 日期：_____年___月___日 | | | | |
| 客户确认<br>并签字 | 日期：_____年___月___日 | | | | |
| 责任人 | 日期：_____年___月___日 | | | | |

## 表八　客户投诉统计表

| 序号 | 投诉编号 | 客户姓名 | 投诉内容 | 应解决时间 | 解决进度 | 未解决原因 | 责任人 |
|---|---|---|---|---|---|---|---|
| 1 | | | | | | | |
| 2 | | | | | | | |
| 3 | | | | | | | |
| 4 | | | | | | | |
| 5 | | | | | | | |
| 6 | | | | | | | |
| 7 | | | | | | | |
| 8 | | | | | | | |
| 9 | | | | | | | |
| 10 | | | | | | | |
| 11 | | | | | | | |
| 12 | | | | | | | |
| 13 | | | | | | | |
| 14 | | | | | | | |
| 15 | | | | | | | |
| 16 | | | | | | | |

统计日期：_____年___月___日

## 表九　业主推荐表

| 业主情况 | | | | 推荐客户 | | | | 置业顾问 | 经理签名 |
|---|---|---|---|---|---|---|---|---|---|
| 姓名 | 电话 | 所购单位 | 购买时间 | 姓名 | 推荐时间 | 电话 | 客户意向 | | |
| | | | | | | | | | |
| | | | | | | | | | |
| | | | | | | | | | |
| | | | | | | | | | |
| | | | | | | | | | |
| | | | | | | | | | |
| | | | | | | | | | |
| | | | | | | | | | |

## 表十 延期签约申请

××房地产开发经营有限责任公司：

本人_____于___年___月___日认购的××项目___号楼___单元___号房屋，依据双方约定应于___年___月___日签署商品房买卖合同。现因_____原因，不能按时到销售中心办理签约手续，特申请延期至___年___月___日办理。逾期不办理，视同本人自动放弃该房屋及原享有之优惠权利。

特此申请。

## 表十一 更名申请书

××房地产开发经营有限责任公司：

本人于___年___月___日认购的××项目___号楼___单元___号房屋，现申请更名为_____身份证号：_____，本人认购该房屋时交纳的定金人民币____元整同时转移作新认购人的购房定金。

特此申请。

## 表十二 退房申请审批表

提交时间：_____年_____月_____日　　　　　　　提交人：_____

| 客户姓名 | | 性别 | | 年　龄 | |
| --- | --- | --- | --- | --- | --- |
| 联系电话 | | 身份证号 | | | |
| 通讯地址 | | | 邮政编码 | | |
| 所购房号 | | 户　型 | | 销售面积 | |
| 签约时间 | | 合同号 | | 签约单价 | |
| 签约总价 | | 款项清否 | □是 □否 | 实收房款 | |
| 应退金额 | | 备案否 | □是 □否 | 置业顾问 | |
| 退房原因 | | | | | |
| 销售部意见 | | | | 经理签字 | |
| 客服部意见 | | | | 经理签字 | |
| 董事长审批 | | | | 签字 | |

备注：1. 本表适用于签约退房审批手续。
　　　2. 附件：退房申请表。

## 表十三　退房申请书

××房地产开发经营有限责任公司：

　　本人于＿＿＿＿年＿＿＿＿月＿＿＿＿日购买的××项目＿＿＿＿号楼＿＿＿＿单元＿＿＿＿号房屋，现因＿＿＿＿＿＿＿＿＿＿，不能购买，故申请解除本人与贵公司签署的编号为＿＿＿＿的《商品房买卖合同》，并返还所交购房款人民币＿＿佰＿＿万＿＿仟＿＿佰＿＿拾＿＿元整（小写：￥＿＿＿＿＿＿元）。

　　特此申请。

## 表十四　认购退房审批表

提交时间：＿＿＿年＿＿＿月＿＿＿日

| 客户姓名 | | 身份证号 | | 联系电话 | |
|---|---|---|---|---|---|
| 通讯地址 | | | | 邮政编码 | |
| 认购编号 | | 认购房号 | | 销售面积 | |
| 认购时间 | | 实收金额 | | 收据编号 | |
| 退款时间 | | 应退金额 | | 置业顾问 | |
| 退房原因 | | | | | |
| 销售部意见 | | | | 经理签字 | |
| 财务部意见 | | | | 经理签字 | |
| 领款人确认 | | | | 签字：＿＿＿＿＿＿<br>＿＿＿年＿＿＿月＿＿＿日 | |

## 表十五　认购退房申请书

××房地产开发经营有限责任公司：

　　本人于＿＿＿年＿＿＿月＿＿＿日认购的××项目＿＿＿号楼＿＿＿单元＿＿＿号房屋，现因＿＿＿＿＿＿＿＿＿，不能购买该房屋，故申请解除本人与贵公司所签署的认购协议书，并返还所交定金人民币××万元整（小写：￥××）。

　　特此申请。

三、销售人员管理

## 表一 销售人员考勤表

### 200 年（ ）月考勤表

| 姓名 | 日期 | | | | | | | | | | | | | | | | | | | | | | | | | | | | | | | 事假(天) | 病假(天) | 加班(天) |
|---|---|---|---|---|---|---|---|---|---|---|---|---|---|---|---|---|---|---|---|---|---|---|---|---|---|---|---|---|---|---|---|---|---|---|
| | 1 | 2 | 3 | 4 | 5 | 6 | 7 | 8 | 9 | 10 | 11 | 12 | 13 | 14 | 15 | 16 | 17 | 18 | 19 | 20 | 21 | 22 | 23 | 24 | 25 | 26 | 27 | 28 | 29 | 30 | 31 | | | |
| | | √ | | √ | | | | | | | | | | | | | | | | | | | | | | | | | | | | | | |
| | √ | √ | ☆ | √ | | | | | | | | | | | | | | | | | | | | | | | | | | | | | | |
| | | | | √ | | | | | | | | | | | | | | | | | | | | | | | | | | | | | | |
| | | | | | | | | | | | | | | | | | | | | | | | | | | | | | | | | | | |
| | √ | ☆ | √ | √ | | | | | | | | | | | | | | | | | | | | | | | | | | | | | | |
| | ⊙ | | | | | | | | | | | | | | | | | | | | | | | | | | | | | | | | | |

上班：√ 迟到：▲ 旷工：× 事假：⊙ 半天假：△ 公假：☆ 调休：●

销售经理：_____

137

## 表二　销售人员个人业绩统计表

业务员：　　　　　　　　　　　　　　　　　　　　　　　　　　时间：

| 序号 | 合同号 | 客户姓名 | 成交房号 | 签约日期 | 成交总价 | 付款方式 | 提成比例、金额 | 备注 |
|------|--------|----------|----------|----------|----------|----------|----------------|------|
|      |        |          |          |          |          |          |                |      |
|      |        |          |          |          |          |          |                |      |
|      |        |          |          |          |          |          |                |      |
|      |        |          |          |          |          |          |                |      |
|      |        |          |          |          |          |          |                |      |
|      |        |          |          |          |          |          |                |      |
|      |        |          |          |          |          |          |                |      |
|      |        |          |          |          |          |          |                |      |

## 表三　销售人员考核表

### 销售人员　　　年　　　月考评表

被考评者：　　　　　　　销售部经理：　　　　　　　考评时间段：　　　　　　

| 考评范围 | 考评内容 | 考评备注 | 考评分 |
|----------|----------|----------|--------|
| 每次±5分 | 客户表扬/投诉 | | |
| 每次±2分<br>（该范围为每月<br>必考核项目） | 遵守考勤制度 | | |
| | 仪容仪表符合公司要求，接待工作文明礼貌，微笑服务 | | |
| | 按秩序接待客户，不在有客户的情况下议论接待秩序 | | |
| | 按程序确认房号 | | |
| | 正确计算房价，正确书写或复核认购书/合同 | | |
| | 按时做好客户登记和成交记录，并对其真实性负责 | | |
| | 完成经理安排的工作 | | |
| | 同事间相互尊重，做好义务接待，协助同事成单 | | |
| | 及时了解市场动态，做好楼盘调查表，并对其真实性负责 | | |
| | 不对外透露公司的业务情况和管理制度，并为客户保密 | | |
| 每项每次±4分 | 尊重客户，不挑客、拣客 | | |
| | 保持售卖现场的环境整洁 | | |
| | 不做与销售无关事宜，保持规范工作状态 | | |
| | 诚实反映、处理问题，不推诿责任 | | |
| | 提供同质服务，不冷落取笑客户，不超范围承诺 | | |
| | 不私自告诉客户优惠条件 | | |
| | 不私自收取客户定金 | | |
| | 不涂改客户登记本 | | |

续表

| 考评范围 | 考评内容 | 考评备注 | 考评分 |
|---|---|---|---|
| 每项每次±4分 | 不私自查看同事客户登记本 | | |
| | 控制个人情绪，不破坏工作氛围 | | |
| | 以积极心态议论楼盘 | | |
| | 不在本售楼处推介其他楼盘 | | |
| | 不指责、议论客户和相关合作单位及公司其他部门 | | |
| | 不诋毁其他楼盘 | | |
| | 专业知识 | | |
| | 销售技巧 | | |
| | 成单率 | | |
| | 不私自对外发送仅代表个人意见的文字 | | |
| 销售经理考评意见 | | 1~10分之间给予恰当评定 | |
| 总 分 | | | |

使用说明：

◆ 本考评表由销售经理考评打分，用以分配当月置业顾问的奖金。

◆ 每位置业顾问的基本分数为100分。

◆ 其中仅有"范围二"中所列项目为每月必考核项目，其他项目为非必考项目，只有发生特殊表现时，才给予加分或减分，没有发生，则不加不减。本考评表中各项按行为发生次数打分，每月得出一个总评分数。

## 表四 销售人员工作日志

置业顾问：_____ 日期：_____年_____月_____日

| | 主要工作内容 | | | | |
|---|---|---|---|---|---|
| | 客户姓名 | 性别 | 联系方式 | 成交房号及面积 | 来源 |
| 本日成交客户 | | | | | |
| | | | | | |
| | 客户姓名 | 房号 | 洽谈重点 | | 来源 |
| 本日主要进线及来访客户情况明细 | | | | | |
| | | | | | |
| | | | | | |
| | | | | | |
| | | | | | |
| | | | | | |
| | | | | | |
| | | | | | |
| 本日问题明细 | | | | | |

注：本表需详细记录每日客户接待情况，并列明当日主要问题。

本表于每日 18:00 前交到指定人员处。

表五 销售人员接访顺序表

时间：_____月_____日

| 序号 | 到岗时间 | 本人签名 | 接待顺序 | | | | | | | | | | | | | | | | | | 备注 |
|---|---|---|---|---|---|---|---|---|---|---|---|---|---|---|---|---|---|---|---|---|---|
| | | | 1 | 2 | 3 | 4 | 5 | 6 | 7 | 8 | 9 | 10 | 11 | 12 | 13 | 14 | 15 | 16 | 17 | 18 | 19 | 20 | |
| 1 | ___时___分 | | | | | | | | | | | | | | | | | | | | | | |
| 2 | ___时___分 | | | | | | | | | | | | | | | | | | | | | | |
| 3 | ___时___分 | | | | | | | | | | | | | | | | | | | | | | |
| 4 | ___时___分 | | | | | | | | | | | | | | | | | | | | | | |
| 5 | ___时___分 | | | | | | | | | | | | | | | | | | | | | | |
| 6 | ___时___分 | | | | | | | | | | | | | | | | | | | | | | |
| 7 | ___时___分 | | | | | | | | | | | | | | | | | | | | | | |
| 8 | ___时___分 | | | | | | | | | | | | | | | | | | | | | | |
| 9 | ___时___分 | | | | | | | | | | | | | | | | | | | | | | |
| 10 | ___时___分 | | | | | | | | | | | | | | | | | | | | | | |
| 11 | ___时___分 | | | | | | | | | | | | | | | | | | | | | | |
| 12 | ___时___分 | | | | | | | | | | | | | | | | | | | | | | |
| 13 | ___时___分 | | | | | | | | | | | | | | | | | | | | | | |
| 14 | ___时___分 | | | | | | | | | | | | | | | | | | | | | | |
| 15 | ___时___分 | | | | | | | | | | | | | | | | | | | | | | |
| 16 | ___时___分 | | | | | | | | | | | | | | | | | | | | | | |
| 17 | ___时___分 | | | | | | | | | | | | | | | | | | | | | | |
| 18 | ___时___分 | | | | | | | | | | | | | | | | | | | | | | |

**表六　离职结账通知单**

致：财务部

由：销售部

发单时间：＿＿＿＿年＿＿＿＿月＿＿＿＿日

＿＿＿＿＿＿＿＿部员工＿＿＿＿＿于＿＿＿年＿＿＿＿月＿＿＿＿日办理离职/阶段性停职，现手续已清，请予结算其工资。需注意问题如下：

1. 本月出勤区间：＿＿＿＿月＿＿＿＿日至＿＿＿＿月＿＿＿＿日，共＿＿＿＿＿个工作日，迟到、请假情况；

2.

3.


多谢合作！

经办人：＿＿＿＿＿＿＿＿＿＿＿

# 第二节　招商管理

## 一、招商流程

### （一）招商一般工作流程

1. 商业项目部进行市场调研和目标客户分析。

2. 确定招商对象。

3. 确定经营模式：投资经营；委托经营；租赁经营；直接经营；虚拟经营。

4. 制定招商优惠策略。

5. 商业项目部实施客户招商月计划。

6. 招商主管制订客户招商周计划。

7. 客户管理员对客户信息归档完善、招商资料准备就绪。

8. 招商主管进行目标客户开发、拜访、接洽。

9. 商业项目部进行客户分类、确定重点。

10. 商业项目部安排客户与开发商初步洽谈、填写招商租户登记表。

11. 商业项目部负责客户与开发商的沟通谈判。

12. 开发商、客户双方确定合作对象、签订招商意向书、交纳定金。

13. 商业项目部、开发商与客户沟通、谈判、进行方案修改与认可。

14. 开发商、客户双方正式签订招商协议。

**（二）商场招商工作流程**

1. 机构设置与管理权限。

A. 在总经理领导下，由市场经营部主管，各职能部室、商店按管理权限分工负责商场的招商工作。

B. 商场进货管理委员会负责审批被招商企业的进场资格，市场经营部负责定期或不定期组织有关部室对被招商企业商品质量、经营品种和销售情况进行考核，对物价、计量、商标、陈列卫生进行检查。

C. 劳动人事部负责对来场导购员进行面试、审查体检表和岗前培训。经考试合格，方可发上岗合格证。负责定期或不定期会同有关部室对信息员服务规范、劳动纪律、商容风纪等进行检查考核。

D. 安全保卫负责商场导购员的验证（身份证、工作证、健康证、暂住证）工作，并将审核情况登记入册，与被招商企业签订安全责任书，负责定期或不定期会同有关部室，对被招商企业进行安全检查，特别是防火、防盗、防汛检查。

E. 行政部负责商场导购员的工服发给，收取食堂、医疗、美发、淋浴等项目服务的管理费和借用财产管理等工作。

F. 各商场商店明确一名经理负责被招商企业日常管理工作，并负责向市场经营部提供被招商企业执照副本、招商审批表、联销协议、商品样品、价格目录及来场信息员的各种证件。

2. 招商标准（条件）。

A. 被招商企业选派的导购员，必须是道德品质好，责任心强，热情大方，会讲普通话，男身高、女身高、裸视都符合招商要求的本厂（公司）正式职工。导购员受双重企业管理，享受其所在企业（工厂、公司）待遇。

B. 商场招商工作实行动态管理。被招商企业要认真遵守商场各项管理制度，积极配合商场开展各种促销活动，努力完成销售计划。对3个月完不成销售计划，又无季节影响或违反商场管理制度的企业，市场经营部有权提出终止协议。

C. 被招商企业必须是具有法人资格，并已在当地工商行政管理部门注册登记的国营、集体、三资和私营企业或有外贸进出口权的代理商。

D. 被招商企业所经营的商品必须是商场所属商店经营范围内的名特优新或世界驰名商品；国内商品必须是符合各级计量、质检、卫生标准，实行三包（包修、包退、包换）的本厂产品，坚决杜绝经营其他厂家的产品及滞销、假冒、伪劣商品。

E. 招商联营期限，一般为 3 个月至半年，有发展前途的可订 1~2 年，到期后根据销售计划完成情况和市场供求情况决定是否续签合同。

3. 招商审批程序。

A. 招商工作要贯彻商场既定的经营方针，择优招商。

B. 各商店要按照不重复招商和申报在先的原则进行严格筛选。

C. 凡符合招商标准的企业，须向商场商店提出书面申请，与商场商店签订协议书，由商场商店将被招商企业的营业执照副本、审批表（一式四份）、样品、价格目录、质量认证书、税务登记证、生产许可证、卫生许可证以及商店商场审批意见，一并报市场经营部由商场进货管理委员会审批后，再到商场劳动人事部办理其他手续。

D. 劳动人事部根据经营部的审批表（第二联）及信息员的彩色照片、体检表进行面试，并负责组织学习商场规章制度、服务规范，进行岗前培训，经考试合格上岗，未经培训考核不得上岗。被招商企业不得擅自更换信息员。

E. 安全保卫部根据市场经营部的审批表（第三联）来审查商场信息员的身份证、工作证、健康证，并登记入册并与其签订安全责任书，进行安全教育并负责发放信息员胸卡。

F. 行政部根据市场经营部审批表（第四联），负责办理来场信息员的工服发放、就餐、借用财产等手续。

G. 各商场商店在市场经营部、劳动人事部、安全保卫部备案后，方可办理进店经营事宜。

H. 对符合招商标准的私营企业，各商店要经双人实地考察。特别是食品加工企业，要考察其是否符合国家颁布的卫生标准，是否有生产许可证、卫生许可证；服装加工业要了解其生产规模，并向市场经营部出具实地照片。

I. 对不按照招商审批程序办理，擅自进店销售的企业，要追究商场商店主管经理的责任，并给予一定的经济处罚，责令其厂家立即撤出。

4. 物价、计量、统计、保险及财务管理。

A. 被招商企业的商品销售价格，必须经商店商场专职物价员看样定价，并上报市场经营部审批。招商企业要向物价员提供成本单（发货单）、价格目录，遇特殊情况经主管经理批准，可用供货合同单暂定临时价格，正式发票一到，马上走正常手续。

B. 被招商企业进销均纳入商场商店进销账目。商场统一建立《招商企业销售月报表》，内容包括：单位名称、品种、销售额等，由各商场商店统计员填写，每月向市场经营部报送。

C. 各商场商店要建立被招商企业进、销、存登记，单独设账，做到账面清楚、整洁，每月 5 日前将其经营情况上报市场经营部。

D. 被招商企业如需使用计量器具（尺、秤、验光仪）的，须事先向市场经营部审报，经（计量）技术检定，履行登记备案手续后，方可使用。

E. 被招商企业进场前应到当地保险公司办理人身财产保险，未办理保险的，在商场发生人身伤亡、商品及财产损失的，由招商企业自行负担。

F. 被招商企业的销货款必须由商场商店统一收款，按时上交银行，货款结算一律通过银行，结算前要与记账员核对，销多少结多少，不能多结，同时要按《招商细则》规定扣除所聘售货员费用和营业税款后再做结算。

G. 被招商企业在商场商店周转仓库储存商品的，必须按财务部门制定的有关费用标准缴纳仓储保管费用。

# 二、招商部人员管理范例

1. 招商人员按到达接待中心的时间顺序，依次接待上门客户；按到达招商中心的顺序依次接听电话。

2. 上门客户只要表达承租意向即被视为有效客户（找人除外）。

3. 客户登记表期限为 10 天，过期视为新客户（以现场登记为主）。

4. 如果上门客户指出要求某位招商员接待的，或招商员能称呼出其姓名的，并且之前接待过的，即由该招商员接待，并且不计入业务顺序。其他一概轮流接待。

5. 客户进门后，当值招商员应主动向客户打招呼并接待。

6. 老客户进门后，如果原接待招商员不能认出的，经过询问客户不能说出招商员名字的，当值招商员接待并视为有效接待，后认出的，原招商员不得参与接待。

7. 同一个出租单位在 10 天内有两个以上的招商员提供过当面咨询的，以第一个接待人员和最后一个成交人员参与分配。

8. 已经交过定金的客户，如果原招商员不在，则由轮值招商员做义务接待，并且不参与分配。义务接待人员必须做好接待，并告知原招商员接待结果。

9. 成交后的客户带人来的，如果指明要原招商人员接待则由原招商人员接待。

10. 招商成交后，必须带客户完成各项手续，才可以重新接待下一个客户。

11. 如果招商员因故离开招商现场，错过接待机会的不补偿，领导安排除外。

12. 招商员在接待客户的同时不准接待新客户，人员不足除外（按顺序接待）。

13. 轮值招商员不可以判断客户，拒绝接待客户，查问客户，否则除名。

14. 招商员在接待客户时，第三方在未经过许可的情况下不得插入交谈。

15. 当客户来交款时，原接待人员在接待其他客户时，可寻求其他招商员或主管协助，协助人员不参与分配。

16. 招商员业绩以签单量为准。

17. 招商业绩考评办法：按末位淘汰制，连续两次考评都处于最后一名的，自动淘汰。

## 三、招商部激励机制

### （一）对招商人员的激励政策

1. 原有招聘员工工资照发的。

2. 按租金分业态进行招商提点的。

| 业　态 | 提点（%） |
| --- | --- |
| 百货 | ××%月租金 |
| 餐饮、休闲、娱乐 | ××%月租金 |

### （二）对内部人员的招商激励政策

| 业　态 | 提点(%) |
| --- | --- |
| 百货 | ××%月租金 |
| 餐饮、休闲、娱乐 | ××%月租金 |

### （三）对商家介绍的招商激励政策

| 业　态 | 提点(%) |
| --- | --- |
| 百货 | ××%月租金 |
| 餐饮、休闲、娱乐 | ××%月租金 |

# 第五章　招销实施

## 第一节　开盘（认筹）操作方案

### 一、活动前准备

#### （一）综述

开盘前首先应该确定开盘时间和开盘主题。确定时间是进行开盘各项准备工作的前提条件，一切准备工作都应该以开盘时间为目标，各部门明确分工、协调合作。开盘主题一般有喜庆、感恩（回馈客户、优惠认购）、互动（使客户能很好地参与到活动中来）、娱乐（愉悦客户，使客户在快乐中参与活动）等。各项活动安排策划都应该围绕主题展开。

#### （二）企业目标

通过开盘活动，树立良好的本案形象，提升本案口碑，进而达成销售目标。

增进与目标客户的交流及沟通，树立目标客户心目中的企业形象及本案的正面形象。

在较小的投入下，利用开盘的时机与目标客户的口碑传颂，进一步培育潜在客户市场，谋求本案的销售达成，进而达到收益增长。

#### （三）活动目的

通过活动，让客户更清楚地看到开发商服务理念的贯彻和精益求精的工作风范，达到专业值得信赖的目的。

通过缜密细致的活动安排，加深客户对产品的认可度，争取达到高解筹认购率。

检验价格水平是否合适，检测前期项目营销推广思路，反馈销售卖点，确定与调整下一步营销方案。

借助开盘（认筹）活动推广项目形象，提高企业口碑，达到"双赢"。

**（四）相关支持**

礼品、奖品赞助；相关品牌支持；媒体支持；协办单位支持。

**（五）前期准备**

项目策划销售部门针对项目开盘（解筹）活动提出方案与甲方共同探讨，推动执行。

**（六）审批流程**

略。

**（七）执行流程的制定**

1. 活动费用预算。

编号　项目　费用　总计　备注

（1）礼仪公司（依服务内容对方报价）_____元，计费标准见合同。

（2）主持人费用：_____元，自备免费，外请付费。

（3）贵宾费：_____元/人。

（共×人）请政府领导等。

（4）记者红包_____元/人。

（共×人）现场报道采访等。

（5）电台摄影人员费_____元/人。

（共×人）现场报道摄像等。

（6）酒塔及人工费：_____元/人，_____元/酒塔，外请宾馆服务。

（7）水饮、冷餐费用：或自买或外请。

（8）晚宴_____元/桌：庆祝、酬谢。

（9）盆栽绿植费：植物租赁。

（10）广告费：播出与刊登费。

（11）礼品_____元/人/个：赠送。

（12）抽奖奖品费：

一等奖_____元/人/个。

二等奖_____元/人/个。

三等奖_____元/人/个。

（13）印刷品：请柬，宣传单等。

（14）投影仪、摄影：仪器租赁费。

（15）发电机：保障电的供给或买或租。

（16）突发急救：安全药箱或雇员费。

（17）鸣炮、烟花：自买或庆典公司提供。

（18）其他。

2. 人员分工。

各项目部结合本项目的实际情况，作相应的人员分工安排：

现场总控

现场后勤

财务收款

嘉宾接待

现场司机

发礼、奖品

突发事件处理

选房区销控

公布区公布

协助选房

现场接待

热线接听

助理签约

协助排号

选房信息传递

礼仪公司：

礼仪服务

媒体发布：

现场采访

现场报道

3. 天气预报。

通过"121"查询未来 7 天的天气：（及时应变）

查询完毕后，及时做相应的准备工作。

4. 媒体选择。

××日报□　××晚报□　××市报□　××电视台□　户外广告□
车身□　电台□　杂志□　网络□　其他□

5. 媒体邀请。

新闻通稿的写作、相关资料的准备。

6. 开盘前一周的客户告知。

（1）制作选房说明。

A. 以易拉宝形式公布于众（由广告公司提前一周做好）。

B. 打印成份的携带式选房说明书（由广告公司提前一周做好）。

（2）销售人员各负责其客户的通知。

A. 在开盘日前一周开始通知客户选房方案。

B. 时间、地点的通知。

C. 选房时所带资料的通知。

（3）通知方式。

电话□　传真□　邮寄邀请函□　当面领取邀请函□　售楼部易拉宝公布□　E-mail□

7. 礼品与奖品。

（1）提案：

A. 礼品与奖品种类（开盘前 15 天定）。

B. 采购数量（开盘前一周定）。

a：已认筹客户的数量。

b：当天认购客户的礼、奖品机动数量。

C. 费用预算（开盘前一周定）。

D. 采购时间的安排（开盘前 15 天陆续到位）。

（2）奖项设置：

A. 一等奖——×名　奖××

B. 二等奖——×名　奖××

C. 三等奖——×名　奖××

（3）奖品发放办法：

为了答谢客户，在选房过程中穿插礼品、奖品的发放与抽取。

8. 现场销售道具及其他物品的筹备选择：

激光笔□　投影仪□　销控展板□　价格表□　房源表（销售人员人手一份）□　房号及时贴□　笔记本电脑（销控区、公布区各一台）□　宣传海报□　楼书□　保险柜□　验钞机□　刷卡机□　认购书□　对讲机□　样板间鞋套□　户型单张□　多备签字笔□　便笺纸□　口杯□　饮水储备□　安全帽□　手电筒□　收款收据□　抽奖箱□　抽奖票号□　奖券票□　麦克风□　彩球、布浪布、花饰、门头布、灯饰□

9. 礼仪公司的安排及选项：

（1）开盘前一个月礼仪公司到位，并签署合作合同。

（2）礼仪提供要求：

升空气球□　彩虹拱门□　充气灯笼柱□　异形充气卡通□　舞台/地毯□　音响/灯光□　舞台背景架□　艺术编织气球□　皇家礼炮□　专业剪彩用品□　签到系列□　千禧礼花□　布标横幅□　巨幅喷绘□　请柬/邀请函□　庆典花篮□　香槟塔□　鲜花迎宾花牌□　方形插旗□　金属布幔造景装饰□　三角彩旗吊旗/挂旗□　罗马旗□　绶带□　落地式广告伞□　活动帐篷（3m×3m）□　广告衫/广告伞□　场外桌椅□　专题摄像/摄影□　胸花（鲜花）、胸牌/胸卡□　揭牌用品□　灯箱制作□　易拉宝展架/X 展架□　代邀名人□　精工导示牌制作□　室内外常绿植物租摆（或花卉公司提供）□

（3）礼仪服务类：

迎宾模特□　表演模特□　庆典司仪□　礼仪小姐□

（4）礼仪服装：

红丝绒旗袍（无袖、半袖、长袖、中长、全长）□　高档缎面旗袍□　晚礼服□　青春动感礼仪装□　商务礼仪装□　统一盘发、化妆、鞋帽□

（5）礼仪表演：

铜管表演□　弦乐乐队□　电声乐队□　小提琴独奏□　二胡奏曲□　钢琴演奏□　威风锣鼓□　萨克斯□　摇滚乐□　现代舞表演□　街舞□　民族舞□　舞龙/舞狮□　军乐队□　综合文艺演出□　交响乐队□　礼仪乐队□

（注：开盘表演的目的是造势、多吸引客户，而不是真正的欣赏，除非是在特定时段进行节目表演方能达到助兴目的。一般在选房现场很难两者兼顾，选房的人顾不上欣赏，欣赏的人不选房。）

（6）费用预算由礼仪公司根据所提供服务内容出具清单。

10. 花卉选择：由花卉公司根据需要提供造型。

11. 配餐选择：配餐以各项目所需求的品质自选。

12. 活动准备及日程安排：

（1）活动前的媒体宣传。

在楼盘举办开盘活动前，为了使当天的活动波及的范围更广，信息的发布面更大，常借助大众媒体进行活动举办的信息告知，一般楼盘普遍采用报纸作为主要的宣传工具，具体的操作如下：

开盘活动前 10 天：确定发布媒体、版面、版位、时间、形式。

开盘活动前 9 天至前 4 天：电视、报纸广告稿的设计、修改、确认和发布者签订发布合同。

开盘活动前 2 天或前 1 天：电视媒介、报纸广告稿的发布（此时间可根据具体情况调整）。

（2）日程安排方案。

A. 开盘前一个月：拟开盘（解筹）活动方案，交甲方审批（如现场有实物样板间，则要搭建看楼安全通道，并向甲方申报包装看楼通道方案）。

联系庆典公司，提出活动操作要求，由庆典公司撰写庆典活动方案。

B. 若是准现房开盘，则开盘前 20 天：进行施工工地现场卫生整洁，开始包装看楼通道。

C. 开盘前 15 天：人员分工的确定，并实施责任到人，活动费用到位； 如开盘当天配有冷餐，则联系并确定配餐公司。

庆典活动方案的确定、庆典公司的确定、庆典所需项目的确定、庆典活动合同的签订。

D. 开盘前 14 天：活动所要邀请人员的确定，主要是邀请政府领导、社会嘉宾、楼盘准业主、媒体记者等的确定。

# 二、开盘操作

## （一）基本选房流程

叫号→根据号码入选房区→选房→交定金→签署《认购协议》

如果认筹客户较多，为确保整个活动公平有序，认购活动可以按认筹序号分批进行。

## （二）选房安排

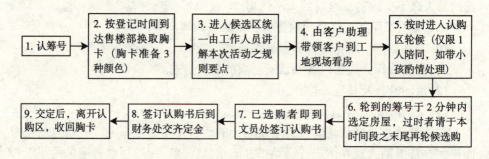

1. 选房顺序以认筹单上的认筹号为准，如因客户自身原因造成在选房过程中被轮空，本公司不承担任何责任。延时赶到者，其选房权自动排入下一轮认筹顺序之中。

2. 每个认筹号选房时间为 3 分钟，如在既定时间内没有选到合适单位，仍可继续选择，但不保留其优先权利。

3. 每套单位定金为人民币×万元整（¥××××元）。签署的同时，认筹金×元整自动转为定金，并补交定金××元整。

4. 所有已选房客户必须在选房当日 18：00 之前签订《认购协议》及交足定金，否则所选房号不予保留，××××房地产公司有权另行出售。

5. 如客户未选到合适的房子或因其他任何原因，客户要求退还认筹金，则在认购活动结束后一周之内返还其认筹金，但不承担任何利息。

6. 如持有认筹单的客户在____年____月____日 18：00 之前仍未到销售中心现场选房，即视为自动放弃本轮认筹的相关权益。同时所有认筹单在____年____月____日 18：00 之后作废，不能再参与选房。所有认筹金在一周内返还。

7. 本次活动最终解释权归××××房地产开发有限公司所有。

注：签署《认购协议》所需资料为本人身份证、认筹单及足额定金收据，同时收回认筹金收据及认筹单。

重要声明：在举行本轮认购选房活动时，××××已取得《商品房预售许可证》，预售证号为：××××××，本轮认购选房活动即为正式合法销售行为，本轮选房定金即为正式购房定金，具备法律效力，违约者定金不予返还。

# 附录一：某购物中心开盘销售建议

（一）销售方式建议（开盘时间以 7 月 18 日为节点）

1. 内部认购：7 月 17 日 08：30~18：00

2. 公开发售：7 月 18 日 09：00

（二）开盘销售流程建议

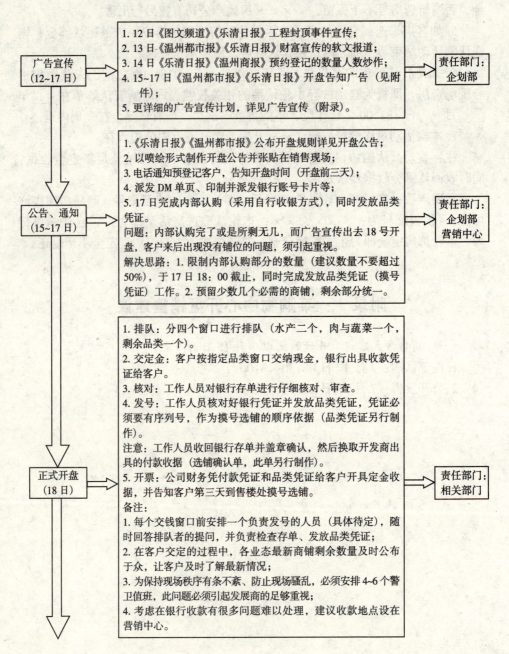

**广告宣传**
**（12~17日）**

1. 12日《图文频道》《乐清日报》工程封顶事件宣传；
2. 13日《温州都市报》《乐清日报》财富宣传的软文报道；
3. 14日《乐清日报》《温州商报》预约登记的数量人数炒作；
4. 15~17日《温州都市报》《乐清日报》开盘告知广告（见附件）；
5. 更详细的广告宣传计划，详见广告宣传（附录）。

**责任部门：**
**企划部**

**公告、通知**
**（15~17日）**

1. 《乐清日报》《温州都市报》公布开盘规则详见开盘公告；
2. 以喷绘形式制作开盘公告并张贴在销售现场；
3. 电话通知预登记客户，告知开盘时间（开盘前三天）；
4. 派发DM单页、印制并派发银行账号卡片等；
5. 17日完成内部认购（采用自行收银方式），同时发放品类凭证。
问题：内部认购完了或是所剩无几，而广告宣传出去18号开盘，客户来后出现没有铺位的问题，须引起重视。
解决思路：1. 限制内部认购部分的数量（建议数量不要超过50%），于17日18：00截止，同时完成发放品类凭证（摸号凭证）工作。2. 预留少数几个必需的商铺，剩余部分统一。

**责任部门：**
**企划部**
**营销中心**

**正式开盘**
**（18日）**

1. 排队：分四个窗口进行排队（水产二个，肉与蔬菜一个，剩余品类一个）。
2. 交定金：客户按指定品类窗口交纳现金，银行出具收款凭证给客户。
3. 核对：工作人员对银行存单进行仔细核对、审查。
4. 发号：工作人员核对好银行凭证并发放品类凭证，凭证必须要有序列号，作为摸号选铺的顺序依据（品类凭证另行制作）。
注意：工作人员收回银行存单并盖章确认，然后换取开发商出具的付款收据（选铺确认单，此单另行制作）。
5. 开票：公司财务凭付款凭证和品类凭证给客户开具定金收据，并告知客户第三天到售楼处摸号选铺。
备注：
1. 每个交钱窗口前安排一个负责发号的人员（具体待定），随时回答排队者的提问，并负责检查存单、发放品类凭证；
2. 在客户交定的过程中，各业态最新商铺剩余数量及时公布于众，让客户及时了解最新情况；
3. 为保持现场秩序有条不紊、防止现场骚乱，必须安排4~6个警卫值班，此问题必须引起发展商的足够重视；
4. 考虑在银行收款有很多问题难以处理，建议收款地点设在营销中心。

**责任部门：**
**相关部门**

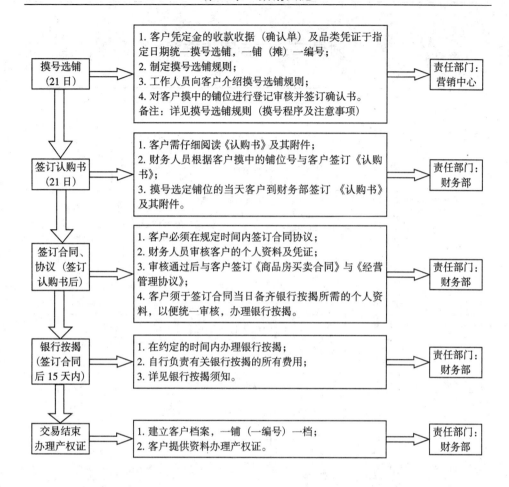

（三）几点建议

1. 交款地点：由于在银行交款会有很多问题无法处理（例如，银行本身对外办公业务如何处理，财务开具收据的票据处理），建议在营销中心或酒店进行。

2. 内部认购：为了确保内部认购人员能切实拿到铺位并尽可能避免信息扩散的范围，建议将内部认购放在 17 日一天完成，并采用自行收银方式。

# 附录二：广告宣传方案

| 选择媒体 | 广告形式 | 时间刻度 | 发布内容 事件内容 | 注意事项 | 负责人 | 监督 |
|---|---|---|---|---|---|---|
| 乐清图文频道 | 图文广告 | 2005 年 7 月 12 日星期二 | 工程封顶事件宣传，以此来推广开盘信息 | 电视台图文广告和报纸广告制作，封顶照片处理 | 企划部 | ** ** |
| 乐清日报 | 半版广告 | | | | | |
| 温州都市报 | 软文广告 | 2005 年 7 月 13 日星期三 | 工程封顶，意味着项目完成主体工程，来分析乐清商业形式 | 软文广告的准备，开盘礼仪的方案确定 | 企划部及其他部门的配合 | ** ** |
| 乐清日报 | 软文广告 | | | | | |
| 开盘礼仪 | 方案确定 | | | | | |
| 乐清日报 | 软文广告 | 2005 年 7 月 14 日星期四 | 预登记数量及目前火爆情况来炒作 | 软文广告的准备及商报广告稿准备 | 企划部及其他部门的配合 | ** ** |
| 温州商报 | 半版广告 | | | | | |
| 户外媒体 | 平面广告 | | | | | |
| 温州晚报 | 半版广告 | 2005 年 7 月 15 日星期五 | 硬性广告，来推动 18 号的开盘活动 | 平面广告的准备 | 企划部 | ** ** |
| 温州都市报 | 半版广告 | | | | | |
| 乐清日报 | 三分之一广告 | | | | | |
| 温州商报 | 软文广告 | 2005 年 7 月 16 日星期六 | 农贸市场的开盘，政府支持，加强市民"菜篮子工程"建设等 | 软文准备 | 企划部及其他部门的配合 | ** ** |
| 乐清日报 | 软文广告 | | | | | |
| 乐清日报 | 全版广告 | 2005 年 7 月 17 日星期日 | 宣告第二天开盘信息 | 平面广告的设计 | 企划部及其他部门的配合 | ** ** |
| 温州都市报 | 全版广告 | | | | | |
| 温州商报 | 全版广告 | | | | | |
| 温州都市报 | 全版广告 | 2005 年 7 月 18 日星期一 开盘日 | 开盘当天广告 | 平面广告的设计 | 企划部及其他部门的配合 | ** ** |
| 乐清日报 | 全版广告 | | | | | |
| 温州商报 | 全版广告 | | | | | |
| 温州都市报 | 半版软文广告 | 2005 年 7 月 19 日星期二 | 开盘当天火爆情形广告，或开盘后解救方案 | 软文广告及开盘当日的图片处理 | 企划部及其他部门的配合 | ** ** |
| 温州商报 | 半版软文广告 | | | | | |
| 温州晚报 | 半版软文广告 | | | | | |
| 乐清日报 | 四分之一软文广告 | | | | | |
| 温州都市报 | 半版广告 | 2005 年 7 月 20 日星期三 | 开盘当天的火爆情形广告为以后推 2、3 楼作铺垫 | 平面广告的设计 | 企划部及其他部门的配合 | ** ** |
| 乐清日报 | 半版广告 | | | | | |

# 第二节　会员卡销售

## ××××××VIP卡申请须知（范例）

1. 本VIP卡为××××××选铺的权益卡。

2. 本卡采用自愿申请的方式，客户按要求填写《××××××VIP卡申请函》，并在交纳认购金人民币××元（RMB××元）后，即可获取本卡并享受相关权益。

3. 持本VIP卡可享有如下权益：

- 持本VIP卡可参与选铺日选铺活动。

- 优先获取××××××项目相关资料。

- 凭××××××VIP卡，客户在开盘当日选铺成功后可获赠××元（RMB××元）的购房礼金。

4. 一卡只对一个铺位有效，选铺成功，优惠金额直接从房屋总价中减免，再享受其他优惠。

5. 凭本VIP卡于选铺当日成功选铺的客户，还可享受付款折扣以及选铺当天的其他优惠。

6. 购卡人必须提供本人身份证原件及复印件，一张身份证可购多张卡。

7. 在规定的选铺日期内，持卡人到指定地点进行选铺，一卡仅限选一个单位。

8. 本公司将提前一周按照持卡人所填的个人资料，通知持卡人正式选铺日期和时间，并将选铺的操作方法通知持卡人。由于持卡人个人原因错过选铺日期，责任由持卡人承担。

9. 本VIP卡上载明的卡号不作为选铺顺序号，选铺顺序以当天公开排号排序的先后进行；申请多个VIP卡的客户选铺的顺序以抽号排前的第一个为准。

10. 选铺当日成功选铺的客户，在认购金转为购房定金的同时，须将VIP卡退回本公司。

11. 未能在选铺当日成功选铺的持卡客户，在选铺活动结束后，其所持VIP卡自动失效，持卡客户可在选铺结束后七个工作日内到××××××有限公司售楼处办理认购金退款手续，款额如数退还，但不计任何利息：

- 认购金用现金缴纳的客户请携带收款收据及VIP卡取回××元现金；

● 刷卡客户请携带出账单、收款收据及VIP卡办理退款手续，认购金将在7个工作日内全额退回到原卡号。

12. 本次VIP卡认购活动仅限于××××××商铺铺位，具体铺位号以公开选铺当天公布为准。

13. 本VIP卡如有遗失，请携有效证件、认购金收据到××××××有限公司售楼处挂失补办。

14. 若对本卡使用有任何疑问，请致电××××××或向现场工作人员查询。

15. 本VIP卡的最终解释权归××××××有限公司所有。

××××××有限公司（盖章）

200×年　月　日

## ××××××VIP卡申请函（范例）

××××××有限公司：

本人已经详细阅读了《××××××VIP卡申请须知》，并接受所有条款，自愿申请办理贵公司发行的VIP卡手续。

姓名：

证件类型：身份证□　护照□　其他□　证件号码：＿＿＿＿＿＿

详细通讯地址：＿＿＿＿＿＿＿＿＿＿

邮政编码：＿＿＿＿＿＿＿＿　联系电话：＿＿＿＿＿＿＿＿＿＿

移动电话：＿＿＿＿＿＿＿＿＿

（请确保以上资料全部属实，否则因联系不上而错过公开选铺日，开发商不承担相关责任）

申请人签名：

申请日期：

（以下由××××××有限公司工作人员填写）

VIP卡号：＿＿＿＿＿＿＿＿＿　经办人签名：＿＿＿＿＿＿＿＿＿

经办日期：＿＿＿＿＿＿＿＿＿

××××××有限公司（盖章）

200×年　月　日

本表一式两联，申请人与×××××有限公司各执一份。

地址：××××××××××

咨询电话：××××××××

# 第三节　销售控制

## 一、销售现场布置及气氛的运用

众多销售实际证明，销售工具运用是否得法，卖场氛围塑造是否巧妙，对销售量有很大的帮助。

1. 洽谈桌椅的布置：最好运用圆桌，使客主无大小尊卑之别；运用矮桌，可减低客户的抗拒性；不要使客户的座位面向大门，否则易使客户分心。

2. 柜台桌椅的放置：柜台桌椅不要太接近门口。将建筑物的模型圈拢在入口处附近，使客户对商品有明确而深刻的印象，同时也给人有缓和的余地，减少对立的感觉。

3. 接待中心坪数的选择与布置：接待中心的大小会给人有空旷或过分拥挤的印象。所以坪数和布置必须针对客户的多少和消费者阶层来决定。

4. 样品屋的选择与布置：设置样品屋的目的，是要使客户对该建筑物的形式、隔间、布置有明确的印象，以便利推销。因此，样品屋的坪数大小也和接待中心一样，须视销售对象而定。以套房来说，样品屋以 12 坪到 15 坪为宜；住家则以 30 坪到 32 坪较恰当，但还须视地段作弹性调整。

5. 模型的制作与销售配合：制作模型的目的是让客户了解建筑物的外观、环境、地段、规划、公共设施等。应与销售互相配合，以利销售。

6. 销售状况表的运用：在销售业绩未达 40% 时，最好不要展示销售状况表，以免客户觉得房子剩下很多，选择机会也多，而产生不想买的心理。但是，到了销售率达 80% 时，也不要展示销售状况表，以免影响销售状况。因为客户会觉得这剩下的 20% 是别人挑剩余的房子。

7. 播音器、红条等促销工具的运用：通常每天有两个销售高潮，一为上午10：00~12：00 时；另一为下午 3：00~6：00 时之间，在这两个时段内，应掌握现场气氛，以播音器、红条等制造现场热闹的买卖气氛，以促进"买气"，掌握"卖气"。

8. 妥善地将价目表配合付款方式及贷款的处理，也有助于销售。

9. 了解同一地段相同性质的商品，并加以比较、分析、利用。

10. 要注意与客户消费习惯有关的销售行为。

11. 促销活动的掌握：销售现场通常很凌乱，所以销售时应事先分组，有计划地展开促销活动，如发 DM、贴红纸条、过滤客户、消息传达、制造买气、掌握现场。

## 二、楼盘销控

### （一）销控目的——控制局势、控制价格、控制利润

任何产品的利润都与销售速度直接相关，房地产的销售也不例外，因此，控制销售进度就可以对利润率产生影响。除此之外，还应控制销售速度和销售价格。

1. 控制局势——做到好坏的房子都能卖。

在一个楼盘的产品当中，由于位置、户型等方面因素的不同，自然有优劣好坏之分，通常的情况是优先出售户型或者位置等条件不是很好的产品，而把好位置、好户型的产品留到价格可能达到更高水平的时候进行销售。如果把有可能滞销的产品卖掉，就规避了这些户型无法销售的风险，也有利于好的产品在后期卖出更高的价钱。

2. 控制价格——保证价格稳步爬升。

对于绝大多数期房项目的销售来说，越是接近现房价格就越高。在项目认购和开盘阶段，价格都是最低的，如果这个时候就把大部分房子都卖掉，开发商无疑不能达到预期的利润率，所以，对于大部分楼盘来说，开盘时销售的仅仅是一小部分，有相当大比例的房子，尤其是好户型将留到现房或接近现房时销售，来通过涨价获取更多的利润。

3. 控制利润——加速销售，降低滚动开发成本，增加利润空间。

由于滚动开发是现行房地产开发的主流模式，而所谓滚动开发，正是依靠银行贷款和预售收入来支撑项目开发，因此，其销售的回款速度将直接影响到房地产项目的开发成本，回款的速度越快，开发的资金成本也就越低，利润空间就会加大，反之亦然。因此，通过销控手段，制造热销，加速销售将能够降低滚动开发成本，增加利润空间。

通过对售楼现场人流的控制以及销控表的人为设计，可以人为地制造出"热销"的情形，从而导致买家产生"买不到"的压力，最终"误导"出"抢购"的行为。一旦这种情况出现，首先是可以加速销售，降低资金的使用成

本，进而也为涨价提供基础，最终的目的一样，就是尽可能地扩大利润空间。

**（二）常用销控手段**

手段1：按15%~20%的比例施放"房源"。

这一手段通常在楼盘的认购或者开盘销售的初期采用。其中的基本操作方法是：在楼盘认购或者开盘之前，通过统计电话咨询量和售楼处来访量来确定基本的意向客户的数量，然后再确定推出多少套房进入销售市场，这其中最为关键的是，放出房子的数量一定会少于意向客户的总数，通常的比例是15%~20%。

所以，这就不难解释为什么有些项目会出现排队热销的场面了。在按照上述的比例"放"出房源之后，必然的结果就是"不是所有想买房子的人都能买到房子"。当"供不应求"的情况出现后，开发商有两种选择，一是继续拿出房子，加快销售速度；二是涨价——大部分开发商会选择后者，而涨价的幅度将根据房源稀缺的程度以及项目档次来确定。

手段2："好楼"暂停销售。

这一手段又被称做"封楼"，是指开发商出于某种目的，将楼盘当中的某一栋楼或是某几栋楼"封存"的一种销售手段。这种销控手段通常也在楼盘开盘初期使用，相比而言，被"封掉"的楼盘一定是好楼，也就是位置、景观、环境比较好的楼盘，留到现房和准现房时将可以卖出更高的价格，而先期销售的，通常是靠近公路，或者周围环境不佳，不可能有过大涨价空间的楼盘。

据透露，在具体操作时，当然会遇到不少客户要求购买被"封存"楼盘的问题，这时，开发商售楼人员通常的解释是，这几栋楼已经被整栋购买的客户"认购"，现在能够认购的，仅仅是"某几栋楼"，售楼人员同时还会告诉买家，现在销售的几栋楼在价格上会拥有更大的优势或优惠的空间，意图吸引买家购买。

不过，开发商的售楼人员会告诉客户，被"封存"的楼盘将在一段时间后再发售，然后让买家进行选择，如果买家选择了待"封存"楼盘解禁后购买，届时，"解禁"楼的单价一定会出现上涨。

手段3：好楼层、好户型遭"冻结"。

购房人在"看楼"的时候，一定会遇到这样的情况：当你提出要买某一特定楼层或特定户型的房子时，销售人员会告诉你，这层楼已经被整层购买，而这个户型也已经售完，在通常情况下，这并不是实际情况，而是另一种销控手段，即将可能出现滞销的楼层和户型先期销售掉，为后期的销售速度和提价打下基础。

这种销控手段一般在楼盘的平稳销售期使用，在楼盘销售进入"平稳期"

的时候，开发商通常希望将楼层或户型不是太好的产品尽量在这一阶段当中消化掉，而把精品的楼层和户型留到接近现房时再出售，以获得更大的涨价空间，获得更高的利润。

与此同时，销售人员还会根据买家的需求，提供条件尽可能接近的产品，例如，如果买家需要的是一套13层的120平方米南北朝向的两居室，而这种户型恰好在销控"冻结"的范围内，这时，销售人员可能会告诉买家，这种户型暂时没有销售，但有一种同样是南北朝向的两居室，不过总面积是130平方米，而楼层在9层，虽然可能会影响一定的采光，但却可以提供空间更大的优惠，在这种情况下，80%以上的客户都会购买。

手段4：做好销控表。

在很多楼盘的售楼处，都设立了销控表，意图使买家了解整个楼盘的销售情况，不过，销控表一般都是虚假的，买家并不能通过它来了解楼盘的销售情况，销控表更大的意义在于给意图购买某一户型的买家增添心理压力，迫使其加速或提价购买，以实现销控目标，实现最大化的利润。

销控表是使用不同的符号来表示"小定"、"大定"、"购买"的情况，而销控表造假的伎俩正是存在于这一环节，例如，如果用红色的圆点表示已经交付大定，那么，开发商可以采用相对较小的红色圆点来标明意向性客户，如果买家不加仔细观察，通常很难分辨，如果买家对这套房子表现出较为浓厚的兴趣，售楼人员就会强调，存在商量的余地，不过，随之而来的一定是程度不同的单价上浮。

# 第四节　商家选址

不同业态的商家对商业设施的要求各有不同，开发企业很难做到逐一把握。什么是商家对商业地产的核心需求呢？在不同的商业业态的选址要求中，它们的共性是什么呢？我们通过对零售商业选址技术的剖析，就可以有针对性地进行招商，同时也可进行有效的项目业态规划定位。

## 一、店址是现代零售商业的核心竞争力

现代零售商业的生命力，源于商家对消费者需求的满足。

早期，消费者对零售商家的需求是：能买到需要的商品。商家要满足这一

需求，主要是依赖自身拥有的商品经营技术，其中包括对商品种类、商品质量、商品价格等要素的管理。

随着市场经济的发展繁荣，商家的数量不断增多，消费者对商家的选择机会也就相应增多了。同时，随着人们生活节奏的不断加快，时间的价值也在提升，促使消费者对零售商家的需求已经不仅仅是满足于能买到商品，而是逐渐上升为要能尽可能便利地买到商品，增加了对购物便利性的需求。要满足这一需求，除了商品经营技术的作用外，主要是依赖商家的选址技术。

可以说，商品经营技术和店铺选址技术构成了现代零售商业竞争力的两大支柱。

对于商品经营技术，由于其早已被商家普遍重视而得以不断改善和提升。时至今日，由于各商家的学习能力和复制能力的加强，随着人员的流动，商品经营技术已经和商品本身一样具有了极强的流动性。昨天你有的新商品，可能今天我也有了；今天我采用的销售新策略，可能明天他也采用了。不同商家之间在商品及商品经营技术上几乎已无秘密可言，相互的差异日渐缩小，商业竞争愈演愈烈。

面对激烈的竞争，商家满足消费者便利需求的能力，将会愈来愈成为商家保持常胜的核心竞争力，这种核心竞争力集中体现于商家运用店铺选址技术正确选择出的店址。因为店址是商业经营的基础平台、是难以改变的实体、是无法克隆的资源。对于一家已建成的商场，要对其硬件进行任何改造都会付出很大的代价，更不必说想要改变商场所在的位置了。由于受地理、环境、人文等多种因素的综合影响，任一处店址都不会是完全一样焦点房地产网的，当一个商家先机占有了一处位置很好的店址并取得经营成功后，尽管其他商家可以全套模仿它的商品和技术，甚至可以挖走它的人员，几乎所有资源都可能被共享，但唯一做不到的是无法得到完全相同的店址。

## 二、便利性是零售商业店址的第一特性

连锁经营商业的店铺发展，已经逐渐形成一门新的独特的边缘性学科，它涉及了商业营运、法律、财务、工程、信息管理、公共关系和项目管理等多个学科领域的专业知识。科学地运用店铺选址技术选择商业店址，则是店铺发展工作的首要内容。

店铺选址技术自身包含了诸多具体内容，在选址的操作过程中也会面临各种不同的实际情况。如何在各种因素交错之中把握住稍纵即逝的机会呢？常言道："万变不离其宗。"只要抓住商业选址的宗旨和基本属性，就能够在众多各

有千秋的商业设施项目中，驾轻就熟、合理取舍，高效率、高质量地选出满意的店址。

零售商业店铺选址的宗旨是：为消费者选择便利。

购物是否便利，往往是消费者选择商家的重要因素，特别是当各商家的商品及其质量、价格趋于近似的情况下，便利与否几乎起到了决定性的作用。因此在选址中，一切都要立足于消费者的立场，着眼于能否使消费者在购物中感到便利。消费者购物的便利性已经成为零售商业店址的第一特性，也是衡量店址优劣的首要标准。

消费者对购物便利性的诉求是贯穿于购物全过程的。这个全过程并不仅仅是从消费者进入商场开始，而是从消费者的出发地（多为居住地或工作地）开始的。为确保选出的店址能最大限度地满足消费者购物的便利性需求，通常可将购物全程分解为串联的五个阶段，依次进行分析研究，设身处地地找出消费者在每个阶段相应的便利性需求，并分别确定出为满足这些需求所应达到的条件及其标准，这些构成了零售商业店铺选址的基本法则——便利法则。

### 三、5A 法则是商业店铺选址技术的核心

5A 法则即"便利法则"。"A"是 Advantage（便利）的英文字头，由于便利法则的基本内容包含了五个层次的便利，所以便利法则也称为"5A 法则"。

5A 法则主要应用于针对某个城市或区域，为大型零售商业选址所进行的工作。

5A 法则的基本理念是：以消费者为本，为消费者购物提供全程便利。以消费者为本，就要站在消费者的立场为消费者着想，明确选址工作"为何做"，提供全程便利就要对消费者购物的全程进行分析研究，明确选址工作该"如何做"。

5A 法则是商业店铺选址技术的核心，它主要涉及了五个方面的内容：①交通便利。②确认便利。③趋近便利。④进出便利。⑤选购便利。围绕这五个方面的内容，以购物便利性为主线，5A 法则囊括了店铺选址工作中的各个主要环节，为确定店址的各项标准和指标提供了依据。

交通便利——是指让预期数量的消费者能便利地从其出发地到达商场所在的地域。对交通便利性的研究，是以商家对消费者的预期数量为基础的，这个预期数量又源自商家对周边人口分布及其消费水平的调查分析。不同商家在同一地区，或同一商家在不同地区，对消费者的预期数量都可能会有所差异。对于大型零售商家而言，目前对有效商圈常住人口的预期数量一般不会少于20

万人。交通便利性研究主要涉及了消费者对交通时耗的便利需求，并由此引申出消费者对不同交通方式、不同交通道路等方面的便利需求以及由于一些自然障碍因素对便利性的影响。其中包括：

交通时耗：针对大型综合超市，单程 5 分钟内——满意，10 分钟内——可以，15 分钟内——勉强。

交通方式：自驾车、出租车（的士）、公交车（巴士）、自行车、步行。

交通道路：主干路、主路、支路、环路、快速路、高架路、高速路、单行路、步行街。

自然障碍：铁路、河流、封闭路、城墙、丘陵、厂（院）区、公园。

确认便利——是指让消费者能便利地找到目标商场。即使是已被消费者熟悉的商场，由于其周边社区、道路和其他相邻建筑物的发展变化，也会不可避免地让人一时"难找"甚至"找不到"。特别对于自驾车的消费者而言，在行驶中寻找想去的目标商场会更困难，商家为此需要增强商场建筑物的可视性。而且，加强确认的便利性还会增加消费者即兴购物的可能性。主要措施为：

远距离确认：500 米外，高位店标，指路牌。

中距离确认：200 米外，建筑临主路，建筑临街长度至少 60 米以上，外墙大型店标，无遮挡（树、其他大型标牌等），周边开阔。

近距离确认：50 米外，商场入口标牌，电梯入口标牌。

趋近便利——是指让消费者能便利地靠近到商场门前。不同交通方式有不同的趋近便利性需求：

对于自驾车、出租车、自行车：需有对应于来向不同车辆的道路出入口、允许车辆倒车的路口、无路障、无绿化隔离带；

对于公交车：需有若干条公交线路的车站点距离商场不超过 200 米，其每日的运营时间不少于商场的营业时间；

对于步行者：需有跨越公路的人行天桥或过街人行道。

进出便利——是指让消费者能便利地进出商场。对于建筑面积超过 1 万平方米的大型超市，考虑的主要因素包括：

多组并联的外门构成的商场主入口，总宽度不宜小于 12~16 米，其中有 1~2 组自动门。

门口外的台阶尽可能少且不宜超过 4 级，防滑，有手推车通行坡道及残疾人无障碍通道。

门口外有较大的雨棚，门口处有充足的照明。

超市不设在首层且对首层无使用权时，应有直接通向超市的自动步道且步道的入口尽量靠近首层商场主入口。

机动车停车位宜达到 200 个以上（仓储式商场宜达到 300 个以上）。室外停车场应靠近商场主入口，购物小推车可到达每个车位；室内停车场应设在超市商场的同层或邻层（不宜隔层设置），并应设置自超市直通室内停车场的自动步道。

有出租车上下乘客的场地及出租车排队候客的场地（不宜少于 5 个车位）。

有自行车存车场地。可将两轮机动车停车位与自行车存车场地相邻。

选购便利——指让消费者能便利地在商场内辨认、选择、拿取、携带所需商品以及结算付款。为此，需要将选址技术与商品经营技术高度统一和匹配。前者通过选择或设定相关的建筑条件满足商场硬件方面的需求，后者通过提供经营服务满足商场软件方面的需求。通常，根据顾客的便利性需求和商品经营技术的需求，大型超市商场对建筑条件的相关要求为：

适宜的商品展放空间，满足特定商品数量对展放空间的要求。对大型综合超市，通常需要约 1 万平方米建筑面积，其中 60%~65% 为卖场经营面积。建筑层高通常宜大于 4.80 米。建筑柱距利于商场平面布局，通常柱距 9~12 米为宜。

适宜的通道，便于推购物车的顾客通行。涉及其宽度、地面饰层、建筑柱距等因素。通常主通道宽 4~6 米，次通道宽 2~4 米。通道地面平坦，饰面材质防滑、耐磨、抗碾压。

适宜的楼层，首层为佳，尽可能避免跨层，必须跨层时，超市总层数不宜超过 2 层。跨层时应设双向自动步道，其出入口前需有 4~6 米距离的缓冲区。

适宜的收银区域和适量的收银台。约 1 万平方米建筑面积的大型综合超市，收银机不宜少于 25 台，通常为 30~40 台，个别商家会超过 50 台。收银台前应留有足够的停滞区，通常需留出 3~6 米长度的排队区域。

充足的照明，通常照度大于 800 勒克斯，生鲜区应有适当的辅助照明。

舒适的空调，通常夏季室内设计温度 26 摄氏度，冬季室内设计温度 17 摄氏度。

小推车及其存放区。

服务台及存包处。

配套经营的小商铺区，通常为 10~40 个不同品类的小商铺。

另外，除了满足消费者的五种便利需求，选址中还需要注意满足商家自身在经营管理中对店址的便利性要求。例如货运通道、专用卸货区、货梯、库房、办公房位置等，这些是消费者便利需求之外的商家内部的便利性需求。

综上所述可知：5A 法则，即"便利法则"是大型零售商业选址的基本准则。可以说，商家选址就是在选便利，商家竞争更多的是对店址便利性的竞争。

对于商业地产开发商而言，当掌握了以上所述的 5A 法则后，可以有效指导项目的规划建设及进行有针对性的招商。

# 附录一：某酒店选址情况说明表

| 项目名称： | | ×××× | | 项目来源 | | 开发公司自行开发 | |
|---|---|---|---|---|---|---|---|
| 物业基本条件 | 建筑面积（平方米） | 17462.82 平方米（含一楼大堂面积） | 层高 | 5 层 5.1；6~7 层 3.6；8~22 层 3.2； | 楼长×宽（米） | 南北向×东西向 = 19.5 米 × 30.4 米 | |
| | 楼层数 | 5~22 层 | | | 户外广告效果 | 不佳□ 一般□ 较好□ 很好□ | |
| | 建筑起用时间 | 2008 年 6 月 | 建筑物结构 | 框架□ 砖混□ 其他□ | | | |
| | 停车位 | 地上停车位×× 地下停车位×× | | | 电梯 | 3 台客梯、1 台服务直梯 | |
| | 空调 | 中央空调 | 电（千瓦） | 满足 | 自动喷淋系统 | 有 | |
| | 水(管径) | 接宾馆中区、高区变频调速给水设备均 100 毫米口径 | 安防监控室 | 有 | 烟感报警系统 | 有 | |
| 物业改造 | 原用途 | 酒店 | 原始图纸提供 | 有 | 煤气（容量） | | |
| | 原房间数 | 195 间 | 排房总数 | | 意向合作方式 | 出让□ 租借□ 合作□ | |
| | 需改造房间数 | 无 | 暗房数量 | 没有 | | | |
| | 总建面/房间总数 | 16323.18 平方米/195 间 | 暗房/排房总数比 | 0 | | | |
| 物业谈判 | 租赁期限（年） | | 对方报价 | | 业主方交房标准 | | |
| | 免租期 | | 网调价 | | 1. 消防 | 合乎要求 | |
| | 主联系人 | | 我方第一次报价 | | 2. 房间隔断 | 合乎要求 | |
| | 联系电话 | | 我方第二次报价 | | 3. 外墙外窗 | 合乎要求 | |
| | 联系地点 | | | | 4. 水电到位 | 合乎要求 | |

一、地理位置介绍

二、商业情况介绍
　　1.周边酒店分布

　　2.银行、写字楼、居民、风景区等分布情况

三、合作方背景及交房标准说明

四、整体分析

五、结论
　　□淘汰　□继续关注　□选择加盟合作　□自主经营　□其他□

六、评估等级
　　开发专员：＿＿＿＿＿　开发经理：＿＿＿＿＿　总监：＿＿＿＿＿

开发专员：＿＿　日期：＿＿　开发经理：＿＿　日期：＿＿　总监：＿＿　日期：＿＿

交通位置图

建筑外观图

# 附录二：深圳××集团婴童专卖店选址简析

（一）商业圈分析

1.深圳现有常住人口 468.76 万人，其中特区内 221.68 万人。全市户籍人口 2001 年年末 132.04 万人。其中户籍人口出生率为 14.06‰，死亡率为 1.73‰，自然增长率为 12.33‰。

2.现有商业圈七个，分别为：

福田区：华强北、巴登、福民

罗湖区：东门、人民南路

南山区：蛇口、华侨城

3. 依据人流量及辐射能力现将以上商圈分为三级：

A. 华强北、东门、人民南路

B. 巴登、蛇口、福民

C. 华侨城

其中特点表现为 A 类商圈：商业布局饱和、人流量大、主题氛围强、地租价格高昂。B 类商圈：人流适中、具有中长期发展潜力、地租价格适中、主题定位尚未突出（蛇口商圈独立性强，开发前景久远）。C 类商圈：人流量小、辐射能力差、消费人群稳定、地租价格相对低。

（二）安迪斯会员分析

1. 安迪斯会员总数 1.25 万人，其中 1996 年后出生的会员为 4378 人（即 0~6 岁儿童）。男女比例 1：0.8。

2. 商圈可辐射会员比例为：

东门、人民南路 19%，华强北 17%，巴登 26%，福民 18%，蛇口 7%，华侨城 8%，关外及港客 5%。

（三）关于商圈选择建议

选择排序→巴登商圈→蛇口商圈→福民商圈

（四）选择中信广场 4 楼店址需参考以下因素作出决定

参考因素：

排序→租金→吉之岛商品冲突（价格）→租期→年度递增率→装修期建筑结构的改动性

其他店址选择参考指标：

排序→商业圈内→依附百货、超市→麦当劳、肯德基→儿童娱乐设施→女性主题商场→停车场→地铁→周边高层住宅数量→政府的未来规划

建筑物选择的要素：

排序→层高→门前畅通状况→阳光照射角度→用于宣传活动的场地→进出货物的通道→洗手间→电梯、空调→消防、电力、给排水、排污→建筑结构的改动性

与业主洽谈需了解的情况：

建筑背景、租金报价、合约期、装修期、租金年递增率、空调费、管理费

# 第五节　招商谈判

## 附录：格林豪泰酒店租赁意向书

No.

| 出租方 | ××房地产开发有限公司 | | |
|---|---|---|---|
| 承租方 | 格林豪泰酒店（上海）有限公司 | | |
| 出租房屋情况 | | | |
| 地　址 | ×××××× | | |
| 建筑面积 | 约4700平方米 | 占地面积 | |
| 租赁期限 | | | |
| 租　期 | 20年 | 免租期间 | 交房后一年 |

★ 起租日和免租日以出租方正式交房日为准。

★ 正式交房日：已满足下列条件的交付日：
　■ 所有合同约定工程装修已完成；
　■ 除营业执照之外的所有证照已办理完毕；
　■ 符合酒店经营要求，承租方可以接收。

| 租金和支付方式 | | | |
|---|---|---|---|
| 租　金 | 0.6元/天/平方米（按3年5%递增） | 支付周期 | 季付 |
| 定　金 | | | |
| 定金数额 | 壹拾万元整 | | |

★ 租赁合同签订后，定金冲抵首期租金。

★ 至本意向书签订后____日，仍未达成租赁合同的，出租方无条件全额返还定金。

★ 出租方在签订本意向书后，与其他任何第三方接洽、谈判，导致租赁合同未能签订的，应双倍返还定金。

| 保密条款 | | | |
|---|---|---|---|

★ 双方均应对本意向书保密；不得与其他任何第三方就此物业接洽、谈判。

　□ 不论是否签订租赁合同，出租方已获知的一切有关酒店经营事宜（包括但不限于装修标准）均应绝对保密。如合同未能签订，出租方不得使用任何承租方提供的方案、标准及相关信息。如有泄密或非法使用的，应向信息提供方承担损失赔偿责任。（选择性条款）

| 备注： | 一、出租方依照承租方要求隔墙、上下水、强弱电、燃气、空调、集中供热及热水系统等施工到位。 |
|---|---|

| 二、出租方提供独立大堂（约 400 平方米）和一部独立电梯供承租方经营使用。 |
| :--- |
| 三、出租方保证物业楼顶、侧面及大堂内外的广告位由承租方无偿使用（具体的位置及面积在合同中约定）。 |
| 四、出租方按照承租方的要求将隔油池和化粪池配置到位。 |
| 五、出租方提供承租方 50 个独立的停车位。 |
| 六、出租方保证承租方 470 千瓦的用电量及每月 2500 吨的用水量。 |
| 七、其他未尽事宜在合同中另行约定。 |

| 出租方： | ××房地产开发有限公司 | 承租方： | 格林豪泰酒店（上海）有限公司 |
| :--- | :--- | :--- | :--- |
| 授权签约人： | | 授权签约人： | |
| 签约日期： | | 签约日期： | |

# 第六章　招销合同体系

## 第一节　各类合同、协议目录

| 序号 | 合同、协议类别 | 适用范围 |
|---|---|---|
| 1 | 认购协议书 | 物业认购用 |
| 2 | 商品房买卖合同 | 通用标准合同 |
| 3 | 委托经营管理合同 | 投资者购商铺后委托经营公司统一经营 |
| 4 | 中介出租委托代理合同 | 投资者购商住房后委托经营公司代理出租 |
| 5 | 联合经营协议书 | 招商中程协议，启动合同签订程序后，停用 |
| 6 | 联合经营合同 | 联营封顶 |
| 7 | 联合经营合同 | 联营保底 |
| 8 | 联合经营合同 | 联营，不保底不封顶 |
| 9 | 联合经营合同 | 商铺租赁，统一收银，主要适用于百货类 |
| 10 | 联合经营合同 | 商铺租赁，自主收银，主要适用于个别特别项目（如黄金、白金等） |
| 11 | 区域租赁合同 | 区域租赁，自主收银，适用于少数大型项目 |
| 12 | 代销合同 | 商品代销，提供装修 |
| 13 | 合作经营合同 | 具体谈判拟定 |
| 14 | 业主临时公约 | |

# 第二节　合同体系实用范本

## 范本一　认购协议书

编号：＿＿＿＿＿＿＿＿＿＿

甲方（出卖人）：＿＿＿＿＿＿＿＿＿＿＿＿

乙方（买受人）：＿＿＿＿＿＿＿＿＿＿＿＿

根据《中华人民共和国合同法》及国家相关法律法规的规定，甲乙双方本着平等自愿的原则，经友好协商，就乙方认购甲方开发之××商用物业达成如下协议：

**第一条：** 乙方认购物业为＿＿＿＿＿商用物业＿＿＿＿＿层＿＿＿＿＿＿＿号（商铺、商住房），产权面积为＿＿＿＿平方米，面积以市房地产管理局测绘面积为准。

**第二条：** 该物业销售价格为¥＿＿＿＿元/平方米，总价款为¥＿＿＿＿元（大写人民币＿＿＿＿万＿＿＿仟＿＿＿佰＿＿＿拾＿＿＿元）。

**第三条：** 乙方向甲方支付认购该物业的定金¥＿＿＿＿元（大写人民币＿＿＿＿万＿＿＿仟＿＿＿佰＿＿＿拾＿＿＿元），并承诺按本协议生效之日起＿＿＿＿天内，携带本协议、定金收据、相关证件及与付款方式相对应的首付款至甲方招商营销中心并签订《商品房买卖合同》（乙方所交定金自动转为首付款，本协议自动作废）和《委托经营管理合同》、《委托出租代理服务合同》。如乙方逾期未来办理，甲方有权另行处理。

**第四条：** 乙方选择的付款方式为：甲方《购房须知》中约定的一次性付款、银行按揭付款等。

**第五条：** 未尽事宜双方另行协商；本协议自双方签字（盖章）之日起生效。

**第六条：** 本协议一式二份，双方各执一份，具备同等法律效力。

甲方：＿＿＿＿＿＿＿房地产开发有限公司　　乙方：＿＿＿＿＿＿＿＿＿＿＿

法定代表人：＿＿＿＿＿＿＿＿＿　　　　　　法定代表人：＿＿＿＿＿＿＿＿＿

委托代理人：＿＿＿＿＿＿＿＿＿　　　　　　委托代理人：＿＿＿＿＿＿＿＿＿

开户银行：＿＿＿＿银行＿＿＿＿支行　　　　身份证号码：＿＿＿＿＿＿＿＿＿

银行账号：＿＿＿＿＿＿＿＿＿　　　　　　　（营业执照号）

地　　址：＿＿＿＿＿＿＿＿＿　　　　　　　地　　址：＿＿＿＿＿＿＿＿＿

联系电话：＿＿＿＿＿＿＿＿＿　　　　　　　移动电话：＿＿＿＿＿＿＿＿＿

办公电话：_____

住宅电话：_____

年 月 日                  年 月 日

## 范本二  商铺委托经营管理合同

合同编号：_____

甲方（委托方）：_____

乙方（受托方）：_____商业管理有限公司

根据《中华人民共和国合同法》及其他相关规定，为发展商业，统一培育××国际商业广场"商气、人气、财气"，全面提升××国际商业广场商业旗舰形象，甲乙双方本着平等自愿、互惠互利的原则，经友好协商，就甲方将其拥有的××国际商业广场商铺委托乙方经营管理事宜，达成一致，签订本合同。

| 楼层 | 商铺编号 | 产权面积（平方米） | 购买合同总价（元） | 楼层 | 商铺编号 | 产权面积（平方米） | 购买合同总价（元） |
|------|----------|------------------|------------------|------|----------|------------------|------------------|
|      |          |                  |                  |      |          |                  |                  |
|      |          |                  |                  |      |          |                  |                  |
|      |          |                  |                  |      |          |                  |                  |

**第一条**：甲方委托乙方经营管理之商铺编号、面积、购买合同总价、购买付款方式

以上，甲方委托乙方经营管理的商铺共计____个，产权面积合计____平方米，购买商铺的合同总价合计为¥____元，甲方购买以上商铺的付款方式都为____付款。

甲方应于____年____月____日前将商铺交付乙方使用。合同期内，乙方负责商铺的设计、装修及由此产生的相关费用。

**第二条**：委托经营管理期限

委托经营管理期限自____年____月____日起至____年____月____日止。委托期限结束，双方协商一致续约。

**第三条**：委托经营管理内容

甲方委托乙方以乙方名义管理和经营商铺，管理和经营商铺的合理费用列入乙方经营成本，乙方按本合同约定向甲方支付回报。

**第四条**：委托经营管理回报

1. 合同期内，前____年的回报方式为

_____

2. 从第____年开始，由业主委员会与乙方根据市场行情每五年对商铺市场价值进行一次评估，每年由业主委员会与乙方共同协商确定回报方式及回报水平，并按最近一次商铺评估值计算，综合考虑同期国民经济增长水平（即GDP增长比率）、消费物价指数、通货膨胀、周边同类物业销售回报水平等因素，确定合理的回报水平，确保其高于同期银行贷款利率。

**第五条**：双方的权利与义务

1. 甲方将商铺委托给乙方经营管理，在委托期限内甲方不得将被委托商铺的使用权另行委托或出租给他人，也不得因设置抵押而影响乙方的正常经营。

2. 甲方积极支持乙方和××国际商业广场的工作，对乙方和××国际商业广场的经营活动具有建议权和监督权，但不得直接干涉乙方和××国际商业广场的正常营运。

3. 甲方可自由转让本合同约定标的物，但应事先书面通知乙方，并保证按本合同约定属于甲方的权利、义务全部由受让人继续履行。

4. 乙方有权根据市场发展和经营需要，适时调整本合同约定标的物的经营类别及根据不同的经营类别进行装饰装修，甲方不得干涉。

5. 合同期内，乙方有权根据经营需要调整业态规划和经营管理模式，提升物业价值，提高经济效益。

**第六条**：违约责任

1. 甲乙双方必须严格遵守本合同各项条款，违约方须承担相应的法律和经济责任，并赔偿给对方造成的经济损失。

2. 因甲方处置使用权不当或设立抵押、担保等原因，造成乙方无法正常行使经营管理权时，甲方应承担由此对乙方造成的经济损失。

3. 乙方无正当理由逾期向甲方支付回报，应向甲方赔偿按逾期支付金额日1‰的标准计算的违约金，合同继续履行；逾期超过三个月，甲方另有权单方面解除合同，收回合同标的物，同时保留追索乙方经营管理期间未付收益的权利。

**第七条**：其他约定

1. 因甲方原因未能取得委托出租门面的所有权或未能按时办妥入伙手续，则乙方有权解除本合同，并保留追索由此而造成损失的权利。

2. 在合同有效期内发生地震、台风、战争等不可抗力，致使本合同不能履行或不能完全履行的，甲乙双方可通过友好协商决定是否终止合同或延期履行合同。

3. 合同未尽事宜，双方友好协商解决；协商不成，任何一方均可向物业所在地人民法院起诉。

4. 合同附件是本合同的有效组成部分，与本合同具有同等法律效力。

**第八条：**本合同一式二份，甲乙双方各执一份，经双方签字盖章后生效。

甲方：_____ 乙方：_____商业管理有限公司

法定代表人：_____ 法定代表人：_____

委托代理人：_____ 委托代理人：_____

身份证号码：_____ 地　　址：_____

（营业执照号）电　　话：_____

地　　址：_____ 传　　真：_____

移动电话：_____

办公电话：_____

住宅电话：_____

　年　月　日　　　　　　　　年　月　日

不可撤销的担保承诺：

×××房地产开发有限公司愿意为乙方履行本合同的义务提供担保，若乙方不能按本合同约定履行向甲方支付回报的义务，则本公司承担连带责任，按本合同约定无条件向甲方支付回报。

担保方：×××房地产开发有限公司

法定代表人：_____ 委托代理人：_____

地　　址：_____

联系电话：_____

　　　　　　　　　　　　　　　　年　月　日

## 范本三　商住房中介出租委托代理合同

合同编号：_____

委托方（甲方）：_____

受托方（乙方）：_____

根据《中华人民共和国合同法》、《城市房屋租赁管理办法》及其他相关规定，甲乙双方经友好协商，就甲方委托乙方代理出租甲方所购××商业项目商住房的相关事宜达成一致，签订本合同。

**第一条：**商住房位置、面积、租金

| 商住房位置 | 面积与租金标准 | | |
|---|---|---|---|
| | 产权面积（平方米） | 租价（元/平方米·月） | 月租金（元） |
| 层　　号 | | | |
| 层　　号 | | | |
| 层　　号 | | | |
| 层　　号 | | | |
| 层　　号 | | | |
| 合　　计 | | | |

月租金合计：¥_____元（大写　万　仟　佰　拾　元）。

**第二条：委托期限**

自_____年_____月_____日起至_____年_____月_____日止。

**第三条：委托内容**

甲方委托乙方以乙方名义代签租赁合同、代收定金（押金）、代收租金、代收代缴水电费等费用和对商住房进行日常管理。

**第四条：费用、租金的收付及互惠政策**

1. 乙方免收甲方房屋出租中介服务费，向承租方收取或优惠物业管理服务费。

2. 在甲方与开发公司签订《商品房买卖合同》时，乙方按本合同约定的租金标准，一次性支付甲方_____个月的租金，甲方可用此款冲抵购买商住房的首付款。

3. 委托期限结束，甲方继续出租的，在同等条件下原承租方享有优先租赁权。

**第五条：双方的权利与义务**

1. 甲方将物业委托给乙方租赁，在委托期限内甲方不得将被委托物业另行租赁给他人，也不得因设置抵押而影响《租赁合同》的按期履行。

2. 甲方作为物业产权所有者委托乙方将甲方的物业出租后，由物业租赁关系所产生的权利和义务均由甲方单独享受和承担（合同另有约定的除外）。

3. 税费按相关规定各自承担。

**第六条：违约责任**

1. 甲方未按购房合同、入伙程序或其他原因完善手续，使被委托签订的《租赁合同》不能按期履行，由此造成的一切损失由甲方负责，乙方有权将合同标的区域交与承租方。

2. 甲方在本合同期内擅自将被委托物业另行租赁给他人，或设置抵押或转让物业，或因甲方其他原因使被委托签订的《租赁合同》无法履行，由此引起的经济和法律纠纷由甲方负责，甲方除按《租赁合同》约定赔偿承租方的损失外，还应赔偿由此给乙方造成的经济损失。

3. 甲方违约，乙方有权追索已实际提前支付给甲方的租金。

**第七条**：其他约定

1. 因甲方原因未能取得委托出租商住房的所有权或未能按时办妥入伙手续，则乙方有权解除本合同。

2. 委托期届满，本合同自动解除。

3. 如遇不可抗力，使合同难以履行，合同解除，双方互相免除责任。

**第八条**：本合同一式二份，甲乙双方各执一份，经双方签字盖章后生效。

**第九条**：本合同签订后，未尽事宜可签订补充协议，补充协议与本合同有同等法律效力。

**第十条**：本合同签订后，如发生争议，双方协商解决；协商不成，任何一方均可向物业所在地人民法院起诉。

委托方：_____ 受托方：_____

法定代表人：_____ 法定代表人：_____

委托代理人：_____ 委托代理人：_____

身份证号码：_____ 地　　址：_____

（营业执照复印件） 电　　话：_____

地　　址：_____ 传　　真：_____

移动电话：_____ 开户银行：_____

办公电话：_____ 银行账号：_____

住宅电话：_____

　年　月　日　　　　　　　　年　月　日

## 范本四　业主临时公约

## 第一章　总　则

**第一条**　根据中华人民共和国国务院令（第 379 号）《物业管理条例》和相关法律、法规、政策，建设单位在销售物业之前，制定本临时公约，对有关物业的使用、维护、管理，业主的共同利益，业主应当履行的义务，违反公约应当承担的责任等事项依法作出约定。

**第二条**　建设单位应当在物业销售前将本临时公约向物业买受人明示，并予以说明。

物业买受人与建设单位签订物业买卖合同时对本临时公约予以的书面承诺，表示对本临时公约内容的认可。

**第三条** 本临时公约对建设单位、物管企业、业主和物业使用人均有约束力。

**第四条** 建设单位与物业管理企业签订的前期物业服务合同中涉及业主共同利益的约定，应与本临时公约一致。

## 第二章 物业基本情况

**第五条** 本物业管理区域内物业的基本情况

物业名称：＿＿＿＿＿＿；

坐落位置：＿＿＿＿＿＿；

物业类型：商业用房、商住房、停车场等；

物业管理区域四至：规划建设用地红线范围内。

**第六条** 根据有关法律法规和物业买卖合同，业主享有以下物业共用部位、共用设施设备的所有权

1. 由裙楼全体业主共有的共用部位，包括裙楼专用的承重结构、主体结构，公共门厅、公共通道走廊、公共楼梯间等，买卖合同另有约定的除外。

2. 由裙楼全体业主共有的共用设施设备，包括裙楼专用的共用中央空调系统、电梯、给排水管道、水箱、照明设施、消防设施、避雷设施等。

3. 由单幢塔楼建筑物的全体业主共有的共用部位，包括该幢建筑物的承重结构、主体结构，公共门厅、公共通道走廊、公共楼梯间、户外墙面等（合同另有约定的除外）。

4. 由单幢塔楼建筑物的全体业主共有的共用设施设备，包括该幢建筑物内的共用电梯、给排水管道、水箱、照明设施、消防设施、避雷设施等。

5. 由物业管理区域内全体业主共有的共用部位和共用设施设备，包括池井、照明设施、共用设施设备使用的房屋、公共厕所等。

**第七条** 在本物业管理区域内，根据物业买卖合同，以下没有参加面积分摊的部位和设施设备为建设单位所有

地下及室外停车场、户外招牌广告位、由建设单位投资用于物业配套的区域场所等。

建设单位行使以上部位和设施设备的所有权，不得影响物业买受人正常使用物业。

### 第三章　物业的使用

**第八条**　业主对物业的专有部分享有占有、使用、收益和处分的权利，但不得妨碍其他业主正常使用物业。

**第九条**　业主应遵守法律、法规的规定，按照有利于物业使用、安全、整洁以及公平合理、不损害公共利益和他人利益的原则，在空气调节、供电、供水、排水、通行、采光、装饰装修、环境卫生、环境保护等方面妥善处理与相邻业主的关系。

**第十条**　业主应按设计用途使用物业。因特殊情况需要改变物业设计用途的，业主应在征得相邻业主书面同意后，报有关行政主管部门批准，并告知物业管理企业。

**第十一条**　业主需要装饰装修房屋的，应事先告知物业管理企业，并与其签订装饰装修管理服务协议。

业主应按装饰装修管理服务协议的约定从事装饰装修行为，遵守装饰装修的注意事项，不得从事装饰装修禁止的行为。

**第十二条**　业主应在指定地点放置装饰装修材料及装修垃圾，不得擅自占用物业共用部位和公共场所。

**第十三条**　因装饰装修房屋影响物业共用部位、共用设施设备的正常使用以及侵害相邻业主合法权益的，业主应及时恢复原状并承担相应的赔偿责任。

**第十四条**　业主应按有关规定合理使用水、电等共用设施设备，不得擅自拆改。

**第十五条**　业主应按设计预留的位置安装空调，未预留设计位置的，应按物业管理企业指定的位置安装，并按要求做好噪声及冷凝水的处理。

**第十六条**　业主及物业使用人使用电梯，应遵守本物业管理区域的电梯使用管理规定。

**第十七条**　在物业管理区域内行驶和停放车辆，应遵守本物业管理区域的车辆行驶和停车规则。

**第十八条**　本物业管理区域内禁止下列行为

1. 损坏房屋承重结构、主体结构，破坏房屋外貌，擅自改变房屋设计用途；

2. 占用或损坏物业共用部位、共用设施设备及相关场地，擅自移动物业共用设施设备；

3. 违章搭建、私设摊点，擅自进行室外经营，占道经营；

4. 在非指定位置倾倒或抛弃垃圾、杂物；

5. 违反规定堆放、使用易燃、易爆、剧毒、放射性物品，排放有毒有害物质，发出超标噪声；

　　6. 擅自在物业共用部位和相关场所悬挂、张贴、涂改、刻划；

　　7. 利用物业从事危害公共利益和侵害他人合法权益的活动；

　　8. 法律、法规禁止的其他行为。

　　**第十九条**　业主和物业使用人在本物业管理区域内饲养动物不得违反有关规定。

## 第四章　物业的维修养护

　　**第二十条**　业主对物业专有部分的维修养护行为不得妨碍其他业主的合法权益。

　　**第二十一条**　因维修养护物业确需进入相关业主的物业专有部分时，业主或物业管理企业应事先告知相关业主，相关业主应给予必要的配合。

　　相关业主阻挠维修养护的进行造成物业损坏及其他损失的，应负责修复并承担赔偿责任。

　　**第二十二条**　发生危及公共利益或其他业主合法权益的紧急情况，必须及时进入物业专有部分进行维修养护但无法通知相关业主的，物业管理企业可向相邻业主说明情况，在第三方（如所在地居委会或派出所或业主委员会委员等）的监督下，进入相关业主的物业专有部分进行维修养护，事后应及时通知相关业主并做好善后工作。

　　**第二十三条**　因维修养护物业或者公共利益，业主确需临时占用、挖掘道路、场地的，应当征得建设单位和物业管理企业的同意，并在约定期限内恢复原状。

　　**第二十四条**　物业存在安全隐患，危及公共利益或其他业主合法权益时，责任人应当及时采取措施消除隐患。

　　**第二十五条**　建设单位应按国家规定的保修期限和保修范围承担物业的保修责任。

　　建设单位在保修期限和保修范围内拒绝修复或拖延修复的，业主可以自行或委托他人修复，修复费用由建设单位承担。

　　**第二十六条**　本物业管理区域内的全体业主按规定缴存、使用和管理物业专项维修资金。

## 第五章　业主的共同利益

　　**第二十七条**　为维护业主的共同利益，全体业主同意在物业管理活动中授予物业管理企业以下权利：

1. 根据本临时公约配合建设单位制定物业共用部位和共用设施设备的使用、公共秩序和环境卫生的维护等方面的规章制度；

2. 以批评、规劝、公示等必要措施制止业主、物业使用人违反本临时公约和规章制度的行为；

3. 有关法律法规赋予物业管理企业的其他权利。

**第二十八条**　建设单位应在物业管理区域内显著位置设置公告栏，用于张贴物业管理规章制度，以及应告知全体业主和物业使用人的通知、公告。

**第二十九条**　本物业管理区域内，物业服务收费采取包干制方式。业主应按照前期物业服务合同的约定按时足额缴纳物业服务费用。

物业服务费用是物业服务活动正常开展的基础，涉及全体业主的共同利益，业主应积极倡导欠费业主履行缴纳物业服务费用的义务。

**第三十条**　利用业主所有的共用部位、共用设施设备进行经营的，应当在征得相关业主、物业管理企业的同意后，按规定办理有关手续，业主所得收益主要用于补充专项维修资金。

## 第六章　争议解决办法

**第三十一条**　业主违反本临时公约关于物业的使用、维护和管理的约定，妨碍物业正常使用或造成物业损害及其他损失的，其他业主和物业管理企业可依据本临时公约向人民法院提起诉讼。

**第三十二条**　业主违反本临时公约关于业主共同利益的约定，导致全体业主的共同利益受损的，其他业主和物业管理企业可依据本临时公约向人民法院提起诉讼。

**第三十三条**　建设单位未能履行本临时公约约定义务的，业主和物业管理企业可向有关行政主管部门投诉，也可根据本临时公约向人民法院提起诉讼。

## 第七章　附　　则

**第三十四条**　本临时公约所称物业的专有部分，是指由单个业主独立使用并具有排他性的房屋、空间、场地及相关设施设备。

本临时公约所称物业的共用部位、共用设施设备，是指物业管理区域内单个业主专有部分以外的，属于多个或全体业主共同所有或使用的房屋、空间、场地及相关设施设备。

**第三十五条**　业主转让或出租物业时，应提前书面通知物业管理企业，并要求物业继受人签署本临时公约承诺书或承租人在租赁合同中承诺遵守本临时公约。

**第三十六条**　本临时公约由建设单位、物业管理企业和每位业主各执一份。

**第三十七条**　本临时公约自首位物业买受人承诺之日起生效，至业主大会制定的《业主公约》生效之日终止。

**第三十八条**　本临时公约第三条、第三十七条所称业主是指拥有房屋所有权的房屋买受人，其他条款所称业主是指拥有房屋所有权的建设单位和房屋买受人。

## 业主临时公约承诺书

本人为××商业项目（商业物业、商住物业）＿＿层＿＿号物业的买受人，为维护本物业管理区域内全体业主的共同利益，本人声明如下：

一、确认已详细阅读××房地产开发有限公司制定的《××业主临时公约》（以下简称"本业主临时公约"）；

二、同意遵守并倡导其他业主及物业使用人遵守"本业主临时公约"；

三、本人同意承担违反本临时公约的相应责任，并同意对该物业的使用人违反"本业主临时公约"的行为承担连带责任；

四、本人同意转让该物业时取得物业继受人签署的"业主临时公约承诺书"并送交建设单位或物业管理企业，建设单位或物业管理企业收到物业继受人签署的承诺书前，本承诺继续有效。

业主（承诺人）：＿＿＿＿＿＿＿　　　　移动电话：＿＿＿＿＿＿＿

（签章）

办公电话：＿＿＿＿＿＿＿　　　　家庭电话：＿＿＿＿＿＿＿

＿＿＿＿年＿＿＿＿月＿＿＿＿日

## 范本五　联合经营合同
### （封顶扣点）

合同编号：＿＿＿＿＿＿＿

甲方：＿＿＿＿＿＿＿商业管理有限公司

乙方：＿＿＿＿＿＿＿

为适应经济快速发展，满足消费者日益增长的物质需求，规范经营行为，根据《中华人民共和国合同法》及国家相关法律法规，甲、乙双方本着平等合作、互惠互利原则，经友好协商，就乙方在××国际商业广场内设置专柜（店）用于经营事宜，制定本合同。

### 一 联营标的物

**第一条：** 甲方向乙方提供位于××国际商业广场＿＿层＿＿＿＿＿＿区域内编号为＿＿＿＿＿＿＿＿＿＿的经营场地，由乙方设立销售（服务）专柜（店）。该场地套内建筑面积为＿＿＿平方米。

乙方在该场地经营符合甲方功能分区的＿＿＿＿品类＿＿＿＿＿品牌的商品。

**第二条：** 甲方应于＿＿年＿＿月＿＿日前将具备商装条件的经营场地交付乙方进行二次商装。乙方二次商装的设计、装修应当符合甲方经营风格、主题色调，并承担因此产生的费用。

乙方保证按经营范围及合同约定提供足够的适销对路的商品，并于＿＿年＿＿月＿＿日前商装完毕，与商场同步开业。

### 二 联营期限

**第三条：** 本合同期限自＿＿年＿＿月＿＿日起至＿＿年＿＿月＿＿日止。合同期满，乙方要求继续经营的，须于合同期满前60天书面提出续约申请，经甲方同意后，办理续约手续，若乙方在本合同期限内没有严重违反甲方规定及本合同相关约定，则同等条件下，乙方享有该经营场地优先续约权。

**第四条：** 乙方在联营期限内，因特殊原因要求提前解除合同，需提前60天提出书面申请，经甲方同意后，双方终止合同。若乙方未经甲方同意擅自撤出，甲方有权要求乙方赔偿经济损失，赔偿金额为乙方撤出前三个月所在同楼层、同业种每平方米的平均日销售水平×联营标的物面积×扣点×提前终止合同天数。

### 三 联营方式

**第五条：** 封顶扣点形式

（一）甲方按阶段从乙方该阶段总销售金额中提成＿＿＿%（扣点）作为场地使用费和经营管理费（含物业管理费、公用水电费、中央空调费）。甲方提供扣点返还优惠，具体方式为：＿＿＿年＿＿月＿＿日至＿＿月＿＿日销售额免提＿＿＿%扣点。

| 3月 | 4月 | 5月 | 6月 | 7月 | 8月 | 小计 | 9月 | 10月 | 11月 | 12月 | 1月 | 2月 | 小计 | 合计 |
|---|---|---|---|---|---|---|---|---|---|---|---|---|---|---|
|  |  |  |  |  |  |  |  |  |  |  |  |  |  |  |

（二）乙方每月联营目标销售额不低于。

（三）在合同期内乙方连续三个月达不到目标销售额，甲方有权对本合同内容进行调整包括但不限于调整乙方的位置或终止合同。

（四）合同期内，甲方为鼓励乙方努力提高销售额，为乙方提供封顶奖励。

提成封顶金额的标准：¥＿＿＿＿元/平方米·月×联营标的物面积（平方米）×合同期（月数）

合同期满，甲方无息返还合同期内超出封顶金额的部分。

返还金额＝合同期内实际已扣点金额－提成封顶金额

**第六条**：签订此合同时，乙方向甲方缴纳定金¥＿＿＿＿＿＿元（大写人民币＿＿＿＿＿＿元）。正式营业后定金自动转为保证金。合同期满三个月，若乙方无质量、服务方面的投诉，且未违反甲方规定及本合同约定的相关条款，甲方将保证金无息退还给乙方。

四　联营结算方式

**第七条**：甲方每月＿＿＿日结算乙方＿＿＿月＿＿＿日至＿＿＿月＿＿＿日的销售货款；每月＿＿＿日结算乙方＿＿＿月＿＿＿日至＿＿＿月＿＿＿日的销售货款。乙方应于货款结算前二天至甲方财务室领取结算清单。

**第八条**：因乙方原因导致未能按时结算货款，则顺延至下一结算期结算。

**第九条**：乙方在经营期间统一使用甲方的销售发票及相关票据（乙方承担相应的成本费用），由甲方统一收银。

**第十条**：乙方销售额以甲方收银记录为准。

**第十一条**：合同终止或解除，经甲方验收，乙方经营的经营场地基础设施完好无损，在乙方退场后十天内结清销售货款。

**第十二条**：如乙方账号变更，需向甲方提供正式的书面变更通知，口头通知甲方将不予认可，因乙方提供的账号有误造成的结算延期和其他任何损失由乙方承担。

**第十三条**：如乙方超过二个月未办理货款结算手续，甲方将视同乙方自动放弃经营场地，甲方有权对该经营场地重新进行招商，但乙方提前向甲方申请并征得甲方同意者除外。

五　税收

**第十四条**：合同期限内，按国家规定需要缴纳的税金，由乙方按规定缴纳。乙方采用＿＿＿＿种方式缴纳应承担的税款：

（一）乙方能够提供增值税发票的，须于每个结算日前二天在领取结算清单时，向甲方提供该货款结算周期实际销售金额的增值税发票，甲方据实结算货款给乙方；

（二）乙方每个结算日前二天在领取结算清单时，向甲方提供的该账期增值税发票票面金额小于该账期实际销售金额的，差额部分乙方按税务部门的相关规定缴纳税款；

（三）乙方不能提供增值税发票的由甲乙双方向相关部门申请后另行协商解决。

六　经营与管理

**第十五条：**乙方在进场前必须按国家相关规定提供下列（包含但不限于）合法有效的经营证件复印件（必要时出示原件）。

（一）基本经营证件

1. 企业提供营业执照副本（必须有当年或上年度年检记录），自然人提供身份证；

2. 国税、地税副本（必须有当年或上年度年检记录），自然人除外；

3. 税务登记证（一般纳税人应提供一般纳税人资格证书、年审记录及增值税发票领购本首页复印件或代管监开证明），自然人除外；

4. 企业组织机构代码证，自然人除外；

5. 商标注册证或受理商标申请注册证明或核准商标转让证明；

6. 产品质检证明复印件，量身定制等个体户除外；

7. 如乙方系经销商或代理商，必须提供生产商或上一级经销代理商的经销授权书或销售委托书（出示原件）；

8. 如经营委托加工商品，须提交委托加工协议；

9. 授权委托书原件、法定代表人及业务联系人身份证复印件。

（二）品类特殊质量证件

1. 化妆品、食品——生产许可证、卫生许可证、特殊用途化妆品卫生许可批文。

2. 电工、电器——中国质量认证中心出具的"3C"认证。

3. 羊毛衫——如有纯新羊毛商标，需提供纯新羊毛标志特许权证书。

4. 餐饮、休闲、运动健身、网络会所及其他特殊行业按相关行业标准提供相关证件。

5. 进口商品：

化妆品——进口化妆品卫生许可批文；

其他商品——进口报关单、商检证等。

（三）乙方每年须按证件的时效性及时对证件予以更新并转交甲方存档。

（四）如乙方因证件不全、失效、不真实等原因引起经济纠纷或国家机关立案查处，所有责任概由乙方自行承担。同时，若因此给甲方造成经济损失和名誉损失的，甲方保留追究乙方赔偿的权利。

**第十六条：装修管理服务**

（一）乙方进场前对经营场地进行必要的装修，要事先提供装修设计方案及陈列道具图样，征得甲方书面认可。

（二）乙方在进场装修前，负责协同装修施工负责人到甲方办理进场施工手续。乙方除自行承担费用外应责成施工单位遵守甲方的监督管理。

（三）乙方督促其工作人员、雇用装修施工人员，确保装修施工安全，不得对商场结构、设备设施以及他人人身财产构成威胁或造成损失，否则由乙方负全责。

（四）具体装修实施细则详见《××国际商业广场装修指南》。

**第十七条：商品管理服务**

（一）乙方在经营过程中，经营场地的店招名称及陈列和销售的商品，须为合法的商品名称、商标、图案、著作权、专利权并符合政府有关规定，商品中文标识齐全、规范，不得销售假冒伪劣商品。

（二）乙方保证专柜（店）商品丰满、新颖，优先供应紧俏商品、新商品。乙方进场经营品类、品牌以合同确认为准，如有新品牌、新品类引进，须经甲方书面同意后方可陈列销售。

（三）乙方商品零售价由乙方自行制定并及时报甲方备案，并采用甲方规定的统一价格标签陈列销售。乙方商品零售价应符合物价部门的规定并不得高于同城其他商场、专卖店同品牌同类商品价格；不得虚抬售价、虚假打折；确需调价时，应提前出示调价通知单，经甲方同意后执行。

（四）乙方待售商品均须按甲方指定的送货时间、进场通道和运进方式进入甲方卖场；乙方专柜（店）商品由乙方自行负责管理；如需退场，须书面提请甲方同意，由保安人员查验后，从甲方规定出入口进出。

（五）乙方所经营的商品，在经消费者使用后，确因商品质量问题致使消费者的合法权益受到损害时，甲方有权按《消费者权益保护法》和国家及甲方的有关规定进行先行处理，由此而发生的一切费用由乙方承担，并酌情处以一定数额的违约金。

**第十八条：商场管理服务**

（一）合同期限内，乙方须遵守国家有关商品价格、质量和广告宣传及其他相关方面的政策和法律法规，不得利用甲方提供的经营场地进行违法犯罪活动，损害公众利益。否则承担由此产生的全部法律责任。

（二）乙方须服从甲方管理，严格遵守甲方规定的营业时间，除甲方另有规定外，乙方不得在营业时间内停止营业，否则按停业天数处以每天1000~5000元的违约金。

（三）根据市场发展方向，甲方有权按实际情况调整经营布局，并对乙方经营场地进行变更或视乙方经营业绩扩大或缩小乙方经营面积，但必须先通知乙方，协商解决。

（四）乙方须对其在商场的商品及财产自行投保并承担其费用。如乙方未投保或保额不足，无论任何非甲方过失事件造成损失，均由乙方自行负责，与甲方无关。

（五）乙方原则上统一使用甲方的包装用品，包括包装纸、包装袋、箱子、标签等，并承担相应的成本费用；如乙方确需个别的包装用品须事前征得甲方书面同意，费用由乙方自行承担。

**第十九条：促销管理服务**

（一）乙方在符合国家有关法律法规和甲方相关管理制度的基础上，积极开展促销活动并承担费用，促进销售。但严禁故意夸大商品功效等与实际不符的广告宣传；未经甲方同意，乙方不得在商场或专柜（店）内展示商号或任何广告、布告；

（二）乙方接受甲方推行的会员制、会员卡、会员消费积分、会员升级、会员折扣优惠等活动，提供并承担会员折扣优惠（原则上优于正常销售折扣），在会员优惠与促销或正常销售折扣相比较有差距时，取其价低者销售；

（三）乙方积极按甲方制定的网站运行管理规则向甲方商场网站申请网上商店和网上展示、促销和交易，促进销售；

（四）一年中的大型节日（如元旦、春节、五一、国庆等）或根据实际商场运营情况，甲方举行促销活动，乙方必须积极配合并承担相应的折扣、促销费用和广告费用。但其所涉及的经费分担，甲方应事先通知乙方；

（五）如乙方在市内进行任何优惠或酬宾促销活动，应提前3天通知甲方并同意在甲方商场专柜（店）内该商品亦调整至同等优惠或酬宾促销活动水平，并自行承担全部费用。

**第二十条：人员管理服务**

（一）乙方经营场地配备营业员___名，由乙方自行聘请或乙方委托甲方安排，但必须经过甲方审核并统一培训合格后方能上岗，乙方承担相关培训费用。乙方营业员的工资、奖金福利及社会保险金等由乙方承担，其标准不能低于同城同类商场水平，由甲方统一发放，于乙方当月货款中扣除。

（二）乙方配备营业员须按照甲方规定的时间上、下班，上班时间须穿着甲方统一规定的制服，佩戴识别证。由此发生的费用乙方承担。

（三）若乙方另行派遣职员或培训人员对专柜商品进行管理和对营业员提供培训，或为了促销活动派遣有关人员，须事前与甲方协商确定派员人数及时间，派遣之人员须自觉遵守商场的有关规定。

七　双方协作事项

甲方协作事项

**第二十一条：**甲方负责提供营业场所的有关设备及附属设施；负责整个商场的天花吊顶、共用通道、公共设施设备、中央空调、照明、电梯、电源插座等公共设施设备的安装/装修、维修和管理；确保商场的共用部位、设施设备（比如进出口走廊、楼梯、电梯、通道、扶梯及其他共用设施设备）处于共用状态；提供商场的物业管理服务；根据乙方的申请，为乙方提供房屋自用部位、自用设施设备的维修养护等特约有偿服务。

**第二十二条：**甲方有权对乙方的经营场地装修设计进行审核，对装修过程进行监督，对装修结果进行验收，如不符合甲方统一装修风格或经营主题，甲方有权要求乙方返工，重新设计装修。

**第二十三条：**甲方负责财务管理，可依本合同约定时间和标准按时收取相关费用，同时按时与乙方结算营业款。乙方不得以任何名义私收营业款，如发生此类情况，甲方可视影响程度处以私收金额 10~20 倍的违约金。

**第二十四条：**甲方负责财务管理，提供统一收银的 POS 系统，负责统一收银，按时结算支付营业款给乙方（如需对账，待对账结束）。

**第二十五条：**甲方负责制定商场整体经营管理制度并组织实施，乙方及其有关人员遵照执行；制定商场整体经营战略和市场拓展策略并组织实施，从整体上研究、规划、发展商场优势和竞争力，协助乙方做好商品促销工作。

**第二十六条：**甲方对乙方使用物业过程中的安全、消防、治安等事项进行监督，有权制止乙方违反有关法律法规和商场管理规定的行为，发现问题有权要求乙方限期整改。

乙方协作事项

**第二十七条：**遵纪守法，锐意进取，积极支持、配合甲方将商场做旺、做强，提升营业额。

**第二十八条：**负责经营场地日常保养、保洁、安全保卫、防火、防盗等工作，并与甲方签订《防火责任书》。合同解除时，有权将属于乙方、未镶嵌在建筑物内、可移动的设施取走或自行处理，但不得损坏经营场地及公共部分的装修，因拆除所产生的费用由乙方承担。

**第二十九条**：不得擅自改变经营场地及公共部分的建筑结构，不得拆除和破坏场地内原有设备及设置在该建筑物内的任何公共设施。否则，乙方负责赔偿或限期自费修复完好。

**第三十条**：合同期内，乙方承诺为甲方俱乐部金卡会员提供最高____%的折扣优惠，为甲方俱乐部银卡会员提供最高____%的折扣优惠。顾客使用信用卡消费，乙方必须接受并负担其手续费，该手续费甲方在结算支付乙方货款时扣除。

**第三十一条**：乙方及其工作人员应遵守甲方制定的商场管理制度，不得擅自收银；不得借故不开、拒开发票；不得使用非甲方的发票、收据；不得擅自将经营场地转租、转让、转借他人；不得擅自占用公共设施、通道和场地，货箱不能堆放在经营场所及商场公共区，否则将按商场的有关管理规定处理。

**第三十二条**：顾客对商品质量或服务质量投诉时，乙方应及时妥善处理。

八　违约责任

**第三十三条**：甲乙双方应严格遵守本合同条款，任何一方违约都应承担相应的违约责任和其他法律责任，赔偿因违约给对方造成的损失，本合同另有约定的除外。

**第三十四条**：在本合同期限内，除法律规定和本合同约定的情形外，未经对方同意，任何一方均不得单方终止合同。否则，应当向守约方赔偿 5000~10000 元，且守约方有权解除本合同。

下列行为视为单方终止合同，并按前款追究单方终止合同的违约责任：

（一）甲方迟延三个月未将经营场地交付乙方的；

（二）乙方迟延进场商装并影响商场开业的；

（三）乙方擅自停业三天及以上的。

九　不可抗力

**第三十五条**：在合同有效期内发生地震、台风、战争以及双方及其他不可抗力事件致使本合同不能履行或不能完全履行的，免除违约责任，甲乙双方可通过友好协商决定是否终止合同或延期履行合同。

十　合同的解除和终止

**第三十六条**：遇有下列情况时，甲方有权解除本合同：

1. 在合同有效期内，未经甲方书面同意，乙方擅自停止营业、改变经营范围或者增加非合同约定范围内的经营品牌的；

2. 乙方利用更名等方式擅自将本合同或经营场地转让、转租给第三者，以及参与其他有损甲方权益事宜的；

3. 乙方连续三个月在同品类项目中单位面积营业额排名倒数前2名的。

**第三十七条**：遇有下列情况之一，甲乙任何一方可解除本合同

1. 一方有严重违约行为，导致不能实现合同目的的；

2. 一方出现停业、破产、不能偿还债务或解散的；

3. 一方的财产被依法查封、冻结、扣押或法院执行导致无法继续经营的；

4. 由于国家的政策原因而使本合同不能正常履行的。

### 十一　合同解除或终止后的处理

**第三十八条**：合同期满不再续约，或因第三十六、三十七条的规定而终止合同，乙方应于合同期满之日或接到甲方终止合同书面通知之日起3天内，负责将所陈列商品或储存在甲方内/外仓的商品予以撤离，并不得破坏专柜设施，或恢复原状，如逾期未履行时，甲方有权自行处理。乙方物品若因此而有遗失或损毁，甲方不负任何责任。

**第三十九条**：合同终止之日，乙方须向甲方清偿并支付所有费用。在乙方未清偿前，甲方有权留置乙方的财产至乙方清偿所有费用。

### 十二　其他

**第四十条**：乙方及其代理人、受雇人或者乙方的股东、合伙人在经营过程中，与第三人发生的债权债务及其他，均与甲方无关，完全由乙方自行负责。若因此影响甲方声誉或对甲方造成经济损失的，由乙方承担全部法律责任。

**第四十一条**：在经营过程中，原则上不允许乙方进行名称变更，如乙方因特殊原因确需更名，经双方协商一致后签订更名补充协议。

**第四十二条**：乙方不得向甲方相关管理人员行贿、送礼、请吃。否则，一经查出，清退出场，并对甲方管理人员从严处理。

**第四十三条**：甲乙双方必须对本合同的内容予以保密，否则，另一方有要求赔偿的权利。

**第四十四条**：经营期满，续签合同时需经甲乙双方另行书面确认。本合同条款中的未尽事宜，甲乙双方友好协商解决，并以补充协议的书面形式约定，作为本合同的有效附件。本合同附件是本合同的有效组成部分，与本合同具有同等法律效力。

**第四十五条**：本合同争议，双方应当协商解决；协商不成的，可向物业所

在地人民法院起诉。

**第四十六条**：本合同甲、乙双方的权利义务关系将不属合伙关系。

**第四十七条**：本合同自甲、乙双方签字盖章并由乙方交付定金之日起生效。本合同一式二份，甲、乙双方各执一份，具有同等法律效力。

甲方：                          乙方：

法定代表人：                    法定代表人：

委托代理人：                    委托代理人：

地    址：                      身份证号码：

联系电话：                      （营业执照号码）

银行账号：                      地    址：

开户银行：                      移动电话：

                              办公电话：

                              住宅电话：

年    月    日                  年    月    日

## 范本六  联合经营合同
### （保底扣点）

合同编号：＿＿＿＿＿＿＿＿＿

甲方：＿＿＿＿＿＿商业管理有限公司

乙方：＿＿＿＿＿＿＿＿＿＿＿＿＿

为适应经济快速发展，满足消费者日益增长的物质需求，规范经营行为，根据《中华人民共和国合同法》及国家相关法律法规，甲、乙双方本着平等合作、互惠互利原则，经友好协商，就乙方在××国际商业广场内设置专柜（店）用于经营事宜，制定本合同。

**一  联营标的物**

**第一条**：甲方向乙方提供位于××国际商业广场＿＿＿层＿＿＿＿＿区域内编号为＿＿＿＿＿＿＿＿＿＿＿的经营场地，由乙方设立销售（服务）专柜（店）。该场地套内建筑面积为＿＿＿＿平方米。

乙方在该场地经营符合甲方功能分区的＿＿＿＿品类＿＿＿＿品牌的商品。

**第二条**：甲方应于＿＿＿＿年＿＿＿＿月＿＿＿日前将具备商装条件的经营场地交付乙方进行二次商装。乙方二次商装的设计、装修应当符合甲方经营风格、主题色调，并承担因此产生的费用。

乙方保证按经营范围及合同约定提供足够的适销对路的商品，并于＿＿＿＿年＿＿＿＿月＿＿＿＿日前商装完毕，与商场同步开业。

二　联营期限

**第三条：**本合同期限自＿＿＿＿年＿＿＿＿月＿＿＿＿日起至＿＿＿＿年＿＿＿＿月＿＿＿＿日止。合同期满，乙方要求继续经营的，须于合同期满前 60 天书面提出续约申请，经甲方同意后，办理续约手续，若乙方在本合同期限内没有严重违反甲方规定及本合同相关约定，则同等条件下，乙方享有该经营场地优先续约权。

**第四条：**乙方在联营期限内，因特殊原因要求提前解除合同，需提前 60 天提出书面申请，经甲方同意后，双方终止合同。若乙方未经甲方同意擅自撤出，甲方有权要求乙方赔偿经济损失，赔偿金额为乙方撤出前三个月所在同楼层、同业种每平方米的平均日销售水平×联营标的物面积×扣点×提前终止合同天数。

三　联营方式

**第五条：**保底扣点形式

（一）甲方按阶段从乙方该阶段总销售金额中提成＿＿＿＿％（扣点）作为场地使用费和经营管理费（含物业管理费、公用水电费、中央空调费）。甲方提供扣点返还优惠，具体方式为：＿＿＿＿年＿＿＿＿月＿＿＿＿日至＿＿＿＿月＿＿＿＿日销售额免提扣点。

| 3月 | 4月 | 5月 | 6月 | 7月 | 8月 | 小计 | 9月 | 10月 | 11月 | 12月 | 1月 | 2月 | 小计 | 合计 |
|---|---|---|---|---|---|---|---|---|---|---|---|---|---|---|
| | | | | | | | | | | | | | | |

（二）乙方每月联营目标销售额不低于＿＿＿＿＿＿。

（三）如乙方每月未能完成本合同规定的目标销售额时，甲方仍以本合同约定的目标销售为准，按上述比例提取扣点。

（四）在合同期内乙方连续三个月达不到目标销售额，甲方有权对本合同内容进行调整包括但不限于调整乙方的位置或终止合同。

**第六条：**签订此合同时，乙方向甲方缴纳定金¥＿＿＿＿＿＿元（大写人民币＿＿＿＿＿＿元）。正式营业后定金自动转为保证金。合同期满三个月，若乙方无质量、服务方面的投诉，且未违反甲方规定及本合同约定的相关条款，甲方将保证金无息退还给乙方。

四　联营结算方式

**第七条**：甲方每月＿＿＿＿日结算乙方＿＿＿＿月＿＿＿＿日至＿＿＿＿月＿＿＿＿日的销售货款；每月＿＿＿＿日结算乙方＿＿＿＿月＿＿＿＿日至＿＿＿＿月＿＿＿＿日的销售货款。乙方应于货款结算前二天至甲方财务室领取结算清单。

**第八条**：因乙方原因导致未能按时结算货款，则顺延至下一结算期结算。

**第九条**：乙方在经营期间统一使用甲方的销售发票及相关票据（乙方承担相应的成本费用），由甲方统一收银。

**第十条**：乙方销售额以甲方收银记录为准。

**第十一条**：合同终止或解除，经甲方验收，乙方经营的经营场地基础设施完好无损，在乙方退场后十天内结清销售货款。

**第十二条**：如乙方账号变更，需向甲方提供正式的书面变更通知，口头通知甲方将不予认可，因乙方提供的账号有误造成的结算延期和其他任何损失由乙方承担。

**第十三条**：如乙方超过二个月未办理货款结算手续，甲方将视同乙方自动放弃经营场地，甲方有权对该经营场地重新进行招商，但乙方提前向甲方申请并征得甲方同意者除外。

五　税收

**第十四条**：合同期限内，按国家规定需要缴纳的税金，由乙方按规定缴纳。乙方采用＿＿＿＿种方式缴纳应承担的税款：

（一）乙方能够提供增值税发票的，须于每个结算日前二天在领取结算清单时，向甲方提供该货款结算周期实际销售金额的增值税发票，甲方据实结算货款给乙方；

（二）乙方每个结算日前二天在领取结算清单时，向甲方提供的该账期增值税发票票面金额小于该账期实际销售金额的，差额部分乙方按税务部门的相关规定缴纳税款；

（三）乙方不能提供增值税发票的由甲乙双方向相关部门申请后另行协商解决。

六　经营与管理

**第十五条**：乙方在进场前必须按国家相关规定提供下列（包含但不限于）合法有效的经营证件复印件（必要时出示原件）。

（一）基本经营证件

1. 企业提供营业执照副本（必须有当年或上年度年检记录），自然人提供身份证；

2. 国税、地税副本（必须有当年或上年度年检记录），自然人除外；

3. 税务登记证（一般纳税人应提供一般纳税人资格证书、年审记录及增值税发票领购本首页复印件或代管监开证明），自然人除外；

4. 企业组织机构代码证，自然人除外；

5. 商标注册证或受理商标申请注册证明或核准商标转让证明；

6. 产品质检证明复印件，量身定制等个体户除外；

7. 如乙方系经销商或代理商，必须提供生产商或上一级经销代理商的经销授权书或销售委托书（出示原件）；

8. 如经营委托加工商品，须提交委托加工协议；

9. 授权委托书原件、法定代表人及业务联系人身份证复印件。

（二）品类特殊质量证件

1. 化妆品、食品——生产许可证、卫生许可证、特殊用途化妆品卫生许可批文。

2. 电工、电器——中国质量认证中心出具的"3C"认证。

3. 羊毛衫——如有纯新羊毛商标，需提供纯新羊毛标志特许权证书。

4. 餐饮、休闲、运动健身、网络会所及其他特殊行业按相关行业标准提供相关证件。

5. 进口商：

化妆品——进口化妆品卫生许可批文；

其他商品——进口报关单、商检证等。

（三）乙方每年须按证件的时效性及时对证件予以更新并转交甲方存档。

（四）如乙方因证件不全、失效、不真实等原因引起经济纠纷或国家机关立案查处，所有责任概由乙方自行承担。同时，若因此给甲方造成经济损失和名誉损失的，甲方保留追究乙方赔偿的权利。

**第十六条：装修管理服务**

（一）乙方进场前对经营场地进行必要的装修，要事先提供装修设计方案及陈列道具图样，征得甲方书面认可。

（二）乙方在进场装修前，负责协同装修施工负责人到甲方办理进场施工手续。乙方除自行承担费用外应责成施工单位遵守甲方的监督管理。

（三）乙方督促其工作人员、雇用装修施工人员，确保装修施工安全，不得对商场结构、设备设施以及他人人身财产构成威胁或造成损失，否则由乙方负全责。

（四）具体装修实施细则详见《××国际商业广场装修指南》。

**第十七条：商品管理服务**

（一）乙方在经营过程中，经营场地的店招名称及陈列和销售的商品，须为合法的商品名称、商标、图案、著作权、专利权并符合政府有关规定，商品中文标识齐全、规范，不得销售假冒伪劣商品。

（二）乙方保证专柜（店）商品丰满、新颖，优先供应紧俏商品、新商品。乙方进场经营品类、品牌以合同确认为准，如有新品牌、新品类引进，须经甲方书面同意后方可陈列销售。

（三）乙方商品零售价由乙方自行制定并及时报甲方备案，并采用甲方规定的统一价格标签陈列销售。乙方商品零售价应符合物价部门的规定并不得高于同城其他商场、专卖店同品牌同类商品价格；不得虚抬售价、虚假打折；确需调价时，应提前出示调价通知单，经甲方同意后执行。

（四）乙方待售商品均须按甲方指定的送货时间、进场通道和运进方式进入甲方卖场；乙方专柜（店）商品由乙方自行负责管理；如需退场，须书面提请甲方同意，由保安人员查验后，从甲方规定出入口进出。

（五）乙方所经营的商品，在经消费者使用后，确因商品质量问题致使消费者的合法权益受到损害时，甲方有权按《消费者权益保护法》和国家及甲方的有关规定进行先行处理，由此而发生的一切费用由乙方承担，并酌情处以一定数额的违约金。

**第十八条：商场管理服务**

（一）合同期限内，乙方须遵守国家有关商品价格、质量和广告宣传及其他相关方面的政策和法律法规，不得利用甲方提供的经营场地进行违法犯罪活动，损害公众利益。否则承担由此产生的全部法律责任。

（二）乙方须服从甲方管理，严格遵守甲方规定的营业时间，除甲方另有规定外，乙方不得在营业时间内停止营业，否则按停业天数处以每天1000~5000元的违约金。

（三）根据市场发展方向，甲方有权按实际情况调整经营布局，并对乙方经营场地进行变更或视乙方经营业绩扩大或缩小乙方经营面积，但必须先通知乙方，协商解决。

（四）乙方须对其在商场的商品及财产自行投保并承担其费用。如乙方未投保或保额不足，无论任何非甲方过失事件造成损失，均由乙方自行负责，与甲方无关。

（五）乙方原则上统一使用甲方的包装用品，包括包装纸、包装袋、箱子、标签等，并承担相应的成本费用；如乙方确需个别的包装用品须事前征得甲方书面同意，费用由乙方自行承担。

**第十九条：促销管理服务**

（一）乙方在符合国家有关法律法规和甲方相关管理制度基础上，积极开展促销活动并承担费用，促进销售。但严禁故意夸大商品功效等与实际不符的广告宣传；未经甲方同意，乙方不得在商场或专柜（店）内展示商号或任何广告、布告。

（二）乙方接受甲方推行的会员制、会员卡、会员消费积分、会员升级、会员折扣优惠等活动，提供并承担会员折扣优惠（原则上优于正常销售折扣），在会员优惠与促销或正常销售折扣相比较有差距时，取其价低者销售。

（三）乙方积极按甲方制定的网站运行管理规则向甲方商场网站申请网上商店和网上展示、促销和交易，促进销售。

（四）一年中的大型节日（如元旦、春节、五一、国庆等）或根据实际商场运营情况，甲方举行促销活动，乙方必须积极配合并承担相应的折扣、促销费用和广告费用。但其所涉及的经费分担，甲方应事先通知乙方。

（五）如乙方在××市内进行任何优惠或酬宾促销活动，应提前3天通知甲方并同意在甲方商场专柜（店）内该商品亦调整至同等优惠或酬宾促销活动水平，并自行承担全部费用。

**第二十条：人员管理服务**

（一）乙方经营场地配备营业员＿＿＿名，由乙方自行聘请或乙方委托甲方安排，但必须经过甲方审核并统一培训合格后方能上岗，乙方承担相关培训费用。乙方营业员的工资、奖金福利及社会保险金等由乙方承担，其标准不能低于同城同类商场水平，由甲方统一发放，于乙方当月货款中扣除。

（二）乙方配备营业员须按照甲方规定的时间上、下班，上班时间须穿着甲方统一规定的制服，佩戴识别证。由此发生的费用乙方承担。

（三）若乙方另行派遣职员或培训人员对专柜商品进行管理和对营业员提供培训，或为了促销活动派遣有关人员，须事前与甲方协商确定派员人数及时间，派遣之人员须自觉遵守商场的有关规定。

**七　双方协作事项**

甲方协作事项

**第二十一条：** 甲方负责提供营业场所的有关设备及附属设施；负责整个商场的天花吊顶、共用通道、公共设施设备、中央空调、照明、电梯、电源插座等公共设施设备的安装/装修、维修和管理；确保商场的共用部位、设施设备（比如进出口走廊、楼梯、电梯、通道、扶梯及其他共用设施设备）处于共用状态；提供商场的物业管理服务；根据乙方的申请，为乙方提供房屋自用部位、自用设施设备的维修养护等特约有偿服务。

**第二十二条**：甲方有权对乙方的经营场地装修设计进行审核，对装修过程进行监督，对装修结果进行验收，如不符合甲方统一装修风格或经营主题，甲方有权要求乙方返工，重新设计装修。

**第二十三条**：甲方负责财务管理，可依本合同约定时间和标准按时收取相关费用，同时按时与乙方结算营业款。乙方不得以任何名义私收营业款，如发生此类情况，甲方可视影响程度处以私收金额 10~20 倍的违约金。

**第二十四条**：甲方负责财务管理，提供统一收银的 POS 系统，负责统一收银，按时结算支付营业款给乙方（如需对账，待对账结束）。

**第二十五条**：甲方负责制定商场整体经营管理制度并组织实施，乙方及其有关人员遵照执行；制定商场整体经营战略和市场拓展策略并组织实施，从整体上研究、规划、发展商场优势和竞争力，协助乙方做好商品促销工作。

**第二十六条**：甲方对乙方使用物业过程中的安全、消防、治安等事项进行监督，有权制止乙方违反有关法律法规和商场管理规定的行为，发现问题有权要求乙方限期整改。

乙方协作事项

**第二十七条**：遵纪守法，锐意进取，积极支持、配合甲方将商场做旺、做强，提升营业额。

**第二十八条**：负责经营场地日常保养、保洁、安全保卫、防火、防盗等工作，并与甲方签订《防火责任书》。合同解除时，有权将属于乙方、未镶嵌在建筑物内、可移动的设施取走或自行处理，但不得损坏经营场地及公共部分的装修，因拆除所产生的费用由乙方承担。

**第二十九条**：不得擅自改变经营场地及公共部分的建筑结构，不得拆除和破坏场地内原有设备及设置在该建筑物内的任何公共设施，否则，乙方负责赔偿或限期自费修复完好。

**第三十条**：合同期内，乙方承诺为甲方俱乐部金卡会员提供最高___%的折扣优惠，为甲方俱乐部银卡会员提供最高___%的折扣优惠。顾客使用信用卡消费，乙方必须接受并负担其手续费，该手续费甲方在结算支付乙方货款时扣除。

**第三十一条**：乙方及其工作人员应遵守甲方制定的商场管理制度，不得擅自收银；不得借故不开、拒开发票；不得使用非甲方的发票、收据；不得擅自将经营场地转租、转让、转借他人；不得擅自占用公共设施、通道和场地，货箱不能堆放在经营场所及商场公共区，否则将按商场的有关管理规定处理。

**第三十二条**：顾客对商品质量或服务质量投诉时，乙方应及时妥善处理。

八　违约责任

**第三十三条**：甲乙双方应严格遵守本合同条款，任何一方违约都应承担相应的违约责任和其他法律责任，赔偿因违约给对方造成的损失，本合同另有约定的除外。

**第三十四条**：在本合同期限内，除法律规定和本合同约定的情形外，未经对方同意，任何一方均不得单方终止合同。否则，应当向守约方赔偿5000~10000元，且守约方有权解除本合同。

下列行为视为单方终止合同，并按前款追究单方终止合同的违约责任：

（一）甲方迟延三个月未将经营场地交付乙方的；

（二）乙方迟延进场商装并影响商场开业的；

（三）乙方擅自停业三天及以上的。

九　不可抗力

**第三十五条**：在合同有效期内发生地震、台风、战争以及双方及其他不可抗力事件致使本合同不能履行或不能完全履行的，免除违约责任。甲乙双方可通过友好协商决定是否终止合同或延期履行合同。

十　合同的解除和终止

**第三十六条**：遇有下列情况时，甲方有权解除本合同

（一）在合同有效期内，未经甲方书面同意，乙方擅自停止营业、改变经营范围或者增加非合同约定范围内的经营品牌的；

（二）乙方利用更名等方式擅自将本合同或经营场地转让、转租给第三者，以及参与其他有损甲方权益事宜的；

（三）乙方连续三个月在同品类项目中单位面积营业额排名倒数前二名的。

**第三十七条**：遇有下列情况之一，甲乙任何一方可解除本合同

（一）一方有严重违约行为，导致不能实现合同目的的；

（二）一方出现停业、破产、不能偿还债务或解散的；

（三）一方的财产被依法查封、冻结、扣押或法院执行导致无法继续经营的；

（四）由于国家的政策原因而使本合同不能正常履行的。

十一　合同解除或终止后的处理

**第三十八条**：合同期满不再续约，或因第三十六、三十七条的规定而终止合同，乙方应于合同期满之日或接到甲方终止合同书面通知之日起三天内，负责将所陈列商品或储存在甲方内/外仓的商品予以撤离，并不得破坏专柜设施，或恢复原状，如逾期未履行时，甲方有权自行处理。乙方物品若因此而有遗失或损毁，甲方不负任何责任。

**第三十九条**：合同终止之日，乙方须向甲方清偿并支付所有费用。在乙方未清偿前，甲方有权留置乙方的财产至乙方清偿所有费用。

十二　其他

**第四十条**：乙方及其代理人、受雇人或者乙方的股东、合伙人在经营过程中，与第三人发生的债权债务及其他，均与甲方无关，完全由乙方自行负责。若因此影响甲方声誉或对甲方造成经济损失的，由乙方承担全部法律责任。

**第四十一条**：在经营过程中，原则上不允许乙方进行名称变更，如乙方因特殊原因确需更名，经双方协商一致后签订更名补充协议。

**第四十二条**：乙方不得向甲方相关管理人员行贿、送礼、请吃。否则，一经查出，清退出场，并对甲方管理人员从严处理。

**第四十三条**：甲乙双方必须对本合同的内容予以保密。否则，另一方有要求赔偿的权利。

**第四十四条**：经营期满，续签合同时需经甲乙双方另行书面确认。本合同条款中的未尽事宜，甲乙双方友好协商解决，并以补充协议的书面形式约定，作为本合同的有效附件。本合同附件是本合同的有效组成部分，与本合同具有同等法律效力。

**第四十五条**：本合同争议，双方应当协商解决；协商不成的，可向物业所在地人民法院起诉。

**第四十六条**：本合同甲、乙双方的权利义务关系将不属合伙关系。

**第四十七条**：本合同自甲、乙双方签字盖章并由乙方交付定金之日起生效。本合同一式二份，甲、乙双方各执一份，具有同等法律效力。

甲方：　　　　　　　　　　乙方：
法定代表人：　　　　　　　法定代表人：
委托代理人：　　　　　　　委托代理人：
地　　址：　　　　　　　　身份证号码：

联系电话：　　　　　　　　（营业执照号码）

银行账号：　　　　　　　　地　　址：

开户银行：　　　　　　　　移动电话：

　　　　　　　　　　　　　办公电话：

　　　　　　　　　　　　　住宅电话：

　年　月　日　　　　　　　　　年　月　日

## 范本七　租赁经营合同书

### （统一收银）

合同编号：＿＿＿＿＿＿＿＿

甲方：＿＿＿＿＿＿商业管理有限公司

乙方：＿＿＿＿＿＿＿＿＿＿＿＿＿＿

　　为适应经济快速发展，满足消费者日益增长的物质需求，规范经营行为，根据《中华人民共和国合同法》及国家相关法律法规，甲、乙双方本着平等合作、互惠互利原则，经友好协商，就乙方在××国际商业广场内设置专柜（店）用于经营事宜，制定本合同。

　　一　租赁标的物

　　**第一条**：甲方向乙方提供位于××国际商业广场＿＿＿层＿＿＿＿＿区域内编号为＿＿＿＿＿＿＿＿＿＿＿的经营场地，由乙方设立销售（服务）专柜（店）。该场地套内建筑面积为＿＿＿平方米。

　　乙方在该场地经营符合甲方功能分区的＿＿＿＿品类＿＿＿＿品牌的商品。

　　**第二条**：甲方应于＿＿＿年＿＿＿月＿＿＿日前将具备商装条件的经营场地交付乙方进行二次商装。乙方二次商装的设计、装修应当符合甲方经营风格、主题色调，并承担因此产生的费用。

　　乙方保证按经营范围及合同约定提供足够的适销对路的商品，并于＿＿＿年＿＿＿月＿＿＿日前商装完毕，与商场同步开业。

　　二　租赁期限

　　**第三条**：本合同期限自＿＿＿年＿＿＿月＿＿＿日起至＿＿＿年＿＿＿月＿＿＿日止。合同期满，乙方要求继续经营的，须于合同期满前60天书面提出续约申请，经甲方同意后，办理续约手续，若乙方在本合同期限内没有严重违反甲方规定及本合同相关约定，则同等条件下，乙方享有该经营场地优先续约权。

　　**第四条**：乙方在租赁期限内，因特殊原因要求提前解除合同，需提前＿＿＿天提出书面申请，经甲方同意后，双方终止合同。若乙方未经甲方同意擅自撤出，甲方有权要求乙方赔偿经济损失，赔偿金额为本合同约定的每日固定场地使用费×提前终止合同天数。

三　租赁方式

**第五条**：甲方按套内建筑面积¥＿＿＿＿元/（平方米·月）的标准，向乙方收取场地使用费（含租金、物业管理费、公用水电费、中央空调费）。

**第六条**：甲方向乙方提供场地使用费减免优惠，具体方式为：＿＿＿年＿＿＿月＿＿＿＿日至＿＿＿＿月＿＿＿日减半计收。

**第七条**：签订此合同时，乙方向甲方交纳定金¥＿＿＿＿元（大写人民币＿＿＿元）。正式营业后定金自动转为保证金。合同期满＿＿＿个月，若乙方无质量、服务方面的投诉，且未违反甲方规定及本合同约定的相关条款，甲方将保证金无息退还给乙方。

四　结算方式

**第八条**：采用统一收银方式

（一）甲方每月＿＿＿日结算乙方＿＿＿月＿＿＿日至＿＿＿月＿＿＿日的销售货款；并从销售货款中扣除同期场地使用费，乙方应于货款结算前二天至甲方财务室领取结算清单。

（二）因乙方原因导致不能按时结算货款，则顺延至下一结算期结算。

（三）乙方在经营期间统一使用甲方的销售发票及相关票据（乙方承担相应的成本费用），由甲方统一收银。

（四）乙方销售额以甲方收银记录为准。

（五）合同终止或解除，经甲方验收，乙方经营的经营场地基础设施完好无损，在乙方退场后十天内结清销售货款。

（六）如乙方账号变更，需向甲方提供正式的书面变更通知，口头通知甲方将不予认可，因乙方提供的账号有误造成的结算延期和其他任何损失由乙方承担。

（七）如乙方超过两个月未办理货款结算手续，甲方将视同乙方自动放弃经营场地，甲方有权对该经营场地重新进行招商，但乙方提前向甲方申请并征得甲方同意者除外。

五　税收

**第九条**：甲乙双方按照国家有关法律法规，各自承担纳税义务。

六 经营与管理

**第十条：** 乙方在进场前必须按国家相关规定提供下列（包含但不限于）合法有效的经营证件复印件（必要时出示原件）。

（一）基本经营证件

1. 企业提供营业执照副本（必须有当年或上年度年检记录），自然人提供身份证；

2. 国税、地税副本（必须有当年或上年度年检记录），自然人除外；

3. 税务登记证（一般纳税人应提供一般纳税人资格证书、年审记录及增值税发票领购本首页复印件或代管监开证明），自然人除外；

4. 企业组织机构代码证，自然人除外；

5. 商标注册证或受理商标申请注册证明或核准商标转让证明；

6. 产品质检证明复印件，量身定制等个体户除外；

7. 如乙方系经销商或代理商，必须提供生产商或上一级经销代理商的经销授权书或销售委托书（出示原件）；

8. 如经营委托加工商品，须提交委托加工协议；

9. 授权委托书原件、法定代表人及业务联系人身份证复印件。

（二）品类特殊质量证件

1. 化妆品、食品——生产许可证、卫生许可证、特殊用途化妆品卫生许可批文。

2. 电工、电器——中国质量认证中心出具的"3C"认证。

3. 羊毛衫——如有纯新羊毛商标，需提供纯新羊毛标志特许权证书。

4. 餐饮、休闲、运动健身、网络会所及其他特殊行业按相关行业标准提供相关证件。

5. 进口商品：

化妆品——进口化妆品卫生许可批文；

其他商品——进口报关单、商检证等。

（三）乙方每年须按证件的时效性及时对证件予以更新并转交甲方存档。

（四）如乙方因证件不全、失效、不真实等原因引起经济纠纷或国家机关立案查处，所有责任概由乙方自行承担。同时，若因此给甲方造成经济损失和名誉损失的，甲方保留追究乙方赔偿的权利。

**第十一条：** 装修管理服务

（一）乙方进场前对经营场地进行必要的装修，要事先提供装修设计方案及陈列道具图样，征得甲方书面认可。

（二）乙方在进场装修前，负责协同装修施工负责人到甲方办理进场施工手续。乙方除自行承担费用外应责成施工单位遵守甲方的监督管理。

（三）乙方督促其工作人员、雇用装修施工人员，确保装修施工安全，不得对商场结构、设备设施以及他人人身财产构成威胁或造成损失，否则由乙方负全责。

（四）具体装修实施细则详见《××国际商场广场装修指南》。

**第十二条**：商品管理服务

（一）乙方在经营过程中，经营场地的店招名称及陈列和销售的商品，须为合法的商品名称、商标、图案、著作权、专利权并符合政府有关规定，商品中文标识齐全、规范，不得销售假冒伪劣商品。

（二）乙方保证专柜（店）商品丰满、新颖，优先供应紧俏商品、新商品。乙方进场经营品类、品牌以合同确认为准，如有新品牌、新品类引进，须经甲方书面同意后方可陈列销售。

（三）乙方商品零售价由乙方自行制定并及时报甲方备案，并采用甲方规定的统一价格标签陈列销售。乙方商品零售价应符合物价部门的规定并不得高于同城其他商场、专卖店同品牌同类商品价格；不得虚抬售价、虚假打折；确需调价时，应提前出示调价通知单，经甲方同意后执行。

（四）乙方待售商品均须按甲方指定的送货时间、进场通道和运进方式进入甲方卖场；乙方专柜（店）商品由乙方自行负责管理；如需退场，须书面提请甲方同意，由保安人员查验后，从甲方规定出入口进出。

（五）乙方所经营的商品，在经消费者使用后，确因商品质量问题致使消费者的合法权益受到损害时，甲方有权按《消费者权益保护法》和国家及甲方的有关规定进行先行处理，由此而发生的一切费用由乙方承担，并酌情处以一定数额的违约金。

**第十三条**：商场管理服务

（一）合同期限内，乙方须遵守国家有关商品价格、质量和广告宣传及其他相关方面的政策和法律法规，不得利用甲方提供的经营场地进行违法犯罪活动，损害公众利益。否则承担由此产生的全部法律责任。

（二）乙方须服从甲方管理，严格遵守甲方规定的营业时间，除甲方另有规定外，乙方不得在营业时间内停止营业，否则按停业天数处以每天 1000~5000 元的违约金。

（三）根据市场发展方向，需要调整经营布局时，双方协商处理。

（四）乙方须对其在商场的商品及财产自行投保并承担其费用。如乙方未投保或保额不足，无论任何非甲方过失事件造成损失，均由乙方自行负责，与甲方无关。

（五）乙方原则上统一使用甲方的包装用品，包括包装纸、包装袋、箱子、标签等，并承担相应的成本费用；如乙方确需个别的包装用品须事前征得甲方书面同意，费用由乙方自行承担。

**第十四条：促销管理服务**

（一）乙方在符合国家有关法律法规和甲方相关管理制度基础上，积极开展促销活动并承担费用，促进销售。但严禁故意夸大商品功效等与实际不符的广告宣传；未经甲方同意，乙方不得在商场或专柜（店）内展示商号或任何广告、布告。

（二）乙方接受甲方推行的会员制、会员卡、会员消费积分、会员升级、会员折扣优惠等活动，提供并承担会员折扣优惠（原则上优于正常销售折扣），在会员优惠与促销或正常销售折扣相比较有差距时，取其价低者销售。

（三）乙方积极按甲方制定的网站运行管理规则向甲方商场网站申请网上商店和网上展示、促销和交易，促进销售。

（四）一年中的大型节日（如元旦、春节、五一、国庆等）或根据实际商场运营情况，甲方举行促销活动，乙方必须积极配合并承担相应的折扣、促销费用和广告费用。但其所涉及的经费分担，甲方应事先通知乙方。

（五）如乙方在市内进行任何优惠或酬宾促销活动，应提前三天通知甲方并同意在甲方商场专柜（店）内该商品亦调整至同等优惠或酬宾促销活动水平，并自行承担全部费用。

**第十五条：人员管理服务**

（一）乙方经营场地配备营业员＿＿＿名，由乙方自行聘请或乙方委托甲方安排，但必须经过甲方审核并统一培训合格后方能上岗，乙方承担相关培训费用。乙方营业员的工资、奖金福利及社会保险金等由乙方承担，其标准不能低于同城同类商场水平，由甲方统一发放，其费用于乙方当月货款中扣除。

（二）乙方配备营业员须按照甲方规定的时间上、下班，上班时间须穿着甲方统一规定的制服，佩戴识别证；由此发生的费用乙方承担。

（三）若乙方另行派遣职员或培训人员对其经营区域进行管理和对营业员提供培训，或为了促销活动派遣有关人员，须报请甲方同意后方可上岗，派遣之人员须自觉遵守商场的有关规定。

**七 双方协作事项**

甲方协作事项

**第十六条：**甲方负责提供营业场所的有关设备及附属设施；负责整个商场

的天花吊顶、共用通道、公共设施设备、中央空调、照明、电梯、电源插座等公共设施设备的安装/装修、维修和管理；确保商场的共用部位、设施设备（比如进出口走廊、楼梯、电梯、通道、扶梯及其他共用设施设备）处于共用状态；提供商场的物业管理服务；根据乙方的申请，为乙方提供房屋自用部位、自用设施设备的维修养护等特约有偿服务。

**第十七条：**甲方有权对乙方的经营场地装修设计进行审核，对装修过程进行监督，对装修结果进行验收，如不符合甲方统一装修风格或经营主题，甲方有权要求乙方返工，重新设计装修。

**第十八条：**甲方负责财务管理，可依本合同约定时间和标准按时收取相关费用，同时按时与乙方结算营业款。乙方不得以任何名义私收营业款，如发生此类情况，甲方可视影响程度处以私收金额 10~20 倍的违约金。

**第十九条：**甲方负责财务管理，提供统一收银的 POS 系统，负责统一收银，按时结算支付营业款给乙方（如需对账，待对账结束）。

**第二十条：**甲方负责制定商场整体经营管理制度并组织实施，乙方及其有关人员，遵照执行；制定商场整体经营战略和市场拓展策略并组织实施，从整体上研究、规划、发展商场优势和竞争力，协助乙方做好商品促销工作。

**第二十一条：**甲方对乙方使用物业过程中的安全、消防、治安等事项进行监督，有权制止乙方违反有关法律法规和商场管理规定的行为，发现问题有权要求乙方限期整改。

乙方协作事项

**第二十二条：**遵纪守法，锐意进取，积极支持、配合甲方将商场做旺、做强，提升营业额。

**第二十三条：**负责经营场地日常保养、保洁、安全保卫、防火、防盗等工作，并与甲方签订"防火责任书"。合同解除时，有权将属于乙方、未镶嵌在建筑物内、可移动的设施取走或自行处理，但不得损坏经营场地及公共部分的装修，因拆除所产生的费用由乙方承担。

**第二十四条：**不得擅自改变经营场地及公共部分的建筑结构，不得拆除和破坏场地内原有设备及设置在该建筑物内的任何公共设施，否则，乙方负责赔偿或限期自费修复完好。

**第二十五条：**合同期内，乙方承诺为甲方俱乐部金卡会员提供最高＿＿＿％的折扣优惠，为甲方俱乐部银卡会员提供最高＿＿＿％的折扣优惠。

顾客使用信用卡消费，乙方必须接受并负担其手续费，该手续费甲方在结算支付乙方货款时扣除。

**第二十六条：**乙方及其工作人员应遵守甲方制定的商场管理制度，不得借故不开、拒开发票；不得使用非甲方的发票、收据；不得擅自将经营场地转租、转让、转借他人；不得擅自占用公共设施、通道和场地，货箱不能堆放在经营场所及商场公共区，否则将按商场的有关管理规定处理。

**第二十七条：**顾客对商品质量或服务质量投诉时，乙方应及时妥善处理。

八 违约责任

**第二十八条：**甲乙双方应严格遵守本合同条款，任何一方违约都应承担相应的违约责任和其他法律责任，赔偿因违约给对方造成的损失，本合同另有约定的除外。

**第二十九条：**在本合同期限内，除法律规定和本合同约定的情形外，未经对方同意，任何一方均不得单方终止合同。否则，应当向守约方赔偿5000~10000元，且守约方有权解除本合同。

下列行为视为单方终止合同，并按前款追究单方终止合同的违约责任：

（一）甲方迟延三个月未将经营场地交付乙方的；

（二）乙方迟延进场商装并影响商场开业的；

（三）乙方擅自停业三天及以上的。

九 不可抗力

**第三十条：**在合同有效期内发生地震、台风、战争以及其他不可抗力事件致使本合同不能履行或不能完全履行的，免除违约责任。甲乙双方可通过友好协商决定是否终止合同或延期履行合同。

十 合同的解除和终止

**第三十一条：**遇有下列情况时，甲方有权解除本合同

（一）在合同有效期内，未经甲方书面同意，乙方擅自停止营业、改变经营范围或者增加非合同约定范围内的经营品牌的；

（二）乙方利用更名等方式擅自将本合同或经营场地转让、转租给第三者，以及参与其他有损甲方权益事宜的。

**第三十二条：**遇有下列情况之一，甲乙任何一方可解除本合同

（一）一方有严重违约行为，导致不能实现合同目的的；

（二）一方出现停业、破产、不能偿还债务或解散的；

（三）一方的财产被依法查封、冻结、扣押或法院执行导致无法继续经营的；

（四）由于国家的政策原因而使本合同不能正常履行的。

十一 合同解除或终止后的处理

**第三十三条：**合同期满不再续约，或因第三十一、三十二条的规定而终止合同，乙方应于合同期满之日或接到甲方终止合同书面通知之日起三天内，负责将所陈列商品或储存在甲方内/外仓的商品予以撤离，并不得破坏专柜设施，或恢复原状，如逾期未履行时，甲方有权自行处理。乙方物品若因此而有遗失或损毁，甲方不负任何责任。

**第三十四条：**合同终止之日，乙方须向甲方清偿并支付所有费用。在乙方未清偿前，甲方有权留置乙方的财产至乙方清偿所有费用。

十二 其他

**第三十五条：**乙方及其代理人、受雇人或者乙方的股东、合伙人在经营过程中，与第三人发生的债权债务及其他，均与甲方无关，完全由乙方自行负责。若因此影响甲方声誉或对甲方造成经济损失的，由乙方承担全部法律责任。

**第三十六条：**在经营过程中，原则上不允许乙方进行名称变更，如乙方因特殊原因确需更名，经双方协商一致后签订更名补充协议。

**第三十七条：**乙方不得向甲方相关管理人员行贿、送礼、请吃，否则，一经查出，清退出场，并对甲方管理人员从严处理。

**第三十八条：**甲乙双方必须对本合同的内容予以保密，否则，另一方有要求赔偿的权利。

**第三十九条：**经营期满，续签合同时需经甲乙双方另行书面确认。本合同条款中的未尽事宜，甲乙双方友好协商解决，并以补充协议的书面形式约定，作为本合同的有效附件。本合同附件是本合同的有效组成部分，与本合同具有同等法律效力。

**第四十条：**本合同争议，双方应当协商解决；协商不成的，可向物业所在地人民法院起诉。

**第四十一条：**本合同甲、乙双方的权利义务关系将不属合伙关系。

**第四十二条：**本合同自甲、乙双方签字盖章并由乙方交付定金之日起生效。本合同一式二份，甲、乙双方各执一份，具有同等法律效力。

甲方： 乙方：
法定代表人： 法定代表人：
委托代理人： 委托代理人：

地　　址：　　　　　　身份证号码：

联系电话：　　　　　　（营业执照号码）

银行账号：　　　　　　地　　址：

开户银行：　　　　　　移动电话：

　　　　　　　　　　　办公电话：

　　　　　　　　　　　住宅电话：

　　年　月　日　　　　　　　年　月　日

## 范本八　租赁经营合同书

### （自主收银）

合同编号：＿＿＿＿＿＿

甲方：＿＿＿＿＿商业管理有限公司

乙方：＿＿＿＿＿＿＿＿＿＿＿

　　为适应经济快速发展，满足消费者日益增长的物质需求，规范经营行为，根据《中华人民共和国合同法》及国家相关法律法规，甲、乙双方本着平等合作、互惠互利原则，经友好协商，就乙方在××国际商业广场内设置专柜（店）用于经营事宜，制定本合同。

一　租赁标的物

**第一条：** 甲方向乙方提供位于××国际商业广场＿＿＿层＿＿＿＿＿区域内编号为＿＿＿＿＿＿＿＿＿＿的经营场地，由乙方设立销售（服务）专柜（店）。该场地套内建筑面积为＿＿＿平方米。

乙方在该场地经营符合甲方功能分区的＿＿＿＿品类＿＿＿＿品牌的商品。

**第二条：** 甲方应于＿＿＿年＿＿月＿＿日前将具备商装条件的经营场地交付乙方进行二次商装。乙方二次商装的设计、装修应当符合甲方经营风格、主题色调，并承担因此产生的费用。

乙方保证按经营范围及合同约定提供足够的适销对路的商品，并于＿＿＿年＿＿＿月＿＿＿日前商装完毕，与商场同步开业。

二　租赁期限

**第三条：** 本合同期限自＿＿＿年＿＿＿月＿＿＿日起至＿＿＿年＿＿＿月＿＿＿日止。合同期满，乙方要求继续经营的，须于合同期满前60天书面提出续约申请，经甲方同意后，办理续约手续，若乙方在本合同期限内没有严重违反甲方规定及本合同相关约定，则同等条件下，乙方享有该经营场地优先续约权。

**第四条**：乙方在租赁期限内，因特殊原因要求提前解除合同，需提前60天提出书面申请，经甲方同意后，双方终止合同。若乙方未经甲方同意擅自撤出，甲方有权要求乙方赔偿经济损失，赔偿金额为本合同约定的每日固定场地使用费×提前终止合同天数。

三　租赁方式

**第五条**：甲方按套内建筑面积¥＿＿＿＿元/（平方米·月）的标准，向乙方收取场地使用费（含租金、物业管理费、公用水电费、中央空调费）。

**第六条**：甲方向乙方提供场地使用费减免优惠，具体方式为：＿＿＿＿年＿＿＿＿月＿＿＿＿日至＿＿＿＿月＿＿＿＿日减半计收。

**第七条**：签订此合同时，乙方向甲方交纳定金¥＿＿＿＿元（大写人民币＿＿＿＿元）。正式营业后定金自动转为保证金。合同期满三个月，若乙方无质量、服务方面的投诉，且未违反甲方规定及本合同约定的相关条款，甲方将保证金无息退还给乙方。

四　结算方式

**第八条**：采用自主收银方式：

乙方按月向甲方支付场地使用费。乙方进场入伙时，支付首月场地使用费；以后，乙方每月5日前向甲方交清当月场地使用费。

五　税收

**第九条**：甲乙双方按照国家有关法律法规，各自承担纳税义务。

六　经营与管理

**第十条**：乙方在进场前必须按国家相关规定提供下列（包含但不限于）合法有效的经营证件复印件（必要时出示原件）。

（一）基本经营证件

1. 企业提供营业执照副本（必须有当年或上年度年检记录），自然人提供身份证；

2. 国税、地税副本（必须有当年或上年度年检记录），自然人除外；

3. 税务登记证（一般纳税人应提供一般纳税人资格证书、年审记录及增值税发票领购本首页复印件或代管监开证明），自然人除外；

4. 企业组织机构代码证，自然人除外；

5. 商标注册证或受理商标申请注册证明或核准商标转让证明；

6. 产品质检证明复印件；量身定制等个体户除外；

7. 如乙方系经销商或代理商，必须提供生产商或上一级经销代理商的经销授权书或销售委托书（出示原件）；

8. 如经营委托加工商品，须提交委托加工协议；

9. 授权委托书原件、法定代表人及业务联系人身份证复印件。

（二）品类特殊质量证件

1. 化妆品、食品——生产许可证、卫生许可证、特殊用途化妆品卫生许可批文。

2. 电工、电器——中国质量认证中心出具的"3C"认证。

3. 羊毛衫——如有纯新羊毛商标，需提供纯新羊毛标志特许权证书。

4. 餐饮、休闲、运动健身、网络会所及其他特殊行业按相关行业标准提供相关证件。

5. 进口商品：

  化妆品——进口化妆品卫生许可批文；

  其他商品——进口报关单、商检证等。

（三）乙方每年须按证件的时效性及时对证件予以更新并转交甲方存档。

（四）如乙方因证件不全、失效、不真实等原因引起经济纠纷或国家机关立案查处，所有责任概由乙方自行承担。同时，若因此给甲方造成经济损失和名誉损失的，甲方保留追究乙方赔偿的权利。

**第十一条：装修管理服务**

（一）乙方进场前对经营场地进行必要的装修，要事先提供装修设计方案及陈列道具图样，征得甲方书面认可。

（二）乙方在进场装修前，负责协同装修施工负责人到甲方办理进场施工手续。乙方除自行承担费用外应责成施工单位遵守甲方的监督管理。

（三）乙方督促其工作人员、雇用装修施工人员，确保装修施工安全，不得对商场结构、设备设施以及他人人身财产构成威胁或造成损失，否则由乙方负全责。

（四）具体装修实施细则详见《××国际商业广场装修指南》。

**第十二条：商品管理服务**

（一）乙方在经营过程中，经营场地的店招名称及陈列和销售的商品，须为合法的商品名称、商标、图案、著作权、专利权并符合政府有关规定，商品中文标识齐全、规范，不得销售假冒伪劣商品。

（二）乙方保证专柜（店）商品丰满、新颖，优先供应紧俏商品、新商品。乙方进场经营品类、品牌以合同确认为准，如有新品牌、新品类引进，须经甲方书面同意后方可陈列销售。

（三）乙方商品零售价由乙方自行制定并及时报甲方备案，并采用甲方规定的统一价格标签陈列销售。乙方商品零售价应符合物价部门的规定并不得高于同城其他商场、专卖店同品牌同类商品价格；不得虚抬售价、虚假打折；确需调价时，应提前出示调价通知单，经甲方同意后执行。

（四）乙方待售商品均须按甲方指定的送货时间、进场通道和运进方式进入甲方卖场；乙方专柜（店）商品由乙方自行负责管理；如需退场，须书面提请甲方同意，由保安人员查验后，从甲方规定出入口进出。

（五）乙方所经营的商品，在经消费者使用后，确因商品质量问题致使消费者的合法权益受到损害时，甲方有权按《消费者权益保护法》和国家及甲方的有关规定进行先行处理，由此而发生的一切费用由乙方承担，并酌情处以一定数额的违约金。

**第十三条：商场管理服务**

（一）合同期限内，乙方须遵守国家有关商品价格、质量和广告宣传及其他相关方面的政策和法律法规，不得利用甲方提供的经营场地进行违法犯罪活动，损害公众利益。否则承担由此产生的全部法律责任。

（二）乙方须服从甲方管理，严格遵守甲方规定的营业时间，除甲方另有规定外，乙方不得在营业时间内停止营业，否则按停业天数处以每天 1000~5000 元的违约金。

（三）根据市场发展方向，需要调整经营布局时，双方协商处理。

（四）乙方须对其在商场的商品及财产自行投保并承担其费用。如乙方未投保或保额不足，无论任何非甲方过失事件造成损失，均由乙方自行负责，与甲方无关。

（五）乙方原则上统一使用甲方的包装用品，包括包装纸、包装袋、箱子、标签等，并承担相应的成本费用；如乙方确需个别的包装用品须事前征得甲方书面同意，费用由乙方自行承担。

**第十四条：促销管理服务**

（一）乙方在符合国家有关法律法规和甲方相关管理制度基础上，积极开展促销活动并承担费用，促进销售。但严禁故意夸大商品功效等与实际不符的广告宣传；未经甲方同意，乙方不得在商场或专柜（店）内展示商号或任何广告、布告。

（二）乙方接受甲方推行的会员制、会员卡、会员消费积分、会员升级、会员折扣优惠等活动，提供并承担会员折扣优惠（原则上优于正常销售折扣），在会员优惠与促销或正常销售折扣相比较有差距时，取其价低者销售。

（三）乙方积极按甲方制定的网站运行管理规则向甲方商场网站申请网上商店和网上展示、促销和交易，促进销售。

（四）一年中的大型节日（如元旦、春节、五一、国庆等）或根据实际商场运营情况，甲方举行促销活动，乙方必须积极配合并承担相应的折扣、促销费用和广告费用。但其所涉及的经费分担，甲方应事先通知乙方。

（五）如乙方在市内进行任何优惠或酬宾促销活动，应提前三天通知甲方并同意在甲方商场专柜（店）内该商品亦调整至同等优惠或酬宾促销活动水平，并自行承担全部费用。

**第十五条：人员管理服务**

（一）乙方经营场地配备营业员＿＿＿名，由乙方自行聘请或乙方委托甲方安排，但必须经过甲方审核并统一培训合格后方能上岗，乙方承担相关培训费用。乙方营业员的工资、奖金福利及社会保险金等由乙方承担，其标准不能低于同城同类商场水平，统一收银的由甲方统一发放，于乙方当月货款中扣除；不统一收银的由乙方自行安排。

（二）乙方配备营业员须按照甲方规定的时间上、下班，上班时间须穿着甲方统一规定的制服，佩戴识别证。由此发生的费用乙方承担。

（三）若乙方另行派遣职员或培训人员对其经营区域进行管理和对营业员提供培训，或为了促销活动派遣有关人员，须报请甲方同意后方可上岗，派遣之人员须自觉遵守商场的有关规定。

七　双方协作事项

甲方协作事项

**第十六条：**甲方负责提供营业场所的有关设备及附属设施；负责整个商场的天花吊顶、共用通道、公共设施设备、中央空调、照明、电梯、电源插座等公共设施设备的安装/装修、维修和管理；确保商场的共用部位、设施设备（比如进出口走廊、楼梯、电梯、通道、扶梯及其他共用设施设备）处于共用状态；提供商场的物业管理服务；根据乙方的申请，为乙方提供房屋自用部位、自用设施设备的维修养护等特约有偿服务。

**第十七条：**甲方有权对乙方的经营场地装修设计进行审核，对装修过程进行监督，对装修结果进行验收，如不符合甲方统一装修风格或经营主题，甲方有权要求乙方返工，重新设计装修。

**第十八条：**甲方负责制定商场整体经营管理制度并组织实施，乙方及其有关人员，遵照执行；制定商场整体经营战略和市场拓展策略并组织实施，从整体上研究、规划、发展商场优势和竞争力，协助乙方做好商品促销工作。

第十九条：甲方对乙方使用物业过程中的安全、消防、治安等事项进行监督，有权制止乙方违反有关法律法规和商场管理规定的行为，发现问题有权要求乙方限期整改。

乙方协作事项

第二十条：遵纪守法，锐意进取，积极支持、配合甲方将商场做旺、做强，提升营业额。

第二十一条：负责经营场地日常保养、保洁、安全保卫、防火、防盗等工作，并与甲方签订"防火责任书"。合同解除时，有权将属于乙方、未镶嵌在建筑物内、可移动的设施取走或自行处理，但不得损坏经营场地及公共部分的装修，因拆除所产生的费用由乙方承担。

第二十二条：不得擅自改变经营场地及公共部分的建筑结构，不得拆除和破坏场地内原有设备及设置在该建筑物内的任何公共设施，否则，乙方负责赔偿或限期自费修复完好。

第二十三条：合同期内，乙方承诺为甲方俱乐部金卡会员提供最高＿＿＿%的折扣优惠，为甲方俱乐部银卡会员提供最高＿＿＿%的折扣优惠。

顾客使用信用卡消费，乙方必须接受并负担其手续费。

第二十四条：乙方及其工作人员应遵守甲方制定的商场管理制度，不得借故不开、拒开发票；不得使用非甲方的发票、收据；不得擅自将经营场地转租、转让、转借他人；不得擅自占用公共设施、通道和场地，货箱不能堆放在经营场所及商场公共区，否则将按商场的有关管理规定处理。

第二十五条：顾客对商品质量或服务质量投诉时，乙方应及时妥善处理。

八　违约责任

第二十六条：甲乙双方应严格遵守本合同条款，任何一方违约都应承担相应的违约责任和其他法律责任，赔偿因违约给对方造成的损失，本合同另有约定的除外。

第二十七条：在本合同期限内，除法律规定和本合同约定的情形外，未经对方同意，任何一方均不得单方终止合同。否则，应当向守约方赔偿5000~10000元，且守约方有权解除本合同。

下列行为视为单方终止合同，并按前款追究单方终止合同的违约责任：

（一）甲方迟延三个月未将经营场地交付乙方的；

（二）乙方迟延进场商装并影响商场开业的；

（三）乙方擅自停业三天及以上的。

九　不可抗力

**第二十八条：** 在合同有效期内发生地震、台风、战争以及双方以及其他不可抗力事件致使本合同不能履行或不能完全履行的，免除违约责任。甲乙双方可通过友好协商决定是否终止合同或延期履行合同。

十　合同的解除和终止

**第二十九条：** 遇有下列情况时，甲方有权解除本合同

（一）在合同有效期内，未经甲方书面同意，乙方擅自停止营业、改变经营范围或者增加非合同约定范围内的经营品牌的；

（二）乙方利用更名等方式擅自将本合同或经营场地转让、转租给第三者，以及参与其他有损甲方权益事宜的。

**第三十条：** 遇有下列情况之一，甲乙任何一方可解除本合同

（一）一方有严重违约行为，导致不能实现合同目的的；

（二）一方出现停业、破产、不能偿还债务或解散的；

（三）一方的财产被依法查封、冻结、扣押或法院执行导致无法继续经营的；

（四）由于国家的政策原因而使本合同不能正常履行的。

十一　合同解除或终止后的处理

**第三十一条：** 合同期满不再续约，或因第二十九、三十条的规定而终止合同，乙方应于合同期满之日或接到甲方终止合同书面通知之日起三天内，负责将所陈列商品或储存在甲方内/外仓的商品予以撤离，并不得破坏专柜设施，或恢复原状，如逾期未履行时，甲方有权自行处理。乙方物品若因此而有遗失或损毁，甲方不负任何责任。

**第三十二条：** 合同终止之日，乙方须向甲方清偿并支付所有费用。在乙方未清偿前，甲方有权留置乙方的财产至乙方清偿所有费用。

十二　其他

**第三十三条：** 乙方及其代理人、受雇人或者乙方的股东、合伙人在经营过程中，与第三人发生的债权债务及其他，均与甲方无关，完全由乙方自行负责。若因此影响甲方声誉或对甲方造成经济损失的，由乙方承担全部法律责任。

**第三十四条：** 在经营过程中，原则上不允许乙方进行名称变更，如乙方因特殊原因确需更名，经双方协商一致后签订更名补充协议。

　　**第三十五条：**乙方不得向甲方相关管理人员行贿、送礼、请吃，否则，一经查出，清退出场，并对甲方管理人员从严处理。

　　**第三十六条：**甲乙双方必须对本合同的内容予以保密，否则，另一方有要求赔偿的权利。

　　**第三十七条：**经营期满，续签合同时需经甲乙双方另行书面确认。本合同条款中的未尽事宜，甲乙双方友好协商解决，并以补充协议的书面形式约定，作为本合同的有效附件。本合同附件是本合同的有效组成部分，与本合同具有同等法律效力。

　　**第三十八条：**本合同争议，双方应当协商解决；协商不成的，可向物业所在地人民法院起诉。

　　**第三十九条：**本合同甲、乙双方的权利义务关系将不属合伙关系。

　　**第四十条：**本合同自甲、乙双方签字盖章并由乙方交付定金之日起生效。

　　本合同一式二份，甲、乙双方各执一份，具有同等法律效力。

| | |
|---|---|
| 甲方： | 乙方： |
| 法定代表人： | 法定代表人： |
| 委托代理人： | 委托代理人： |
| 地　　址： | 身份证号码： |
| 联系电话： | （营业执照号码） |
| 银行账号： | 地　　址： |
| 开户银行： | 移动电话： |
| | 办公电话： |
| | 住宅电话： |
| 　年　月　日 | 　年　月　日 |

### 范本九　区域租赁经营合同书
（适用区域租赁自主收银）

合同编号：＿＿＿＿＿＿

甲方：＿＿＿＿＿＿＿＿

乙方：＿＿＿＿＿＿＿＿

　　为适应经济快速发展，满足消费者日益增长的物质需求，规范经营行为，根据《中华人民共和国合同法》及国家相关法律法规，甲、乙双方本着平等合作、互惠互利原则，经协商一致，就乙方租赁甲方商业物业用于经营事宜，制定本合同。

一 租赁标的物

**第一条：**甲方向乙方出租位于××国际商业广场＿＿＿层＿＿＿＿＿＿号经营场地，该场地套内建筑面积为＿＿＿＿＿平方米。

乙方自愿租赁该场地经营符合甲方功能分区的＿＿＿＿＿＿＿＿＿＿项目。

**第二条：**甲方应不迟于租赁期限起始日将经营场地交付乙方使用。乙方提供装修设计方案经甲方审核同意后方可实施，但需符合甲方相关管理规定，并自行承担全部费用。

二 租赁期限

**第三条：**双方约定，租赁合同期限自＿＿＿年＿＿＿月＿＿＿＿日起至＿＿＿年＿＿月＿＿＿日止，其中＿＿＿＿年＿＿＿月＿＿＿日至＿＿＿年＿＿＿月＿＿＿日为装修期，乙方保证在装修期内将经营场地装修完毕并投入经营。

合同期满，乙方要求继续经营的，须于合同期满前90天书面提出续约申请，经甲方同意后，办理续约手续，同等条件下，乙方享有优先承租权。

**第四条：**租赁期限内，一方因特殊原因要求提前解除合同，需提前90天提出书面申请，经对方同意并双方协商一致后终止合同。若未经对方同意，一方擅自终止合同，另一方有权要求对方赔偿经济损失，赔偿金额为按本合同约定计算的日租金×提前终止合同天数。

三 租金费用

**第五条：**乙方按套内建筑面积¥＿＿＿元/（平方米·月）的标准向甲方交纳租金。交房时，乙方向甲方交纳首月租金，以后乙方每月5日前交清当月租金。

甲方向乙方提供＿＿＿＿＿个月的免租优惠，具体方式为：合同约定的装修期免租；租赁期限一年以上的每周年免交最后一个月租金。

**第六条：**签订此合同时，乙方向甲方交纳定金¥＿＿＿＿元（大写人民币＿＿＿＿万＿＿＿＿仟＿＿＿佰＿＿＿拾＿＿＿元），自交房之日起定金自动转为押金。合同期满15天内，物业经甲方验收合格并结清费用，押金无息退还乙方。

**第七条** 乙方按套内建筑面积¥＿＿＿元/（平方米·月）的标准，按月向甲方交纳物业管理服务费（甲方提供免收自合同生效之日起第一年的物业管理费的优惠政策）。

**第八条：**乙方每月5日前向甲方交纳上月实际表计水电费和合理损耗分摊、电梯电费分摊（如有）、中央空调费分摊（如有）、相关公用水电费分摊，水电费价格按政府定价执行。

四　双方协作事项

甲方协作事项

**第九条**：甲方依照国家法规及有关政策对商场进行管理，提供公共设施设备维修、保养服务和公共环境卫生服务。

**第十条**：甲方依据本合同向乙方收取租金、水电费、物业管理服务费等相关费用。

**第十一条**：甲方根据乙方的申请，为乙方提供房屋自用部位、自用设施设备的维修养护等特约有偿服务。

**第十二条**：甲方及时审阅乙方装修设计方案并签署意见；在乙方装饰装修前，及时将装饰装修注意事项告知乙方。

**第十三条**：由于乙方原因导致甲方的工作受到干扰或给甲方造成损害的，甲方有权追究乙方的赔偿责任。

**第十四条**：甲方对乙方使用物业过程中的安全、消防、治安等事项进行监督，有权制止乙方违反有关法律法规和商场管理规定的行为，发现问题有权要求乙方限期整改。

乙方协作事项

**第十五条**：乙方严格遵守国家法律、政策法规，遵守商场经营管理方制定的管理制度，合理使用经营场地，依法经营，按时交纳租金及各项应缴税费。

**第十六条**：乙方为保证经营区域物业的消防安全自行到政府职能部门办理手续，增添消防设施及装饰装修的费用自理。乙方不得擅自改变经营场地及公共部分的建筑结构，不得拆除和破坏场地内原有任何设施设备，否则，乙方须自费修复。

**第十七条**：乙方应自觉维护商场整体规划，自觉办理与合同约定经营项目相符的合法经营手续，不得利用甲方提供的经营场地进行违法犯罪活动，损害公众利益。

**第十八条**：本合同项下乙方使用物业所取得的相关收益归乙方所有，并承担由此引起的所有法律责任。

**第十九条**：乙方承担其商品及财物在商场的一切风险，须对商品及财产自行投保并承担由此产生的费用。如乙方未投保或保额不足，任何非甲方过失原因造成的损失，乙方同意自行负责，与甲方无关。

**第二十条**：乙方负责租赁物业的日常管理，做好安全、防火、防盗及清洁工作，维持正常使用功能和秩序。因乙方原因引发的安全、失火、失窃和其他事故造成甲方或第三方及场地内其他损失，由乙方负全部责任。

五　违约责任

**第二十一条：**合同生效后，任何一方不履行或部分不履行本合同的，应当向对方支付 1000~10000 元违约金。因不履行或部分不履行本合同给对方造成的实际损失大于违约金的，还应当赔偿。对方要求实际履行合同的，还应当继续履行本合同。

**第二十二条：**甲方逾期交付物业，每逾期 1 天支付月租金标准 1‰的违约金，合同继续履行；逾期 30 天，乙方有权解除本合同，甲方双倍返还定金。

**第二十三条：**乙方未按时向甲方交纳租金、物业管理服务费和水电费等，每逾期 1 天，承担当期应交总金额 1‰的违约金；逾期 30 天，乙方无权要求返还定金，并应当交清全部费用，且甲方有权解除本合同。

**第二十四条：**因乙方使用不当或其他原因造成物业及设施设备和他人财产安全损坏的，乙方应当恢复原状，不能恢复原状的折价赔偿。

六　合同的变更、解除和终止

**第二十五条：**遇有下列情况时，甲方有权单方面变更、解除或终止本合同，收回物业使用权，不退租金，不承担任何责任和费用补偿，并有权要求乙方支付实际发生应交纳的费用：

（一）乙方利用更名等方式擅自将本合同或经营场地转让、转租给第三者，以及参与其他有损甲方权益事宜的；

（二）乙方未按时向甲方交纳租金，或未按时向商场管理方交纳物业管理服务费和水电费，逾期 30 天的。

**第二十六条：**遇有下列情况时，甲乙任何一方可解除本合同：

（一）一方有严重违约行为，导致不能实现合同目的的；

（二）一方出现停业、破产、不能偿还债务或解散的；

（三）一方的财产被依法查封、冻结、扣押或法院执行导致无法继续经营的；

（四）由于国家的政策原因而使本合同不能正常履行的。

七　合同终止后的处理

**第二十七条：**合同终止之日，乙方应当将租赁物完好无损地返还甲方，并向甲方清偿所有费用。乙方在未返还和清偿前，甲方有权置留乙方财产。

八　其他约定

**第二十八条：**乙方应当遵守甲方制定的商场管理制度。乙方违反有关法律法规和商场管理制度，甲方有权要求乙方限期整改，造成损失的，由乙方全额赔偿或修复。

**第二十九条：**乙方在合同期满或其他原因解除本合同的，在本合同期限届满或解除合同之日起七日内结清费用并自行撤除其自有财物。否则，甲方有权收回该租赁物并对该租赁物内的财物进行处理，甲方不给予乙方任何补偿。

**第三十条：**乙方接受甲方推行的会员制、会员卡、会员消费积分、会员升级、会员折扣优惠等活动，提供并承担会员折扣优惠（原则上优于正常销售折扣），在会员优惠与促销或正常消费折扣相比较有差距时，取其价低者收费。

**第三十一条：**合同期内，乙方为甲方俱乐部金卡会员提供最高＿＿＿％的折扣优惠，为甲方俱乐部银卡会员提供最高＿＿＿％的折扣优惠。

**第三十二条：**甲乙双方必须对此合同的内容予以保密，否则，另一方有要求赔偿的权利。

**第三十三条：**本合同争议，甲乙双方应协商解决，协商不成的，可向物业所在地人民法院起诉。

**第三十四条：**在合同有效期内发生地震、台风、战争以及双方以及其他不可抗力事件致使本合同不能履行或不能完全履行的，免除违约责任。甲乙双方可通过友好协商决定是否终止合同或延期履行合同。

**第三十五条：**乙方及其代理人、受雇人或者乙方的股东、合伙人在经营过程中，与第三人发生的债权债务及其他，均与甲方无关，完全由乙方自行负责。若因此影响甲方声誉或对甲方造成经济损失的，由乙方承担全部法律责任。

**第三十六条：**本合同条款中的未尽事宜，甲乙双方友好协商解决，但应签订书面补充协议。本合同附件是本合同的有效组成部分，与本合同具有同等法律效力。

**第三十七条：**本合同自甲、乙双方签字盖章并由乙方交付定金之日起生效。本合同一式二份，甲、乙双方各执一份，具有同等法律效力。

甲方：　　　　　　　　　　乙方：
法定代表人：　　　　　　　法定代表人：
委托代理人：　　　　　　　委托代理人：
地　　址：　　　　　　　　身份证号码：

联系电话：　　　　　　　　（营业执照号码）

银行账号：　　　　　　地　　址：

开户银行：　　　　　　移动电话：

　　　　　　　　　　　办公电话：

　　　　　　　　　　　住宅电话：

　　年　月　日　　　　　　年　月　日

## 范本十　代销合同

（适用开发商同意之百货类特定品牌）

合同编号：_____

甲方：_____

乙方：_____

为适应经济快速发展，满足消费者日益增长的物质需求，规范经营行为，根据《中华人民共和国合同法》及国家相关法律法规规定，甲、乙双方本着平等合作、互惠互利原则，经友好协商，就甲方在××国际商业广场内设置专柜代销乙方商品的事宜，制定本合同。

一　代销标的物

**第一条：** 甲方于××国际商业广场_____层_____卖场内设立销售专柜（店），销售乙方提供的符合甲方功能分区的_____品类_____品牌的代销商品。

该专柜（店）所占用场地的编号为_____，套内建筑面积为_____平方米。

**第二条：** 甲方负责于_____年____月____日前将经营场地装修并投入经营，乙方负责提前____天将首批不少于_____（数量）市值约____万元（上下浮动10%）的代销商品发送到甲方所在地，保证××国际商业广场开业时，乙方代销商品同步上柜销售。

二　代销期限

**第三条：** 双方约定，代销合同期限自_____年_____月_____日起至_____年_____月_____日止。合同期满，双方希望继续代销的，应于合同期满前60天办理续约手续。

**第四条：** 合同期内，一方确因特殊原因要求提前解除合同，需提前60天向另一方书面提出，经双方协商一致后终止合同。合同有效期内，乙方未经甲方同意擅自中断货源，甲方保留要求赔偿经济损失的权利，赔偿金额为代销期间乙方商品日平均销售数量×平均单位商品进销差价×提前终止合同天数。

### 三　代销方式

**第五条：**乙方书面提出代销商品目录（供甲方选择）及建议零售价（应符合物价部门的规定并不得高于同类城市其他商场、专卖店同品牌同类商品价格），双方协商确定不同代销商品的结算价。代销过程中，实际销售价超出结算价的部分，作为甲方代销毛利。

**第六条：**签订此合同时，乙方向甲方交纳定金＿＿＿＿元。甲方商场正式营业后定金自动转为商品、服务质量保证金。合同期满三个月，若无乙方商品任何质量方面的投诉，甲方将保证金无息退还给乙方。

### 四　代销结算方式

**第七条：**甲方每月 8~15 日结算支付上月应付货款。甲方应于货款结算前二天以电子邮件等有效方式向乙方发出结算清单。

**第八条：**如乙方账号变更，需向甲方提供正式的书面变更通知，因乙方提供的账号有误造成的结算延期和其他任何损失由乙方承担。

### 五　税费

**第九条：**甲乙双方按国家有关法律法规，各自承担纳税义务。

### 六　双方协作事项

甲方协作事项

**第十条：**按时提供合同所约定的经营场地并负责装修和不定期检修，确保完好适用。

**第十一条：**负责代销商品的进、销、存管理和安全。甲方须对代销的商品投保并承担费用。如因甲方未投保或保额不足，任何非乙方过失事件造成损失，均由甲方自行负责。

**第十二条：**积极组织畅销货品销售，按合同及时结算支付销售货款；积极促进滞销货品销售，必要时可以协商乙方提供优惠政策支持；确因市场原因严重滞销的，及时退还乙方（运杂费由乙方承担，在货款结算时扣除）；合同期满 10 日内，退还乙方未销售的全部货品（运杂费由乙方承担，在货款结算时扣除）。

**第十三条：**甲方自行安排营业员统一培训上岗，承担营业员的工资、奖金及劳保福利等全部费用。

**第十四条：** 甲方统一收银，统一填开甲方发票，按国家相关法规规定代扣代缴税金。

**第十五条：** 根据市场发展方向，甲方有权按实际情况调整经营布局，并对代销乙方商品的经营场地和专柜（店）进行变更或调整经营面积，乙方对此无异议。

乙方协作事项

**第十六条：** 乙方须按国家相关规定提供下列（不限于）合法有效的经营证件复印件（必要时出示原件）。

（一）基本经营证件

1. 企业提供营业执照副本复印件（必须有当年或上年度年检记录）；

2. 国税、地税副本复印件（必须有当年或上年度年检记录）；

3. 税务登记证复印件（一般纳税人应提供一般纳税人资格证书、年审记录及增值税发票领购本首页复印件或代管监开证明）；

4. 企业组织机构代码证复印件；

5. 商标注册证或受理商标申请注册证明或核准商标转让证明；

6. 产品质检证明复印件；量身定制等个体户除外；

7. 如乙方系经销商或代理商，必须提供生产商或上一级经销代理商的经销授权书或销售委托书（出示原件）；

8. 如经营委托加工商品，须提交委托加工协议；

9. 法人委托书原件（如非法定代表人签合同）、法人代表及业务联系人身份证复印件。

（二）品类特殊质量证件

1. 化妆品、食品——生产许可证、卫生许可证、特殊用途化妆品卫生许可批文。

2. 电工、电器——中国质量认证中心出具的"3C"认证。

3. 羊毛衫——如有纯新羊毛商标，需提供纯新羊毛标志特许权证书。

4. 餐饮、休闲、运动健身、网络会所及其他特殊行业按相关行业标准提供相关证件。

5. 进口商品：

化妆品——进口化妆品卫生许可批文；

其他商品——进口报关单、商检证等。

（三）乙方每年须按证件的时效性及时对证件予以更新并转交甲方存档。

（四）如乙方因证件不全、失效、不真实等原因引起经济纠纷或国家机关立案查处，所有责任概由乙方自行承担。同时，若为此给甲方造成经济损失和名誉损失的，甲方保留追究乙方赔偿的权利。

**第十七条**：确保提供给甲方代销的商品全部为合法的商品名称、商标、图案、著作权、专利权并符合政府颁发的有关管理条例规定，不得提供假冒伪劣商品，否则，应承担由此产生的一切责任。在代销商品目录范围内，按甲方进货要求及时组织货源供应并承担运杂费，确保代销专柜（店）商品丰满、新颖；优先供应紧俏商品、新商品。

**第十八条**：一年中的大型节日（如元旦、春节、五一、国庆等）或根据实际商场运营情况，甲方举行促销活动，乙方必须积极配合并承担相应的折扣、促销费用和广告费用。但其所涉及的经费分担，甲方应事先通知乙方。

**第十九条**：如乙方在市内进行任何优惠或酬宾促销活动，应提前三天通知甲方并同意在甲方代销专柜（店）内该商品亦调整至同等优惠或酬宾促销活动水平，并由乙方承担全部费用。

**第二十条**：顾客对商品质量或服务质量投诉时，乙方应负全部责任。

七　违约责任

**第二十一条**：合同生效后，任何一方不履行或部分不履行本合同的，应当向对方支付 1000~10000 元违约金。因不履行或部分不履行本合同给对方造成的实际损失大于违约金的，还应当赔偿。对方要求实际履行合同的，还应当继续履行本合同。

八　合同的解除和终止

**第二十二条**：遇有下列情况时，甲方有权解除或终止本合同

（一）在合同有效期内，未经甲方书面或传真同意，乙方擅自停止供货、改变供货范围、增加非经甲方认可的供货品类；

（二）乙方利用更名等方式擅自将本合同权利、义务或供货权利转让给第三者，以及参与其他有损甲方权益之事宜的。

**第二十三条**：遇有下列情况时，甲乙任何一方可终止本合同

（一）一方有严重违约行为，导致不能实现合同目的的；

（二）一方出现停业、破产、不能偿还债务或解散的；

（三）一方的财产被依法查封、冻结、扣押或法院执行导致无法继续经营的；

（四）由于国家的政策原因而使本合同不能正常履行的。

九　其他

**第二十四条：**乙方不得向甲方相关管理人员行贿、送礼、请吃，否则，一经查出，清退出场，并对甲方管理人员从严处理。

**第二十五条：**甲乙双方必须对此合同的内容予以保密，任何一方将合同内容泄露，另一方有要求赔偿的权利。

**第二十六条：**本合同争议，甲乙双方应协商解决，协商不成的，可向物业所在地人民法院起诉。

**第二十七条：**在合同有效期内发生地震、台风、战争以及双方以及其他不可抗力事件致使本合同不能履行或不能完全履行的，免除违约责任。甲乙双方可通过友好协商决定是否终止合同或延期履行合同。

**第二十八条：**乙方及其代理人、受雇人或者乙方的股东、合伙人在经营过程中，与第三人发生的债权债务及其他，均与甲方无关，完全由乙方自行负责。若因此影响甲方声誉或对甲方造成经济损失的，由乙方承担全部法律责任。

**第二十九条：**本合同条款中的未尽事宜，甲乙双方友好协商解决，但应签订书面补充协议。本合同附件是本合同的有效组成部分，与本合同具有同等法律效力。

**第三十条：**本合同自甲、乙双方签字盖章并由乙方交付定金之日起生效。

本合同一式二份，甲、乙双方各执一份，具有同等法律效力。


甲方：　　　　　　　　　　乙方：

法定代表人：　　　　　　　法定代表人：

委托代理人：　　　　　　　委托代理人：

地　　址：　　　　　　　　身份证号码：

联系电话：　　　　　　　　（营业执照号码）

银行账号：　　　　　　　　地　　址：

开户银行：　　　　　　　　移动电话：

　　　　　　　　　　　　　办公电话：

　　　　　　　　　　　　　住宅电话：

　　年　月　日　　　　　　　年　月　日

# 第七章　招商渠道

## （部分典型商家介绍）

## 第一节　关于沃尔玛

- 沃尔玛位居世界 500 强之首，在全球 11 个国家开设分店，拥有超过 4500 家商场，全球员工数超过 138 万人。
- 沃尔玛商业帝国 2001 年度的销售收入高达 2198 亿美元，相当于埃及一年的国民生产总值，富可敌国。
- 沃尔玛商品低于市场价格 20%~50%。
- 沃尔玛每周接待全球顾客超过 1 亿人次。
- 沃尔玛平均每天聚集 2 亿元的消费潜力。
- 沃尔玛每天至少会有 30 万人的客流。
- 每家沃尔玛商店每天有 8 万种商品在货柜销售。
- 从 20 世纪 80 年代起至今，沃尔玛共投入 7 亿多美元建立起自己的计算机和卫星作业系统，以如此高科技手段来变革交易技术系统，令沃尔玛打遍天下无敌手。如今沃尔玛的 6 个卫星频道网络确保了这个巨无霸 85% 的直接配送率，而其他连锁超市只能做到 50%~60%，强大的分销中心使货物配送时间比对手缩短了 3 天，沃尔玛可以在 1 小时内对全球 4000 多家分店进行盘点，实行定时监控。
- 沃尔玛效应：
  (1) 强势营造新一代中心商圈。
  (2) 强烈聚引人气、商气。
  (3) 急剧提升物业价值。
  (4) 世界水准的先进理念：天天平价、三米微笑、200%满意。
- 沃尔玛的四大"秘诀"：

（1）让顾客满意。

（2）薄利多销。

（3）团队精神。

（4）在保持优良传统的同时，不断创造适应新时代需求的零售经营模式。

● 沃尔玛在中国的分布：

**WAL★MART**
**SUPERCENTER**
沃尔玛购物广场

| 店　名 | 店　址 |
| --- | --- |
| 沃尔玛购物广场深圳湖景店 | 广东省深圳市罗湖区洪湖路<br>湖景花园 1~3 楼 |
| 沃尔玛购物广场深圳中山店 | 广东省深圳市罗湖区凤凰路 12 号<br>中山花园裙楼 1~3 层 |
| 沃尔玛购物广场深圳福星店 | 广东省深圳市福田区福星路<br>福民楼 D、E、F1~F2 楼 |
| 沃尔玛购物广场深圳蛇口店 | 广东省深圳市蛇口工业区<br>工业大道和东滨路交会处 |
| 沃尔玛购物广场深圳华侨城店 | 广东省深圳市南山区华侨城 |
| 沃尔玛购物广场深圳园岭店 | 广东省深圳市福田区上步中路百花园裙楼 1~3 层 |
| 沃尔玛购物广场东莞东湖店 | 广东省东莞市城区东纵大道东湖花园首层 |
| 沃尔玛购物广场昆明大观店 | 云南省昆明市五华区大观商业城 E1、E2 座 |
| 沃尔玛购物广场昆明集大店 | 云南省昆明市盘龙区环城东路 188 号 |
| 沃尔玛购物广场大连奥林匹克店 | 辽宁省大连市西岗区奥林匹克广场 2 号 |
| 沃尔玛购物广场大连华南店 | 辽宁省大连市甘井子区中华西路 6 号 |
| 沃尔玛购物广场汕头南国店 | 广东省汕头市长平路中段南国商城地下一层 |
| 沃尔玛购物广场福州大利嘉店 | 福建省福州市台江区五一中路 169 号<br>大利嘉城 B 区 1~3 层 |
| 沃尔玛购物广场福州长城店 | 福建省福州市六一北路 615 号长城广场 1~3 层 |
| 沃尔玛购物广场厦门世贸店 | 福建省厦门市厦禾路 878~888 号世贸中心 |
| 沃尔玛购物广场厦门 SM 店 | 福建省厦门市福厦路与仙岳路交叉路口西侧 SM 商业城内 |
| 沃尔玛购物广场沈阳鹏利店 | 辽宁省沈阳市大东区小东路 8 号 |
| 沃尔玛购物广场哈尔滨中山店 | 黑龙江省哈尔滨市南岗区中山路 254 号 |
| 沃尔玛购物广场长春银座分店 | 吉林省长春市宽城区长江路 58 号 |

| 店　名 | 店　址 |
| --- | --- |
| 深圳山姆会员商店 | 广东省深圳市福田区香蜜湖香梅北路 |
| 福州山姆会员商店 | 福建省福州市鼓楼区杨桥西路 128 号 |
| 昆明山姆会员商店 | 云南省昆明市春城路 289 号国贸中心北侧 |
| 长春山姆会员商店 | 长春市朝阳区前进大街前进广场 |

# WAL★MART
## Neighborhood Market
### 沃尔玛社区店

| 店　名 | 店　址 |
| --- | --- |
| 深圳嘉里中心社区店 | 广东省深圳市人民南路 2008 号深圳嘉里中心 B1 层 |
| 深圳沃尔玛珠江百货有限公司南新分店 | 深南大道南新路鸿洲文鼎家园 1~2 层 |

http：//www.wal—martchina.com

# 第二节　关于欧倍德

**OBI 欧倍德，著名的国际品牌**

创建于 1970 年的德国 OBI 欧倍德公司，是国际上最先创建居民家庭装饰市场的著名跨国连锁集团，全球连锁店超过 450 家，遍布欧洲和亚洲等 12 个国家。企业规模名列德国第一、世界第四。

OBI 欧倍德的控股公司是德国零售业巨子——廷格尔曼集团（Tenglemann Group）。该集团在全球的分支机构超过 7000 家，是世界第二大私人企业，其在美分支机构 A&P 是世界 500 强企业之一。

30 多年来，凭借其日臻完善的服务和为世界 DIY 市场发展所做出的杰出贡献，OBI 欧倍德赢得了消费者和业内同行的广泛的赞誉。来自德国权威机构的调查表明，OBI 欧倍德的市场知名度高达 92%，已成为建材装饰零售市场的代名词。

1998 年，欧倍德就进入了中国，在上海成立了公司。公司总部现位于上海普陀区欧倍德普陀店旁边。

从 2000 年 6 月到现在，欧倍德一共在中国华东地区开了 4 家分店，分别是无锡店、上海普陀店、上海金桥店、南京雨花店，总营业面积超过 60000 平方米，员工总数达到 1200 人。截至 2001 年年底，欧倍德在中国的总投资超过5 亿元人民币，上缴政府税收 3000 多万元人民币。

与"海尔集团"的合作将使"欧海集团"成为一家中国商业连锁领域的巨无霸企业，展示"欧倍德"+"海尔家居"标志的大型建材连锁超市，将陆续出现在中国各大城市。

### OBI 欧倍德，五大优势引领世界家居新潮流

- 理念优势："和欧倍德一起营造自己舒适的家。"OBI 欧倍德提供给顾客的"不仅仅是四面墙"的产品，它的宗旨是帮助每一个家庭实现他们最基本的愿望——拥有一个舒适安全的家。围绕着这样的经营理念，在 OBI 欧倍德的每一家连锁店里，消费者都能得到意想不到的服务。

- 体系优势：经过 30 多年的积累，OBI 欧倍德形成了完全标准化的市场运作系统，包括：与当地市场紧密结合的市场开发系统；国别间完全对接的全球采购系统；关注经营的每一个细节的连锁营运系统和能适时采集分析的数据电子处理系统。

- 管理优势："全球性支援、属地化管理"使 OBI 欧倍德的国际化标准和当地市场与人文习惯实现了真正的融合，保证 OBI 欧倍德在每一个国家、每一个市场的成功。

- 加盟连锁优势：将加盟连锁经营方式运用到建材装饰零售市场，是 OBI 欧倍德的独创，这一成功的市场发展与经营模式，既能突出大集团的规模经营优势，又能发挥大集团所不具备的市场快速应变能力。

- 全球网络优势：450 多家连锁店及母公司、7000 多家分支机构构成了一个遍布全球的营销网络，进入这一网络的每家企业、每种产品都将成为世界的企业、世界的产品。OBI 欧倍德将帮助所在国家的市场在经济全球化的进程中跟上时代的脚步。

OBI 欧倍德将德国的专业经营建筑材料、装饰用品、五金工具和花卉园艺产品的管理和技术带到了中国。

- 丰富的选择：OBI 欧倍德在中国的每一个店都超过 15000 平方米。商品

品种达 42000 余种，涵盖建材、装饰、五金、园艺、厨卫五大类，可谓"应有尽有，一应俱全"。

● 质量的保证：OBI 欧倍德拥有自己可靠的供应商体系，所有商品均由专业人员经过大量调研，详细分析，认真比较，专业认证以及严格检验后才能进入 OBI 欧倍德店采购数据系统，绝无假冒伪劣产品。顾客可以放心地购买，另外 OBI 欧倍德还郑重承诺：只要包装和货品保持出售时的原状，无须任何理由，在 30 天内可以退换。

● 舒适的环境：OBI 欧倍德一改以往建材市场传统的经营方式，为消费者提供了一个舒适的购物天堂。OBI 欧倍德交通便捷，易于到达，备有充足的停车位；OBI 欧倍德的一大特色——园艺园，更是环境优美，4000 平方米的玻璃馆，阳光明媚，绿意葱葱，在里面挑选各式园艺产品，让人流连忘返。购物之余，还可以在 OBI 欧倍德的欧洲客栈小憩片刻，品香茶、咖啡或是享受一顿美味的饭菜。

● 低价的承诺：OBI 欧倍德在提供高质量商品和优质服务的同时，还凭借它们全球采购体系大批量采购带来的进价优势，将低价作为它们的长期价格战略，向顾客郑重提出低价承诺。如果您发现在欧倍德商场所购商品的价格高于该商品在同城市其他商场的价格，只要在 14 天内提供书面凭证，欧倍德将补偿您的购物差额并给您一定的奖励。

● 优质的服务："不仅仅是四面墙"，OBI 欧倍德带给中国消费者的是一个与国际同步的先进系统。消费者将得到：

一个 15000 平方米的舒适购物环境；

先进的国际采购系统实现与国际同步的家居装饰时尚潮流；

严格的产品质量认证体系杜绝假冒伪劣，营造绿色环保的家；

规模化连锁经营降低成本，实现物超所值，天天低价；

选材指导、电脑调漆、工具租赁、送货到家，以及 30 天退货等服务保证；

设计与装修、房屋维护、居室保洁、房屋中介、热线咨询等延伸服务；

OBI 在天津万达商业广场的全称是"欧倍德时尚家居购物中心"。

http://www.obi.com

# 第三节　百胜餐饮

中国百胜餐饮集团是中国最大的快餐集团，属于在美国纽约证券交易所挂牌上市的环球百胜餐饮集团（Tricon Global Restaurants Inc）的一部分。

到 2000 年年底，中国百胜餐饮集团在中国投资建立了 19 家肯德基公司和 8 家必胜客，共有超过 400 家肯德基和必胜客餐厅，仅 2000 年，中国百胜餐饮集团的营业额就超过 40 亿元人民币，是环球百胜餐饮集团增长最为迅速的分部。

为了更有效地支援大中国区的经营，百胜餐饮协作发展中心于 1993 年在上海成立，它为包括中国香港、中国台湾地区在内的大中国区 630 多家公司独资和特许经营的肯德基、必胜客餐厅提供营运、发展、企划、财务以及特许经营等服务。

环球百胜餐饮集团目前在全球拥有肯德基（KFC）、必胜客（Pizza Hut）、Taco Bell（墨西哥式食品）三个品牌，餐厅总数超过 30000 家，年收入达到 25 亿美元，居世界餐饮业之首。

http：//www.tricon.com.cn

### 肯德基在全球

肯德基是世界最大的炸鸡快餐连锁企业，在世界各地拥有 11000 多家餐厅。这些餐厅遍及 80 多个国家和地区，从中国的长城，直至巴黎繁华的闹市区、风景如画的索非亚市中心以及阳光明媚的波多黎各，都可见到以肯德基为标志的快餐厅。

世界上每天有 1000 多万顾客在各个肯德基餐厅品尝着由山德士上校近半世纪前开创的肯德基原味鸡，它是由 11 种神秘配方裹粉烹炸而成。顾客还可在世界各地的肯德基餐厅内品尝到 400 多种其他食品，如科威特的鸡肉饼和日本的鲑鱼三明治。

肯德基为满足消费者不同层面的需要，对顾客服务的方式也在不断变化，除了店内用餐，外卖，从奥克兰到阿尔布克尔克，在美国已有超过 300 家，在其他国家越来越多的城市也已开展送餐到家的业务。而且在美国的一些城市中，肯德基餐厅还与集团内的姐妹餐厅必胜客和 Taco Bell 合作，设在繁忙街区同一餐厅网点同时为顾客提供餐点。现在，从波多黎各到加利福尼亚州的大学生们已将肯德基快餐列入了日常食谱。

60 多年前，肯德基的创始人山德士上校发明烹制了如今被称为："家庭晚餐的替代"——即提供完整的正餐给无时间在家烹饪或不愿烹饪的家庭，他称之为："一周 7 天的星期日晚餐"。

如今，上校的精神和遗产已成为肯德基品牌的象征，以山德士上校形象设计的肯德基标志，已成为世界上最出色、最易识别的品牌之一。

肯德基公司属于世界上最大的餐厅集团——百胜全球餐饮集团，集团内有包括分布在超过 100 个国家和地区的近 30000 家连锁的世界著名的肯德基餐厅、必胜客餐厅和 Taco Bell 餐厅。

**肯德基在中国**

中国是个多民族的国家，不同系列、不同风格的饮食文化源远流长，近年来，除了民族风味的饮食在国内不断得到发展之外，中国还在不断吸收更多新口味、新理念和新的经营方式的餐饮。肯德基正是为了满足中国餐饮业发展的需求，于 1987 年进入具有悠久饮食文化的古都北京，从而开始了它在这个拥有世界最多人口的国家的发展史。

1987 年 11 月 12 日，肯德基在北京前门繁华地带设立了在中国的第一家餐厅，而北京肯德基有限公司也是当时北京第一家经营快餐的中外合资企业。以北京作为一个发展的起点，肯德基在全国的发展如同燎原之火。1992 年时餐厅总数为 11 家，是当时在中国经营快餐连锁餐厅中数量最多的公司，到 1995 年已发展到 50 家。

1996 年 6 月 25 日，肯德基中国第 100 家分店在北京成立，这是一个里程碑，标志着肯德基在中国的发展进入又一个新的阶段。同年 6 月 1 日肯德基上海人民公园餐厅以近 40 万元的日营业额，刷新了肯德基全球单店单日营业额的历史纪录。自 1987 年开业以来，肯德基在中国已售出 25 万吨鸡类产品，这些鸡原料都产自中国本地，粗略估计，肯德基在全国售出的鸡肉总量合624000000 只鸡，如果将每只鸡首尾相连排列起来，相当于往返中国最北端的漠河到最南端的曾母暗沙 36 次的距离。

今天，肯德基的业务发展得到了中国消费者广泛的认可，有了很大的飞跃。

1999 年，根据全球著名的 AC 尼尔森调研公司在中国 30 个城市 16677 份问卷调查显示，最早进入中国市场的西式快餐——肯德基，因其独有的美食和品质，被中国消费者广泛熟知和喜爱，被公认为"顾客最常惠顾的"名牌，名列国际知名品牌前十名的榜首。

2000 年 11 月 28 日，肯德基在中国的连锁餐饮企业中领先同业，第一个突破 400 家，创国际快餐连锁业在中国开店数之最。到 2002 年 2 月，肯德基在一年多的时间里，又在中国突破 600 家连锁餐厅。至今肯德基在全中国设有 32家肯德基有限公司，管理并经营着全国 170 多个城市里 700 多家连锁餐厅，这样的发展速度和规模，使肯德基成为一家在中国发展最迅速的快餐连锁企业。

肯德基在中国的发展潜力是巨大和难以估量的，中国将会成为世界上最大的快餐业市场。没有哪一个企业能够完全占有中国市场，依靠热爱肯德基品牌的加盟者来共同发展中国的肯德基，从而能达到最有效的发展潜能。

http://www.chinakfc.com

### 必胜客在全球

以"红屋顶"作为餐厅外观显著标志的必胜客，如今已是全球最大的比萨专卖连锁企业。遍布世界各地 90 多个国家和地区，必胜客拥有 12300 多家分店，员工近 25 万名，每天接待超过 400 万位顾客，烤制 170 多万个比萨饼。

然而，必胜客当初的创业却颇有传奇性。1958 年，根据房东太太的建议，还在念大学的卡尼兄弟在父母的杂货店旁租用了一间只能容纳 25 个座位的小酒馆，这就是全世界第一家必胜客餐厅，"红屋顶"也从此成为全球著名的，独一无二的标记。

从 1958 年到 1971 年，仅仅 13 年的时间，必胜客已经在营业额和餐厅数量方面，迅速成为全球第一的比萨连锁餐厅企业。

从此，必胜客不断把美味比萨带给不同国度的消费者。1968 年，必胜客在加拿大开设第一家国外分店，然后，法国、日本、英国、澳大利亚，直至科威特、阿拉伯联合酋长国……如今必胜客在 86 个国家和地区拥有了数千家餐厅。1990 年，必胜客进入中国市场，在北京开设了第一家中国分店。如今，必胜客已在中国的北京、广州、上海、厦门、福州、苏州、杭州、深圳、沈阳、成都、武汉等地开设了 40 多家餐厅。

从 1958 年最早推出的传统薄皮比萨开始，必胜客通过持续不断地努力来精制每一款比萨产品，并且持续开发出符合每一个消费者口味的新产品。今天，铁盘比萨，薄脆比萨，Hand-tossed style pizza，芝心比萨以及 The big New Yorker pizza 这五项主要产品已经被全世界成百万的消费者所喜爱，同时成为了衡量其他产品的标准。

能在全球广受消费者的喜爱和欢迎，必胜客的成功还在于人员培训方面的优良管理。必胜客强调对质量的承诺，对服务、价值感的奉献，以及创新、成长和领导能力。每一位必胜客的员工都要给顾客带来在必胜客用餐的愉悦经历，并努力奉献所能提供的最好比萨，任何时间、任何地点人们需要点餐时，必胜客的员工都将及时准确地提供美味比萨。

这些努力使得必胜客从最初就建立起了一个能赢得消费者和业内人士尊重的良好声誉。在世界各地无数的消费者测试中，必胜客的比萨一直被认为是最好的。一些知名的杂志如《餐厅经营》、《财富》和《华尔街日报》都曾报道过必胜客的美味比萨和经营管理模式。如今必胜客确信，通过自己的传统、文化、餐饮管理、人员上的优势，必胜客在全球还将会有更大的进步。

必胜客所属世界上最大的餐饮集团——环球百胜餐饮集团，集团目前在全球拥有肯德基（KFC）、必胜客（Pizza Hut）、Taco Bell（墨西哥式食品）三个品牌，餐厅总数超过 30000 家，年收入超过 25 亿美元，居世界餐饮业之首。

**必胜客在中国**

必胜客，正如它的名字一样，从 1990 年在北京开出第一家分店以来，必胜客这家著名的西式连锁餐厅就赢得了中国顾客的喜爱。尤其是近年来，随着中国经济的良好发展，必胜客在中国也始终处于健康的成长态势之中。

仅几年时间，必胜客已经成为中国消费者所熟知的西式餐饮品牌，并从北至南，在中国一些主要的经济城市和沿海城市落地生根。到 2002 年，必胜客在中国已拥有了 8 家有限公司和 80 多家餐厅。

每一家必胜客餐厅每天都以崭新的姿态、悦目的装潢、舒适的设计、训练有素的服务人员再加上风味迥异、营养丰富的比萨意大利面、新鲜自助沙拉等美食招待喜爱它的顾客，除此之外，必胜客还为中国的消费者和中式餐饮业带来了另一种全新的，具有现代化管理方式的餐厅经营理念：休闲餐饮。

不同于肯德基快餐式的服务，1998 年 7 月，随着必胜客上海旗舰店——美罗餐厅的开业，全新的"休闲餐饮"（CASUAL DINING）概念被引入中国餐饮业，它的特色在于：通过顾客进门，30 秒之内必能得到问候和带领入座的微笑服务等 10 个服务步骤，使顾客可以悠然自得地与至爱亲朋边闲聊边品食，整个餐厅从布局到灯光，处处透出温馨的气息，让顾客感受到这是一种轻松享受型的用餐。即使到下一世纪，这一全新的"休闲餐饮"模式也将继续作为必胜客可持续发展的典范。

作为百胜全球餐饮集团的主要成员，必胜客同样遵循积极回报社会的企业宗旨。仅在 1998 年，各家必胜客有限公司就多次举办了形式多样的公益活动。

1998 年 4 月，广州必胜客组织员工前往广东省从化吕田镇的草埔小学探望那里的贫困学生，并捐款 54000 元以支助特困学生完成小学学业；

1998 年 7 月，上海必胜客从营业所得中提取 30000 元捐给上海儿童福利院；

1998 年 12 月，广州必胜客员工与广州市优秀民警交流服务心得，并共同参与爱护大自然环保活动；

1999 年 10 月 1 日，广州必胜客再次组织"必胜客无偿献血日"活动，当日献血量达到了 18.62 万毫升，据了解，这一数字创下了全国街头单点采血量最高纪录。

这些公益活动不仅密切了必胜客与社区、顾客之间的关系，而且也使得必胜客在当地树立了良好的企业形象。

从 1958 年美国年轻的卡尼兄弟以一间只有 25 个座位，像"小屋"（HUT）一样的比萨餐厅开始创业至今，40 年的时间必胜客已发展成为世界上最大、最好的比萨连锁餐饮体系，在全球 90 多个国家和地区拥有 12300 多家分店，雇佣 240000 多名员工，每天向超过 400 万名顾客提供 170 多万个比萨。

http：//www.pizzahut.com.cn

# 第四节　百脑汇

百脑汇是由顶新集团独资成立的北京科贸有限公司的现代化电脑商城。

北京百脑汇位于北京市朝外大街，目前已成为北京人购买电脑的理想去处。免费电脑教室、免费上网区、免费电玩区、电脑医院等功能区，让不懂电脑的朋友有了了解电脑及接触电脑的机会，知道哪些是自己所需要的配置，能放心、安心地买到自己合适的电脑。

# 第五节　盛世维珍影院管理有限公司

盛世维珍国际影院管理公司是江苏广电集团公司下属的盛世亚细亚电影院线和英国维珍集团公司在南京注册成立的合资公司，双方的股比分别为51%和49%。公司的主要业务是在中国发展和经营电影院。

以江苏省电视台为旗舰公司的江苏广电集团，其业务涵盖了广播、电视、出版、电影制片、发行放映以及电子网站等业务几乎所有的新闻媒体，年营业额为6亿元人民币。

江苏盛世亚细亚院线责任有限公司是江苏省广播电视集团属下的电影发行放映公司，是全国仅有的九条跨省市经营的院线之一。现在江苏省和安徽省拥有商业影院34家，共50块银幕，24610张坐席。

英国维珍集团公司在世界各地拥有200多家企业，25000余名员工，以其超过50亿美元的年营业额排名英国第三。其著名的品牌包括维珍航空、铁路、金融、唱片、移动通信、旅游、饮料及图书出版等许多业务。在远东地区，维珍拥有日本最好的电影院线；维珍国际航班也每天来往于伦敦、上海及东京等地。

未来的两年内，盛世维珍影院管理公司计划投资2亿元人民币，在南京、上海、武汉、广州、北京、无锡、苏州等地建设多家大型多厅电影院，共约80块至100块银幕以及20000余张坐席。盛世维珍的电影院线将全部按照北美、欧洲的标准（State-of-arts）进行设计；全部采用当今世界最好的电影放映及专用还音设备；全部按照世界先进的院线管理模式进行管理。维珍的影院管理经验加上江苏广电集团强大的媒体功能，毫无疑问地会使盛世维珍的电影院在最短的时间内成为中国最具活力、品牌最好的电影院。

# 第六节　HOLA

德国著名的家居装饰品牌。

台湾特立集团作为 HOLA 品牌在中国台湾地区及中国内地的总代理，目前已经在台湾开设 4 家分店。天津万达商业广场将是 HOLA 品牌在中国内地开设的第一家分店。

HOLA 的观点：欢呼 HOLA，享受自成一格的居家气氛。

这又是一个引领风潮的事业，经过 DIY，人们体验到创造居家生活的乐趣之后，就是进一步思考如何装饰美化，让家的风格更为别致。1997 年，HOLA 特力和乐于焉诞生。House Of Living Art，HOLA 追求的梦想直接写在命名上，通过实用的生活创意、多样化风格与色彩的选择，我们鼓励消费者去营造充满生活艺术的家，享受美好欢愉的居家气氛。

http://www.hola.com

http://www.hola.com.tw/

http://www.testrigroup.com

# 附录：万达商业地产启示录

引言：关于万达及万达商业地产

过去，大连万达借足球叫响全国。如今，大连万达凭地产称雄天下。从足球王国，到地产大鳄，万达走过了十几年风雨历程。1988 年成立万达集团，1992 年正式改制为万达集团股份有限公司，是东北首批股份制试点企业之一。经过 10 余年的发展。大连万达现已形成以房地产开发、购物广场建设管理为两大支柱产业的大型企业集团，资产 50 亿元，年销售额约 70 亿元，在业界极具影响力。万达王健林先生也成为国内商业地产翘楚级人物！

目前，大连万达集团已在全国 10 多个中心城市进行了超大规模居住区的开发。迄今为止房地产开发面积累计达 550 万平方米，商品房空置率为零。未来几年内还将陆续在全国近 20 个大中城市建设经营大型购物广场。集团的目标是两年内资产过百亿，三年内成为全国首家房地产年销售额过百亿元的企业。

万达商业地产发起于 1999 年。至今，大连万达已经进入了国内诸多大中城市，在长春、长沙、青岛、济南、天津、南昌、大连、南京、沈阳、成都、重庆等 15 个城市斥资百亿元开发、建设连锁大型购物广场，第一个万达购物广场项目于 2002 年诞生于长春，并在一个月内完成首层商铺的全部销售，均价突破 4 万元 / 平方米。由于万达与世界 500 强的商业巨子们纷纷建立战略合作伙伴关系，携手世界零售业巨头入驻各个万达商业广场，因此，万达商业地产每到一个城市都引发商业地震。有专家预言，万达购物广场将对国内传统百货业、单一超市产生巨大冲击，并将成为该地市商业领头雁。

需要补充说明的是，以下案例分析均摘自已经公开的宣传材料。万达地产的成功一如以上所述，人所共知，无须赘述。笔者只是在公开材料的基础上对万达商业地产的某些不足之处或者缺陷进行了一些简单分析，绝非对万达商业地产有冒犯之意，纯粹以做交流与借鉴，谬误及浅陋之处在所难免，望广大业界及万达同仁斧正指教！

**一 万达现象**

**（一）长春万达商业地产：天价商铺热销虚假宣传**

2004 年 2 月 5 日，元宵节。静静矗立在长春最繁华商业街重庆路上的万达购物广场，此刻却有人欢喜有人愁：二楼沃尔玛购物广场林立的货架上摆满节日用品，店内大红促销招贴比比皆是。与之形成强烈对比的是，一楼大部分商铺空空如也，随风舞动的是一张张贴在门口的空铺招租或转让广告。

这已是长春万达购物广场自 2003 年 1 月 16 日开业以来度过的第二个冷寂的元宵节。不幸的是，它今年还多了 3 个"同门兄弟"：开业 6 天以零营业额被迫停业的沈阳万达购物广场、开张不到半年就正式停业的济南万达购物广场，还有同样处于半停业状态的长沙万达购物广场。

商铺业主们没有多大耐心和财力困守高价买来的黄金旺铺，他们纷纷与万达交涉，希望退铺或者得到经济赔偿。处于这场全国性风暴中心的万达，此刻正面临所有地产公司最不愿意看到的事情——业主的大规模信任危机和质疑。

1. 长春万达案公堂开审

2003 年 12 月 26 日下午 2 点 30 分，长春市中级人民法院民事庭。万达购物广场业主甘延珍状告大连万达集团广告欺诈案（以下简称"长春万达案"）正式进入长春市中级人民法院听证程序。

甘延珍在民事起诉状中陈述道：2001 年 8 月至 2002 年 4 月期间，万达集团在吉林省数家报纸刊登广告，预售"万达·沃尔玛购物广场"首层店铺。并以"万达·沃尔玛购物广场"名义与被告签订《商品房买卖合同》。民事起诉状中称，与长春商铺市场价相比，当时"万达·沃尔玛购物广场"的售价是"天价"——内铺价格为2.8万元/平方米，临街外铺最高卖到6.68万元/平方米。

2002年10月31日，甘延珍和其他业主收房时，发现大楼名称由"万达·沃尔玛购物广场"更改为"万达购物广场"，原先含金量最高的沃尔玛被"拿下"。

甘延珍向法院请求，判令被告万达集团广告，商标欺诈、侵犯原告财产权。

原告举证说，万达在广告中，故意将与沃尔玛签署的"租赁协议"说成"合作协议"，并将自行开发的购物广场说成是沃尔玛投资开发或与沃尔玛合作开发。在万达的楼书和所有销售广告中，充斥着沃尔玛的商标和各种投资回报承诺。

原告拿出这样一份证据：沃尔玛中国有限公司李成杰先生致万达集团高级副总裁汤天伟的一封信。信中，李澄清了二者的租赁关系。李成杰在信中说：鉴于沃尔玛、万达双方的友好合作关系，我司现同意贵司在适当情况下使用沃尔玛以及沃尔玛购物广场名称，但不得使用沃尔玛标志。具体内容如下：

A. 沃尔玛名称只能用于双方已经达成协议的楼盘宣传，不得将沃尔玛名称使用于与沃尔玛无关的楼盘。

B. 硬性广告中不得出现沃尔玛字样、画面及话语。

一位业主对记者说，当他们辗转看到这个声明时，如梦初醒，此时方知沃尔玛原来并不是万达的所谓"合作开发方"，只不过是一介租客。而他们购买的楼盘，充其量不过是沃尔玛的邻居，与沃尔玛毫无关系。

这场诉讼标的不过80余万元的案件背后，是长春万达广场137名业主关注的目光。为了表示对甘延珍的支持，他们纷纷赶来旁听，还拟了一份联合签名表示对甘延珍的支持。

其中一位业主受托担任原告代理人。他叫宫维钧，与甘延珍一样，出资数10万元在长春万达广场一层购买了两个店铺，共计30平方米。目前，其中一家店面大门深锁，另一家店面虽然租出去了，但收到的租金还不到预期的一半。

宫维钧说，像他和甘延珍这样的，只不过是长春万达购物广场的小业主，137名业主中，不乏一掷千万买下数家最昂贵临街店面的"大业主"。该"大业主"也因租金与预期相差甚远，索性将所有临街店铺一锁了事，专心准备打官司。由于长春中院不接受集体诉讼，业主们打算待甘延珍诉万达案结束后，分别起诉万达集团。

经历过一年前激烈的讨价还价，甚至在争执中出现流血事件，业主们失去了与万达坐下来谈判的信心，开始求助于司法部门。

虽然此案法院裁决万达胜诉，但无疑给万达以巨大震动，也给了广大投资人以更大震撼！"广告欺诈！商标欺诈！"这些冷冰冰的法律术语背后，是一个个破碎的财富梦。随着万达商业地产发展计划向各地挺进，梦醒的伤心地不仅是长春，在济南、沈阳和长沙，许多人在这个冬天从温暖的梦境中走出来，一身冰凉。

李先生 2003 年最大一笔投资，是购买了一间 40 平方米的商铺。别小看这个小小的商铺，它位于济南市最繁华商业街泉城路中心地带，名叫济南万达购物广场，与世界最大零售商沃尔玛为邻，总价达到 120 万元！

李先生的财富梦源于这样一个简单的计算：一间面积为 30.60 平方米的商铺，总价为 76.5 万元，年收益率是 14.4%，4 年期计总租金收入 440640 元，第 5 年末净资产余值为 689215.40 元。而一个 40 多平方米的商铺，按照广告上的计算方式，光租金 3 年就可以收回 30 多万元，以后再出租还有利可图。

促使李先生最终一掷百万的，是他听说自己打算购买的商铺已经租出，而且签了好几年的合同，眼看众多投资者开始纷纷抢购商铺，李先生慷慨地打开了钱袋。

2003 年 9 月 17 日，济南万达购物广场开业。就在李先生盘算着多少年能把所有投资收回时，租赁户交给他一个月租金后，第二个月便不知去向。这突发的变故不但让李先生 3 年回收 30 万元的愿望成了泡影，现在他每个月还要向银行缴纳近万元的贷款。

据济南万达购物广场业主维权委员会成员孙先生介绍，万达广场一楼开业一个月后，就有两家租赁户退出；两个月后，又有近 20 户退出，剩下的几家商户见成不了气候，也在春节期间忍痛停业。李先生的悲剧，一遍遍在所有业主身上上演。

业主们找到开发商，开始坐下来理论租赁户退出的原因。业主们认为，租赁户纷纷撤退是因为万达购物广场一楼人气不足。当初投资商铺时，他们最看中的是万达公司先期承诺的沃尔玛以及四楼百脑汇商场能带来的人气。但百脑汇商场没有开业，换成了家具城。广场被分割成几个独立的部分，一楼多数商铺根本不能分享到知名商家带来的人气。

2003 年 12 月 3 日下午，济南万达购物广场项目负责人在与业主的交涉会上说，广场的市场定位不准、没有特色是造成目前尴尬状况的最主要原因。

同样处于经营尴尬状态的还有沈阳、长沙万达购物中心。

2003 年 12 月 23 日，沈阳万达购物广场在和平区太原街开业。这家位于室外的购物广场没来得及搭好大棚就赶期开业，结果寒冷的天气导致广场开业 6 天就被迫暂时停业，超过 100 家业主提出退房要求。

2004年2月5日，4家商铺顾不上过元宵节，匆忙撤出长沙万达购物广场。这家2003年6月19日才开业的购物广场，此时只剩下不到20家商铺在苦撑大局。

2. 万达踩爆定时炸弹

2003年年初，万达集团创始人、董事长王健林在接受媒体采访时放出豪言：2003年将是一个收获年，今年我们有10个购物广场、商业广场要竣工，竣工的面积大概在100万平方米左右。

人称地产狂人的王健林2003年的确战功辉煌，截至2003年年底，万达已经开工建设了北京、上海、天津、沈阳等16个城市的商业项目，总建筑面积达160万平方米，投资逾百亿。如此看来，万达离10年100个购物中心的目标并不遥远。

王健林将万达商业地产的快速扩张归功于"订单模式"：万达成立全国首家专业商业地产公司后，没有急着拿地做开发，而是与沃尔玛等12家跨国连锁企业和部分国内知名企业签订联合发展合同，双方共同选址，万达投资建设，沃尔玛等租用卖场。此举不但避免了建好租不出去的风险，万达还借沃尔玛钻石招牌名满天下，也给万达用以出售的商铺带来巨大的无形资产吸引力。

万达的订单商业模式与国际通行的"SHOPPING MALL"建造方式相当接近，其中唯一不同的地方在于，万达模式留出了黄金商铺拿来卖，而不是全部出租。王健林自有打算，通过在知名店铺周边开发建设小型商铺出售，用以收回部分投资。王在接受媒体专访时透露，通过这种方式回收的投资在50%~70%！

然而正是这个为万达回收投资提供重要保证的开发方式，却暗含了巨大的风险。

世界商业地产之父、美国KAMICO购物中心创始人库珀先生拥有全美600家购物中心，他在接受记者采访时指出，对于一个商业地产商而言，把物业出售给分散的所有者不是通行的做法，因为这样做的结果是难以控制的，需要开发商投入很大的精力管理，否则就会影响商业物业的投资价值。库珀说，如果一个开发商这样做，很可能出于资金方面的需求。

库珀的假设与王健林的回答不谋而合："如果不开发商铺，可能我们的投资回报时间应该是10年到12年；如果开发以后，我们收回的期限可能就是3年到5年，甚至短的可能两三年就收回来了。"王同时还在多个场合强调，万达集团不负责营运，"实际上就是物业管理"。王健林认为，开发商铺是万达集团降低负债率的重要手段。

急于收回投资的万达集团不知出于什么原因忽略了这样一个事实，买商铺的人通过什么方式收回投资？在万达完全不提供营销管理的情况下，如果零散的商铺业主没有能力将万达购物中心做好，谁将为这一切负责？

(二) 沈阳万达商业广场百家业主要退铺

2004年2月9日，是沈阳万达商业广场复业的第二天。繁华太原街上的万达商业广场，此刻却有人欢喜有人愁：位于万达商铺西侧的沃尔玛购物广场和北侧的百盛购物中心，人头攒动、购销两旺；与之形成强烈对比的是，万达商铺内70%的精品名店空空荡荡，一张张贴在门口的空铺招租或转让广告在凄然舞动。据了解，由于万达商铺里的商家经营惨淡，他们在去年的12月28日（开业仅仅6天后）集体停业，同时有超过100家的业主要求退铺或赔偿损失……

(三) 万达商铺渐渐开始恼人，新街口商铺风险太大

万达购物广场是南京商业地产市场具有典型意义的商铺。开发商万达地产销售负责人介绍，该广场共有商铺108个，目前已经全部销售完毕并交付使用。据该公司调查，85%以上的购房者都不是自己经营，而是全部靠房租来实现投资回报。

记者近日在南京市房产网上看到了好几家万达商铺欲转手的信息。记者以一个承租者的身份与其中一位房主联系上，没想到，他第一句话就是问记者经营什么的。

(四) 武汉万达商业广场中小店铺关门抗议租金贵

"31日江汉路上的万达两个商业广场出了稀奇事，将近一半中小商户关门抗议租金太贵！

从中午开始，陆续有些店铺的铁门拉下来，两个小时就关了一半。在万达'国际时尚广场'和'摩登时代广场'，有的店门半开，几个店员无所事事，也不卖东西，说是在等老板和万达老总交涉；有的店灯也熄了，人也不见了，门口贴着'门面转让'的告示；还有些小店铺的老板聚在一起商量对策，这里一堆，那里一群的，把进来买东西的顾客搞得莫名其妙……"

这样的媒体报道还有很多很多，在此就不一一列出了。据万达介绍，大连万达在全国共投资了15个同样的产权商铺项目，目前已经开业了9个。长春、沈阳、天津的3个项目都面临着严峻的局面。在长春，甚至出现激烈冲突，导致了所谓的"流血"事件。而在济南、南昌、长沙的产权商铺项目也不同程度地出现了投资者与开发商之间的冲突。

在2005年1月初万达的第三次开业期间，现场的情况并没有比前两次好多少，刚过了元旦，春节快到了，沈阳大多数商家都在搞着各种促销活动，万达商业广场里面却是一派萧条景象。在万达大街、水晶街、银丰街、紫金街、

钻石街上的 300 余家"精品名店"只有临街外铺正常营业，内街很少有人光顾，逛遍广场，购物的人不超过 100 人，近 40％的内铺有的店门紧锁、有的贴着招租或转让的广告。已在营业中的店铺内，不少独守柜台的销售人员都无聊得昏昏欲睡，也有的是几个守柜台的销售人员聚在一起闲聊。

在长沙的万达商业广场也看到类似的情况，二楼的沃乐玛人潮涌动，而一进入一层的万达，映入眼帘的是一派萧条：偌大的店堂里只有稀稀疏疏的几个人。笔者留神观察了一下，一楼的货物品种少，大多数是经营品牌服装的，也有少量的工艺品、玩具。不少的商户都在无精打采地对望，一些商铺的商户已经脱岗不见了人影。笔者以将要加入万达为由，对一些商户进行了了解，一些商户表示，目前的经营状况仅够维持，更多的一些商户则告诉笔者经营一直在亏损，春节后想不做了，还有一些商户表示要将摊位原价转让。

**二 万达失败原因分析**

我们在分析万达的失败原因前先来了解万达商业地产订单模式。

万达商业地产基本模式是将二楼及以上楼层出租（或其他合作方式）给世界 500 强的商业服务企业，如沃尔玛、欧倍德、华纳时代等，再将一楼规划成外街铺和内街铺，并对外出售。这种模式在中国商业地产发展初期的确是一个影响极大的创新，其最明显的优点是：在商铺营销中，通过宣传战略伙伴——世界 500 强企业，使商铺投资者对商铺回报有极高的预期，从而，开发商能顺利高价出售商铺；在招商过程中，许多中小品牌的经营者很希望跟随这些商业巨头赚钱，招商工作相对容易；在营运中，中小店可以利用与商业巨头消费群交叉的原理，充分利用其消费群，为其提供互补性商品和服务。但它也存在着几个问题。

问题一：用住宅开发手法做商业地产

大连万达在开发商业地产前就是住宅开发商，万达受开发经验与资金实力所限，在开发商业地产时选择了与住宅开发相同的模式——先盖好房，然后分割成不同面积出售产权甚至卖期权。在这个过程中，万达对商业后期运营不加考虑，不愿意多承担些责任，也没有想过要用 1～3 年的固定租金回租帮助买家养铺、营造商业氛围。万达如此开发的不良后果随着这类项目的交付使用而暴露出来，如长春、济南万达商业广场业主因铺面出租不畅而引起的纠纷。当然，这里面也同样暴露出国内投资者的不成熟。对商业地产的投资期待缺乏必要的心理准备，不了解商业地产投资的规律，对风险估计不足，更没有做中长期投资的打算。所以说，万达用住宅开发手法做商业地产是导致万达失败的原因之一。

问题二：没有坚实的资金实力

事实上，资金是商业地产项目能不能正规操作的一个关键。一个商业地产项目的投资往往少则几亿元，多的甚至达几十亿元，建议期也较长，达 2~4 年，而开发商往往仅能投入 10%~20% 的自有资金，其他资金主要来自银行贷款、商铺预售和其他融资渠道。

在国家宏观调控下，开发商向银行贷款的难度很大，其他融资渠道则几乎没法弄到钱：信托资金由于受到各种条件的限制，能融到的资金对于项目资金缺口来讲，也只是杯水车薪；国外房地产投资机构的进入难度更大，除政策因素外，国内独有的商业地产赢利模式让这些投资机构知难而退。

在各种融资渠道几乎不通的情况下，商铺预售成了开发商唯一的希望（万达也是如此）。销售商铺也成为商业地产短线操作的标志。销售比例越大，项目投资回收期越短，风险也越大。业内有位专家在一次关于"商业地产是暴利还是陷阱"的讨论中就很客观地分析了国内商业地产的开发现状，专家指出：若没有足够的资金实力、没有等待漫长回报期的耐心、没有商业经营的经验就不要涉足商业地产！而现在国内的商业地产开发与国际成熟开发套路不同，由于没有产业基金支持，国内的商业地产项目开发资金主要来自于银行贷款，且分割产权出让的操盘模式居于主流。分割产权出售，多数都是因为开发商不懂商业地产规律或贪图暴利而在资金实力有限的情形下硬性寻找的出路。然而，挡不住眼前利益的诱惑，商业地产仍是趋之者众，而大连万达就是其中之一。

2004 年到 2005 年，随着万达在全国各地众多商业项目投入运营，项目中分割产权出让的商业地产项目已频频出事，大批投资商业地产却收不到预期回报的投资人不断地找万达清算，这一点在文章的开头大家已经看到了。所以说，万达因为没有坚实的资金实力是导致万达失败的原因之二。

问题三：没有商业经营的经验及错误地出售产权商铺

国外一些商业地产行业人士指出，对于一个商业地产商而言，把物业出售给分散的所有者不是通行的做法，这样做的结果难以控制，需要开发商投入很大的精力管理，否则就会影响商业物业的投资价值。产权分散与商圈统一经营的矛盾已使得许多知名开发商（包括大连万达）交付了昂贵的学费。笔者了解到，2003 年年底沈阳万达商业广场首次开业，当时的硬件设施并不具备开业条件，且其中一半左右的业主并没有参与此次开业。紧跟其后的第二次开业又未免匆促。笔者认为，单单依靠业主的单打独斗不可能塑造整个商区，万达商业广场失利的深层次原因是缺乏专业的商业管理统一运营和错误地出售产权商铺。

我们先来说说万达商业经营管理方面的问题。

由于商业地产在中国刚刚兴起，而产业生态链条相对较长且需要完善，后续问题还很多。万达首先缺乏的是有成熟经验的招商团队，多数项目在高档奢侈品的招商上都感觉乏力；其次是商场经营管理团队少，人才稀缺，尤其是有管理 Mall 经验的团队与人才都很少。而招商与商场管理都是商业地产运作的重要环节，关乎项目的成败。

而事实上，万达不是没有建立商业地产经营和管理团队，而是做得不专业，纵观万达在国内已销售的商业项目中，在经营的商品档次上都不是太高，这只是其中的失误之一，可见万达模式的失败仍然在于商业地产规划与运营知识的不足。被万达用住宅地产的推广套路游说而来的投资者在购买了周边商铺的产权后，尽管有主力店入驻，但还是无法从万达一方获得切实的利益保证。而万达自身也因为产权的部分出售而被迫负担巨额广告费用。

我们再来说说万达错误地出售产权商铺的问题。

还是以沈阳万达商业广场为例。万达的出售精品、名品广场室内产权小商铺的营销方法和目前中国绝大部分房地产开发公司的做法一样，万达选择的赢利模式为出售房产。在沈阳万达，商场都被精心地划分成了一家一家的小商铺，分开出售小产权，每个的销售面积大约为 26~29 平方米，售价在 58000~62000 元 / 平方米之间，最小单位总价在 170 万元。上下两层 70 平方米的主力铺位，楼上二层销售不算面积，配合一层赠送，这样的商铺总数共有近 354 家之多，354 多个商铺万达卖了 9 个多亿。事实上笔者通过了解万达的销售价格过高，售价高产权人定出的租赁价格必然也高，上述两者均超出了沈阳市场的承受范围。

"卖出一部分商业地产，基本可以解决再开发的资金问题。其余部分用于出租。"王健林曾这样描述自己的商业地产经营观。实际上，万达的确仍然在靠通过出售铺位产权回笼的资金在一个又一个城市扩张。但事实上这一订单模式在其他城市已经在重蹈沈阳万达商业广场的覆辙。

业内商业地产专家认为，万达这种出售室内产权小商铺的营销方法，从它面市的那一天起就埋下了后患，虽然不乏成功的项目，但是绝大多数都以失败告终。这种方法之所以失败的主要因素：产权分割，出售后很难统一所有投资人的意愿去经营什么，如果要统一投资人的意愿并且能经营起来就会涉及另一个问题，即承诺一个合适的投资回报售后返租。如果出售出去，并且已经招租成功，但要保证投资人长期稳定投资回报，也就是必须保持租户的长期运营的经营成功，但是大量的广告促销费由谁来投入并不明确。因此，万达非常清楚其面临的死结，在销售过程中尽量回避政策的风险，不惜投入巨额的广告费用以"携手沃尔玛、以租金养商户、一铺旺三代、零风险、每个商铺每平方米至少可以出租 500 元等广告宣传"这一非常好的概念解决招商问题，等于给投资人一个投资的预期。现在许多商户反映的问题就是第三个问题，即谁为市场的整体经营成功负责？从道理上讲，每一个商户是自负盈亏的独立经营主体，但是一旦商户经营不好退租，投资人的问题将马上暴露出来，现在才是开始。

问题四：没有商业经营的经验及错误的出售产权商铺

我们再以沈阳万达为例来说明一些问题，万达开业后广告投入与前期销售时广告费的大量投入相比，真有天壤之别。前期广告投入因为是卖商铺，销售与开发商有直接的关系，而后期广告投入是为了经营，收益的主体是商户。就涉及这笔广告投入从哪里来的问题，从正常情况看，主要来源是向商户收取管理费，刚刚开始经营的商户是最不稳定的，如果经营好，租金提高没关系，而一旦商场整体经营不好，就算提前退租，最多损失押金，这也是产权式商铺的死结。我们从商铺营销利益来进行分析。

万达关心的是是否好卖，价格能否达到预期，从现在的情况看，万达已经达到了目的，对投资万达商铺的人而言，现在矛盾还没有暴露，一旦到绝大部分经营户生意不好并且开始退租的时候，所有的矛盾都将集中释放。室内产权商铺从它出现的那一天就没有解开这个死结，我们不能把前提条件建立在未来这个项目肯定能经营起来并且能赚钱的基础上，因为问题只有在失败后才能暴露，而产权商铺失败了就没有良方。因为这种事件主体的任何三方从没有像一个真正的商业零售企业会用心考虑最终赚钱的来源——消费者。所以说，万达因为没有商业经营的经验及错误地出售产权商铺是导致万达失败的原因之四。

问题五：商业市场定位的不足

在分析万达以前先说说购物中心的主力店和商铺的关系。一般来说，一个大的购物中心以几家知名的大型百货作为主力店，再加上商铺群和一些简单的服务类的项目，就能构成一个综合的购物中心，这是现在商业地产开发商的基本运作构想。用主力店来吸引稳定的人流，再加上商铺的影响力使开业后的卖场能够走向良性循环，这是理想中的构图，但实际运行中的一些具体问题却很难把握。

当前商业地产的迅速发展使各购物广场对主力店的招商竞争也异常激烈，那些有意拓展的百货店或大型超市、专卖店也摸透了开发商的心理。于是，在位置、价位、政策和服务方面提出了苛刻的条件，开发商没有选择，面临资金回笼的压力只能接受。这样就出现一个普遍的现象，最好的位置都留给了主力店，但租金最低，真正的投资客户的铺位大都位置较差，而且售价最高，因为他们承担了那些主力店的费用。

在商业地产项目引进主力店的运作模式有待于斟酌，这种方式在销售初期可能会起到一定作用。因为它符合投资者的心理定位，而且在特定的环境中也确实能够走向良性循环，但绝不是一成不变的法宝。很可能出现以下几种情况：

第一，主力店同商铺的竞争

知名的百货店同商铺是两种完全不同的业态，无论是整体的硬件设施、装修和经营管理、促销的手段，一个新成立的商铺群都不会占上风。更重要的是二者的竞争并不公平，因为客流的阻挡（这是最主要的）、收费的偏高、管理部门的不同、统一促销策略缺乏都使商铺经营存在着巨大的危机。

第二，招商的冲击

在品牌化的今天，产权商铺在招租时不可避免地会受到面前百货店的影响。以化妆品为例，CD、SK-Ⅱ是不会放弃临近的百货而进入个人的店中来经营的，在这种观念下，商铺的经营品牌只能租给那些市场上小品牌或者是经营"花货"的商家，从而缺少领头羊的租户。

第三，主力店和商铺是各自为政的，双方互益的程度有限

用主力店带动客流是在布局合理划分的前提下进行的，因为前面提到整体布局的失调使收回资金的主体商铺承受着巨大的压力。占尽便宜的主力店又都是各扫门前雪，在广告和促销方面绝口不提商业广场的整体状况，使商铺的业主们丝毫体会不到"靠山"的感觉，只能甘心做绿叶了。

第四，如果主力店经营状况不好，商铺的风险更大

现在商业之间的竞争异常残酷，谁也没有必胜的把握，一旦受到周边同行业的冲击，或者因为淡季、装修、资本置换等现象导致经营滑坡，则商铺受损更大（还是因为位置的原因）。

笔者认为现在的购物广场以主力店作为卖点的策略只是商业地产起步阶段的一个暂时的阶段，今后随着投资者的心态日益成熟和开发商对购物广场研究的深入，这种对主力店的依赖必然会被经营品种的垄断性及经营者聚集的区域性这两种新型商业业态所代替。

言归正传，我们继续来分析万达项目商业市场定位不足的问题，再以沈阳万达精品购物广场为例——自从万达一步入商业地产这个行业，其在包装战术营销上非常成功，根据其定位来看，其在概念设计、标志、产品的细分策略以及商场内的装修设计等上花费了心思。其中最成功的要属它的销售广告和推广活动，曾经一段时间广告铺天盖地，在此攻势下销售得非常好，价格每平方米达到6万~7万元，在沈阳（乃至全国）的任何一个商场或者市场都没有见过如此高昂的售价。但是今天的万达为什么生意如此冷清并出现商户开始退租等情况？重要的原因之一是其市场定位，尤其是在客群定位和形象定位上出现了问题，同时这也是万达曾经最引以为豪的东西。

在形象定位方面，其问题主要在市场和商场的冲突上。大家知道，市场吸

引的是无差别的消费人群，而沈阳万达精品购物广场不论在目标客户的定位还是以此为基础的形象定位上，都是要吸引35岁以下白领一族，消费客群相对单一，这是一个矛盾。只要略懂一些商业知识的人都知道，百货商场卖的是时尚、便利店卖的是时间，而超市和市场卖的就是便宜。价格便宜就需要更高的营业额，需要更多消费人群支撑，既然万达的定位在市场，但是价格又没有吸引力，就失去了消费基础。如果因为环境好，价格就贵，那消费者完全可以选择去大商场（如中兴、新世界百货、百盛等）消费。所以说，万达的商业市场定位不足也是导致万达失败的原因之一。

综述：万达现在处于关键调整时期

此次万达的大调整是其关键时期，此后的定位及重新宣传至关重要，从以前开业后的广告投入与前期销售时广告费的大量投入的天壤之别来看，前期广告投入因为是卖房，销售与开发商有直接的关系，而后期广告投入是为了经营，收益的主体是商户，这就涉及这笔广告投入从哪里来的问题，从正常情况看，主要来源是向商户收取管理费，刚刚开始经营的商户是最不稳定的，如果经营好，租金提高没关系，而一旦商场整体经营不好，就算提前退租，最多损失押金，这也是产权式商铺的死结。用商业地产专家潘好龙的话说，室内产权商铺从它出现的那一天就没有解开这个死结，双方不能把前提条件建立在未来这个项目肯定能经营起来并且能赚钱的基础上，因为问题只有在失败后才能暴露，而产权商铺失败了就没有良方。因为这种事件主体的任何三方从没有像一个真正的商业零售企业会用心考虑最终赚钱的来源即消费者。

开发商关心的是是否好卖，价格能否达到预期，从现在的情况看，开发商已经达到了目的，对投资万达商铺的人，现在矛盾已经开始暴露，大部分经营户生意不好并且开始退租，所有的矛盾正在开始释放。最近有来自万达内部的消息表明，大连万达正在减少其商铺出售的数量，到2005年，将停止向中小投资者出售商铺。

三　商业地产短线操作弊端的解决方案

目前，商业地产企业的行为已成为市场经济的主导，光靠政府引导将难以影响整个行业的发展。一个合格的商业地产发展商首先要从开发商和投资者两方面的角度来着想。在开发商方面要替其设身处地地考虑资金的投入分配计划，由于商业地产的特殊性，建筑风格和平面规划、装饰材料、工期进度、合理立项等一系列围绕着前期销售的基础工作都要面面俱到。不光如此，还要考虑到一些软性的因素，如消防验收、工商、国税、地税的取费标准，物业管理费的合理制定、空铺招商的方案、经营区内的装修设计等都要有完整的计划。在投资者方面要准确地确定主力投资客户群，然后迅速地了解当地的投资者心态，认真低调地测算出开业后的租金标准，了解经营者的需求，掌握有能力自己经营的投资者的资料，制订补充合同和对销售人员的培训。这只是其中一部分，商业地产的不确定因素很多，还要对有可能出现的意外情况有所准备，提前做出预案。事无巨细、未雨绸缪、结合实际是一个好的商业地产发展商成功的基本条件。所以笔者认为：在新形势下，要做好商业地产，对于开发商、投资商来说，为规避商业地产开发所面临的种种问题，需要注意以下四个方面：

第一，重视商业地产的策划定位，实现商业与地产的紧密联合

商业地产不同于单纯的住宅地产，它具有跨行业的特点。不仅要为投资者定位，还要为经营者定位，甚至要为管理者定位。尽管项目策划在整个房地产运作中所占成本甚微，但它是整个项目的灵魂。可以说，一个项目能否成功，70%以上取决于前期策划和定位是否正确。选择适当的赢利模式，做好项目策划，是商业地产成功的关键。策划和定位的成功会带动项目的火爆，从某种意义上来说，企业也就成功了。

商业地产的主体就是商家，要想实现商业地产开发，商业网点建设的可持续发展，地产商和商业地产的经营至关重要。实现商业、地产的联手，一方面地产商、建筑商的品牌效果能有效促进商业的租售，零售巨头的加盟，能吸引客流、带来商气得到保证，避免商家建设新店的原始投资，成为地产项目中一个很好的卖点。另一方面，经营商成为商业地产商的合作伙伴，又使其联盟合作伙伴获得稳定的现金流、商业地产的开发与经营。

商业地产开发的后续服务，在国外主要有两种做法：一种是将开发、经营、管理合为一体的大型企业集团模式；另一种是交给专业的公司进行管理。国内商业地产的开发与经营采取分割产权的方式，这种方式常常会造成"各自为政"的局面，很难从整体上进行统一定位、整体策划以及整体经营，即"产权式"商业地产。

第二，聘请或组建专业的商业规划和专业的操作团队

在商业地产面积持续增长，并处于供给过量的情况下，商业地产商或购物中心开发商如果要使自己处于有利的竞争地位，唯一能做的就是聘请或组建专业的商业规划和专业的操作团队。

大家已有这样的共识，住宅地产市场早已进入专业化时代，开发商已经非常明了在进行某一住宅项目开发时要进行特定的市场和产品研究，那种盖了房子就可以卖出去的时代已经一去不复返了。在目前群雄争霸的市场格局中，商业地产也已进入了专业化时代。开发商拟定开发的项目地块是否适合开发商业项目？开发的适度规模是多少？开发什么样的商业业态及其组合？适合这种商业业态的建筑功能和规范是怎样的？招商的资源及目标？也就是说，开发商最

终的、可持续的收益回报怎样保证？没有专业化的商业市场研究和产品定位，以及与之相协调的商业规划和建筑形态，在充满市场竞争的今天，项目的失败是迟早的事情。

专业的商业规划的必要性在我们执行的项目一再得到验证。在我们接到的客户委托中不乏经过我们科学的论证而否定客户最初预定想法的案例。根据对项目特定的城市、特定的区域、特定地块的市场调查和研究，尤其是对该项目条件吸引的主力消费群、对今后主力商户入驻条件及其可持续经营条件的分析，往往我们得出的结论及规划与客户原有的预想方案大相径庭，甚至我们建议客户终止该项目的实施或及时转向。客户最终往往感谢我们这种专业的意见，因为这避免了盲目地投资所带来的风险。

遗憾的是，在我们接到的这类委托中，客户在前期均委托过一般性的调查或咨询公司，客户从他们那里往往得到的是迎合客户原有想法的再延伸。这不难理解，在没有细分服务市场的状况下，由综合性咨询公司替代专业咨询公司的结果可想而知。这就如同病人到医院看病，不同的病需要不同专科的门诊医生诊治，那种包治百病的医生大多是庸医甚至是门外汉。这就是为什么在发达国家，即使是咨询公司、设计公司也是针对不同行业各有擅长，这是因为不同的经济领域有不同的专业规律和运营手段，不同领域、不同行业的专家在该领域才有话语权。

我们接触的客户大多有这样的困惑：调查公司给他们开列的调查清单或完成的调查结果对项目的判断无实际的意义，依据这种调查结果得出的咨询意见往往太过于宏观和似是而非；这种书斋里的结果往往很不解渴，开发商对于项目的运作依然不得要领。这是由于他们不了解商业实际经营中的实际需要是什么。

目前已经发生的，包括上文提到的商业上的失败案例大多数是因为没有商业规划或商业规划（业态、布局）的准确性和合理性出现了问题，以及商业规划在实际执行中的不力造成的。

专业化的公司应该提供根据市场调查研究、按商业规律制定和该商业项目最终经营可实际操作的两个方向支持的商业规划。它至少包括通过以下市场要素分析达到的商业规划要素，专业化的服务也不仅仅是经验型的，应该是系统的、有理论支持的（甚至是有数学模型等各种技术手段支持的）和具有商业实操经验的高管人员组成的。

专业化的服务应该是专业化团队提供的，它表现在商业项目开发过程中各个环节的不同专家的支持和各个环节的串联、衔接与配合，是综合的、系统的支持体系，从而保证服务水平的专业化深度和对项目的整体把握，设计团队包括不同商业业态的专家（零售百货、专业店、超市等餐饮、娱乐）及不同专业的设计专家（有商业从业经验的规划师、建筑师、环境装饰设计师和平面设计师）。

另一个值得注意的问题是，专业的商业规划是不能，也不应该被商业策划所代替的。现在似乎被大家普遍认可的，也非常流行的是以商业策划代替商业规划。我们赞成在符合商业规律的商业规划指导下的商业策划，而非后者简单地代替前者。在商业地产开发的全过程当中，商业规划在前，商业策划在后；商业规划是基础，商业策划是包装。那种期望商业策划包打天下的做法后患无穷，许多商业项目的最终流产多因这种单一手法的操作而生，最近中国首家体验式青年主题卖场"巨库"遭遇商户退租即是典型只重视商业策划，甚至是商业炒作的结果。这种仅靠炒作而失败的案例比比皆是，而且今后会越来越没有生存的余地。

总之，专业的商业规划及其有效的执行是保证商业地产项目成功的必要前提，否则，不能避免商业地产潜伏的风险。

很多发展商往往不明白，虽然同样是商业地产，但每一个项目的定位是不同的，像体验式的商业，咖啡、休闲、娱乐、电脑这类游戏设施可以兼容，还有一些业态是无法互相兼容的。有的购物中心是家具城，有的是建材城，它们的定位是不一样的。即使同是大型业态，如沃尔玛、家乐福，或者国内的联华超市，也首先得明确商业态的形式。

第三，聘请或组建专业的商业招商团队

发展商都以为自己能够招商，但实际上却相当困难。例如像家乐福这样的连锁店，进中国的目的是为了挣钱，因此对项目一定进行过认真评估，否则不会轻易投资。他们会把钱花在物业上，但不会自己成立一个开发公司。市场如何、开发商的房子如何、开店的效益如何就需要做专业的评估。国内如果提供不了这方面的评估，就需要像顾问公司这样的中间人。毕竟发展商提供的可行性报告是代表发展商的利益，作为国外的连锁店，需要一个代表它自己利益的机构进行评估。中介机构起的就是这个作用。如果能够找到非常好的渠道，招几家主力店进来，把几十万平方米的购物中心撑起来就变得很容易。大的主力店机构比较强大，总部设在法国、欧洲、亚太地区，北京、上海、深圳也设有总部，各个部门的职责、职权都比较明确。国内的发展商想找他们谈，却不知道该找哪一级部门，更需要通过中介机构这样的特殊合作顾问关系。

说到这，笔者要强调专业顾问机构的重要性。国内发展商对此基本没有认识，所以导致专业化的顾问机构在国内没有市场。中国发展商基本上是自己做招商材料，项目招商手册前几页总是自己很在乎的如政府领导的题词，而国外的企业、财团、连锁店看中的却是市场分析、财务分析等，目前市场上恰恰缺乏这些信誉保证。

中国的开发商往往拥有大量的开发、营销等人才，但缺少市场上奇缺的商业专才。一个企业具备良好的工作环境，只要综合公司和行业特点，制定合理的薪金待遇，相信可以吸引更多商业高手的加盟。另外再加上一个重要的环节——聘请专业的商业招商团队，形成开发商开发地产→推广公司协助开发商规划、出售铺位→投资者买铺位出租→经营者承租铺位经营→再开发→再推广→再投资→再扩大经营的良性循环，即在开发商与投资者之间增加一个"桥梁"。这个"桥梁"兼顾开发商和投资者的利益，最终目的是开发商、投资者、经营者三赢，消费者受益，市场繁荣。

第四，借鉴国外经验，引入房地产投资信托（REIT）

就一些商业项目的开发情况（包含大连万达）来看，我国目前的商业地产开发经营模式还不成熟，各种模式或多或少地存在一些问题，无法实现共赢。因此，要达到共赢，就必须选择一种既可尽快回收资金，缓解开发商压力，又可保证产权不被分割，且不发生转移的模式——在这种情况下，我们迫切需要借鉴一些发达国家（或地区）商业地产开发经营的成功经验，引入 REIT 开发经营商业地产。（注：房地产投资信托（REIT）最早产生于美国，是 1960 年美国国会根据《房地产投资信托法案》的规定按一定的法人组织形式组建而成的。它实质上是一种证券化的产业投资基金，通过发行受益凭证，吸引社会大众投资者的资金，并委托专门的机构进行经营管理；通过多角化投资，选择各种不同的房地产证券及不同地区、不同类型的房地产项目和业务进行投资组合，有效地降低风险，取得较高的收益，到 1999 年 6 月止，在美国商业房地产权益融资中，REIT 就占到 37.7%。）

在商业地产开发中引入房地产投资信托（REIT）是一种成功的商业地产运作模式。这种模式一般选用的是权益型 REIT。运作时，首先应由具有商业地产开发意向的开发公司与信托机构或投资银行等部门共同成立 REIT，此时，REIT 一般采用股份公司或信托的形式（也可直接利用已经存在的 REIT）；再由 REIT 发行受益凭证募集投资者的资金投入商业地产项目的开发中，并委托或聘请专业机构和人员对该商业地产实施具体的经营管理。在这种商业地产开发模式中需解决几个关键问题：

A. REIT 的成立；

B. REIT 资金的募集；

C. 委托或聘请专业机构和人员对商业地产实施具体的经营管理。

结合我国的商业地产开发经营模式，可以结合权益型、有限期自我偿付式

REIT 进行商业地产开发。

另外，要使结合 REIT 的商业地产开发经营模式得以顺利运行，相关配套政策的支持是非常必要的。

A. 建立完善的法律体系。如进一步完善《公司法》或制定专门针对投资基金发展的《投资公司法》、《投资顾问法》等法规。另外，还需对目前的《税法》进行改革，避免 REIT 的双重征税问题，为其发展创造良好的税收环境。

B. 加快培育如保险基金、养老基金等机构投资者。

C. 政府应加强引导、扶持和监管。

D. 回租 3~5 年，把场子做旺再交给投资者。

这可能是为了解决目前状况的唯一有效途径了。

一般情况，投资回报期可以是 3 年，也可以是 13 年，有经验丰富的商场经营者称，3 年对于经营者，只是一个商场经营培育期，13 年，足以将一个商场做熟，但时间过长也会导致租金升值回报机会的丧失。所以，站在投资者角度，7~9 年后的商场经营，是一个商场或铺位增值的最佳时机。当然，位于不同商圈的商场，需要的市场培育期也不尽相同。

专家指出，商铺要养，要把商业气氛做出来；商铺要用，越用越有价值。对于商业项目本身的市场定位和经营主题明确之后，才可能有的放矢地招商，经营者也才能有的放矢地经营。

请专业的商业管理公司来管理，专业的商业管理将为产权式商铺提供经营保障，目前在深圳正在运作中的几个商业地产项目都已经加强和重视后期商业管理环节。而值得强调的是，产权式商铺通过铺位的划分有效地控制了铺位总价，从而使之成为了大部分投资者都可选择的一种投资方式，而由此吸引来的非商业运作专业人士和实力较弱的商业经营者，无疑更加需要有专业管理保障的产权式商铺。这种项目在后续经营方面由专业的商业管理公司统一招商经营，前几年回租给发展商，按固定比例向投资者返还收益，后面的时间或由股东会议决定返还比例，或把商场做旺后再交给投资者。笔者认为，这种方式实际上是发展商在销售完成后，将经营行为完全委托给专业的商业管理公司和股东会议，不管是短期行为还是长期行为，投资者的权益都能得到保障。

**四　结束语**

商业地产运作经营既属于智力资源，又属于高级管理的范畴，是整个管理的重要组成部分。只要在建筑物上的设计能够结合以后的运营，把项目定位好，招商定位准确，长效的管理就有了保证。但是，将招商作为最终目标的商业运作只能是一种短期行为，最终也只能砸了自己的招牌。商业运作必须以商场的"长期、稳定、繁荣"为目标。

　　商业全程策划运作的原则其实很简单，套用一句老话，就是"实事求是"，即必须从商场未来的经营出发，从商场未来几年的发展出发，站在经营的角度，立足商场未来几年的发展，有针对性地进行市场调查，前瞻性地进行商场定位，拿出令人信服的可操作的经营策略，并通过有效的展示手段实施。

　　这多少和我们所熟悉的房地产策划有些相似，如果房地产策划能真正遵循这一道理，则每战必胜，但商业项目不同，即使我们充分做到了这一点，也无法保证商场经营的长治久安，无法想象，如果我们在连这一道理都不能遵循的情况下，策划出来的商场会是什么样子！

　　招商不是什么特别困难的事，招商工作的关键是对入场商户的筛选、把关，将招商作为最终目标的商业策划运作只能是一种短期行为，最终只会砸了自己的招牌。商业策划运作必须以商场的"长期、稳定、繁荣"为目标，才能保证一个商业项目在市场上长期立于不败之地。

　　商业全程策划运作的发展空间无疑是巨大的，随着商业地产市场的不断发展，随着加入 WTO 以后国外零售企业对中国市场的渗透，商业全程策划运作的路会越来越宽。

　　在以上分析结束时，应该感谢大连万达给我们的启示与借鉴，同时也祝大连万达及中国各地的商业地产项目一路走好！